U0554726

数字时代的跨境教育

知识的全球共建与共享

张伟 著

中国人民大学出版社

·北京·

图书在版编目（CIP）数据

数字时代的跨境教育：知识的全球共建与共享/张伟著. --北京：中国人民大学出版社，2023.9
ISBN 978-7-300-32196-7

Ⅰ.①数… Ⅱ.①张… Ⅲ.①网络教育-研究 Ⅳ.①G434

中国国家版本馆 CIP 数据核字（2023）第 178451 号

数字时代的跨境教育
知识的全球共建与共享
张伟 著
Shuzi Shidai de Kuajing Jiaoyu

出版发行	中国人民大学出版社				
社　址	北京中关村大街 31 号		**邮政编码**	100080	
电　话	010 - 62511242（总编室）		010 - 62511770（质管部）		
	010 - 82501766（邮购部）		010 - 62514148（门市部）		
	010 - 62515195（发行公司）		010 - 62515275（盗版举报）		
网　址	http：//www.crup.com.cn				
经　销	新华书店				
印　刷	固安县铭成印刷有限公司				
开　本	720 mm×1000 mm　1/16		**版　次**	2023 年 9 月第 1 版	
印　张	11.25		**印　次**	2023 年 9 月第 1 次印刷	
字　数	218 000		**定　价**	58.00 元	

版权所有　侵权必究　印装差错　负责调换

前　言

知识是全人类智慧的结晶，包含着人类对世界和自我的认知。为了认识赖以身存的世界，为了探究心灵依托的归属，人类一代代接力求索，一步步构建起知识的"巴比塔"。

知识既是全人类共创的精神财富，又是全人类持续发展进步的动力源泉，理应向全人类开放，由全人类共享。知识，尤其是科学知识，具有天然的公共属性。知识不会因传播而产生损耗，反而因普及而扩大其效能；知识为一人所用不会影响他人使用，可以在不同的时间和空间实现共同受益、完美共享；知识的生产具有累积性和难以控制的偶然性，需要携手共建。知识来自全人类，应造福于全人类。

在纸张和印刷承载知识传播的时代，学术期刊是科学家们论道的主要阵地。世界上最早的学术期刊——《学者》杂志，出现于 1665 年，是人类最早搭建的、开放共享的科学交流与合作的专业学术平台。学者们通过学术期刊平台发表自己的科学新发现，获取他人的科学新认知，提出科学认同或批判的新证据。借助学术期刊平台，科学知识在学者们的相互交流借鉴、批判修正中获得积累、巩固和发展。

在互联网发展推动下而来的数字时代，网络平台成为承担知识生产与传播的重要载体。超文本（hypertext）链接作为互联网世界的基石，根据相关之间无固定秩序的链接来组织串联知识，形成了知识的超文本世界。超文本链接打破了图书馆对知识的检索方式，也打破了教育对知识的学科专业划分方式，戴维·温伯格在其《万物皆无序》中将超文本组织构建的"无序"知识状态称为一种新的知识秩序。

在数字时代，知识被数字化并融入数字空间，实现了知识的可机读、可计算，机器智能深入参与知识的组织生产与传承，改变了人类的教育模式和认知世界的方法手段。人工智能性能的强力跃进，带来了科学研究的飞速进步。预测蛋白质结构、模拟星系碰撞、设计优化核聚变反应堆、识别物理规律等科学探索都因借助人工智能技术而实现。人工智能和大数据技术还可以更容易地识别数据中的异常，找出科学文献中的意外，提取新的概念，甚至自主地获得新的科学理解，帮助科学家取得科学新发现。在数字技术工具辅助下的科学认知日益高效，AI＋Science 范式伴随着数字技术的成熟而发展成为趋势。

开放科学与开放教育资源运动在全球的兴起，反映了数字时代知识生产与传承的新诉求。日益商业化的科学期刊阻碍了科学知识的获取与传播，很大一部分公共资助的研究成果也需要付费才能获取。开放科学运动从开放获取发展到开放科研数据，适应了数字时代的科研新规律。数字科技的发展对教育内容、教育手段、教育治理方式和教育观，都产生了深远影响。研究型大学将教育资源与知识分享看作一项公益性事业，希望通过面向所有人的知识开放与无限制获取，来帮助实现优质教育资源的人人可得。麻省理工学院率先开放课件，成为推动世界开放教育资源运动的肇始。开放教育资源的概念从一个定义松散的自由访问课件的术语，逐渐演变成扩大教育机会，提高学习质量，向所有人开放终身学习机会的战略性命题。开放科学和开放教育资源最终上升为众多国家的国家战略并逐步成为国际共识。

开放科学与开放教育资源运动的发展，推动了以在线教育平台为重要载体的跨境教育发展，跨境教育服务越来越多地体现为数据的跨境流动。世界各主要经济体都在"数字红利"与"数据安全"的平衡中积极"修路"或"建墙"，既要保障自身在数字浪潮中获得利益优势，又要确保自身国家安全在数字博弈中不被妨害，路必须修，墙也需要建。如能及早修通这样一条畅行数字世界的高速公路，世界经贸和科技进步或将会借助数字引擎迎来发展新境界。网络空间伴随着互联网的诞生而诞生，伴随着互联网技术的发展而发展，其内涵与外延不断演进，形成互联互通、共享共治的自我个性。"构建网络空间命运共同体"是伟大的时代命题，教育网络空间也要实现全球的共建共享，服务于建设全人类的美好未来。

由于个人研究水平与认知能力所限，有不少问题认识肤浅、思考不深入，也难免有错误，请各位读者朋友给予包涵并不吝指正。

此书是本人主持的中国教育科学研究院 2022 年度基本科研业务费专项资金重点项目（GYB2022011）的研究成果之一，衷心感谢中国教育科学研究院对于该研究的大力支持。

衷心感谢各位编辑为本书出版付出的辛劳。

张伟

2023 年 6 月

目　录

第 **1** 章
知识的数字化

　　知识是人类智慧的结晶，包含着人类对世界、对社会和对自我的认知。为了认识我们赖以身存的世界，为了探究心灵的归属，我们的先哲曾不畏艰险远赴天竺求取真经，也上下求索一步步构建起的知识海洋。知识的数字化将知识纳入可"计算"的过程，改变了人类的认知方式。从运算智能到认知智能，人工智能开辟了人类认知的新路径，推动着教育与科研范式的革新。

1.1 知识的内涵

知识是什么，我们应如何理解知识呢？柏拉图认为知识是经过证实了的真的信念，必须满足三个条件：知识必须是信念，知识必须是"真"的，"真"必须经过验证，后来被简称为JTB（Justified True Belief）。在康德的时代，数学与自然科学都取得了极大的成就，在康德看来，数学与自然科学之所有"大获全胜"，是因为它们建立在普遍性、必然性公理的坚实基础上。康德提出了"先验知识"的概念，他认为人类知识是经验和理性的结合，人类拥有先天的概念和判断力，人们通过思考和判断可以发现更多的知识，但这些知识必须遵循客观的、普遍适用的规律。

维基百科上对知识是这样定义的：知识是对某个主题确信的认识，并且这些认识拥有潜在的能力为特定目的而使用。意指透过经验或联想，而能够熟悉进而了解某件事情；这种事实或状态就称为知识，其包括认识或了解某种科学、艺术或技巧。此外，亦指透过研究、调查、观察或经验而获得的一整套知识或一系列资讯。①

百度百科对知识有如下描述：知识是符合文明方向的、人类对物质世界以及精神世界探索的结果总和。知识也是人类在实践中认识客观世界（包括人类自身）的成果，它包括事实、信息的描述或在教育和实践中获得的技能。知识是人类从各个途径中获得的经过提升总结与凝练的系统的认识。②

知识作为一种人类思维和认知活动的产物，是人类对于客观世界的理性认识和判断，虽然没有一个统一而明确的界定，但可以体会到其具有真实、可靠和可证明、实用等基本特征。

（1）真实性，知识必须与现实相符合，即其所表述的内容必须是真实可靠的，只有经过验证或证明的知识才被认为是真实的知识，真实性不仅限于客观的存在，也涉及人类的主观认知。

（2）可靠性，知识需要基于某种信念或者主张，即人们对事物所持有的看法、想法、理解或推断等，通常是由经验和学习得出的，在不断的实践中被验证和修正。

（3）理智性，知识还应该具备合理性和逻辑性，即它应该是基于不偏不倚的思考和推断而得出的，知识应该是一种合乎逻辑和真实可靠的信仰，它应该是通

---

① 中文维基百科. 知识. (2022-09-10)[2023-05-16]. http://www.wikiwand.com/zh-hans/%E7%9F%A5%E8%AF%86.

② 百度百科. 知识. (2022-08-18)[2023-05-16]. https://baike.baidu.com/item/%E7%9F%A5%E8%AF%86/74245?fr=aladdin.

过人类的认知和传承所获得的智慧财富。

（4）可证明性，知识必须是可以被证明或者验证的，即它不仅仅是人们的主观想法，而是基于某种客观理据和证据得出的。

（5）实用性，知识应该是有用的，它能够帮助人们解决问题、指导行动、促进发展。知识不仅仅是对现实的描述，也涉及人们如何去处理现实问题。

基于对知识的内涵及基本特性的讨论，关于知识的来源主要有经验主义、理性主义、科学主义、传统主义、媒介主义五种主流思想。

（1）经验主义认为，知识都来自我们的感官体验和后天积累的经验。主张通过观察和实证来获取知识，并认为只有来自感官的经验才是可靠的知识。

（2）理性主义认为，知识的源头在于人类的思维能力和理性推断。主张逻辑思考、直觉和理性探究，认为人类的思维能力超越了对感官的依赖。

（3）科学主义认为，科学方法是获取知识的最有效方法。主张以实证研究和科学理论为基础，通过实验、验证和重复等方式来获得新的知识。

（4）传统主义认为，传统文化、习俗和信仰包含着丰富的知识。主张通过继承和传承历史上已有的知识和智慧，来指导人们行动和决策。

（5）媒介主义认为，现代的数字技术和媒介是获取知识和信息最有效的途径。主张利用各种媒介平台和渠道，将知识快速地传输和共享。这些思想主要反映了不同时期和文化背景下对于知识来源的认识和理解。

以上每一种主张都对知识的获取和应用提出了自己的要求和标准，同时也给人们带来了不同的启示和思考。

对于知识的分类，中国古代西晋的荀勖将群书分为四部：六艺、小学为甲部；诸子、兵书、术数为乙部；历史记载和杂着为丙部；诗赋、图赞、《汲冢书》为丁部。东晋李充加以调整，以五经为甲部，历史记载为乙部，诸子为丙部，诗赋为丁部。隋唐以后沿用此种分法，称为经、史、子、集，四部分类体系到《四库全书总目》逐步趋于成熟。[①]

西方知识的系统分类可以追溯至亚里士多德，他将知识分为理论性知识、实践性知识、创制性知识三种，后来康德又概括为理论理性、实践理性、判断力。可以说，近代西方的科学学科体系都是从这种三分法而来。现代大学的课程设置，现代科学的学术研究分类，图书馆分类法，教育教学科目划分，比如常说的自然科学、社会科学、人文科学，大都以此为蓝本。近现代，弗里茨·马克卢普（Fritz Machlup）又称之为工具性知识、理智性知识、心灵性知识，对应人的知、意、情，并将知识传播作为"知识生产"的重要部分。工具性知识就是实用知识、应用性知识，具有实践意义，实现意志。理智性知识是根本性的，能够完善

① 杜泽逊.文献学概要［M］.北京：中华书局，2008：156－159.

自身的认知体系，提升自身的创新思维能力，以及文化素养。心灵性知识是关于灵魂和宗教的体验，例如美学等。

总结先哲们对于知识的内涵本质与类型的把握，经验、推理、传统、学术研究、媒介传播可以归纳为知识来源的主要方面。经验是最基本的知识来源，它来自人类的感官体验和感性认知。通过观察、实验和模拟等手段，人们可以积累各种日常生活和科学领域的经验知识。推理是人类运用逻辑思维推断出新的知识的一种方法。通过对已有知识进行分析、推理和归纳总结，人们可以推断出新的知识，从而不断扩充和丰富已有的知识体系。传统包含着一些历史上形成的、长期被接受和延续的知识。这些知识可以是一些规范、信仰、习俗、文化等，从祖先的经历中积累下来并传承至今。学术研究是通过系统的科学研究方法，以理论建构和实证检验为特点，获得新的知识或改进已有知识，从而进一步推动知识的发展和创新。随着数字技术和互联网的快速发展，各种媒介成为重要的知识传播渠道。网络、电视、报纸等媒介将知识迅速传播到全球，媒介传播加速了知识的共享和协同创造。

1.2 数字化改变认知方式

1.2.1 知识的数字化

曾几何时，为了求取真经，中国古代佛学先祖跨越深山荒漠，九死一生远赴天竺。佛教约在公历纪元前后传入中国，随着僧侣信徒与日俱增，寺庙也越建越多，但舶来使佛经不成体系，戒律经典更是缺乏，广大佛教徒无法可循。"淝水之战"后，中国北方再次陷入四分五裂的混乱境地，政权不停更迭交替，有些上层僧侣也从中作恶，人间饿殍满地。东晋安帝隆安三年（公元 399 年），年近古稀的法显毅然决定西赴天竺寻求佛教"真理"，用更高深的佛法思想来指引行为，用更详备的佛法律条来约束信徒，以矫正时弊，解救苍生。法显西行取经，历经 13 年，收集了《摩诃僧祇律》《萨婆多部钞律》等多部佛教经典经律，翻译的《摩诃僧祇律》（大众律）成为五大佛教戒律之一。当年与他同去天竺求法的11人或半途折回，或客死他乡。230 多年后，佛教传入中原已经 6 个世纪，但佛教宗派林立现象，不同宗派之间争论不休，为求得经典的原本，玄奘沿着前辈的足迹，也完成了一场艰苦卓绝的取经壮举。史书记载，玄奘西行求法，往返十七年，旅程五万里，带回大小乘佛教经律论共六百五十七部。《西游记》中取经人所经历的九九八十一难，妖魔鬼怪的画面虽是文学虚构，但也侧面展现了取经历程的艰辛。

如今随着数字存储、芯片、互联网、大数据、区块链等数字技术的突破性发展，知识实现数字化的蜕变。据美国《大数据时代》作者维克托·迈尔·舍恩伯格统计，在 2000 年 75％的全球数据还是模拟式的，而此后的 15 年期间内，人类已完成了从模拟信号世界到数字世界的转变，人类正迎来大数据的新时代。① 如果法显和玄奘等先哲们生在当下，获取真经就不必如此艰辛。

知识数字化是数字技术与知识产业相结合的一种新型发展模式。它将知识转化为数字形式，使得人们可以通过计算机和互联网等技术手段来获取、处理和交换知识。知识数字化提高了知识的生产效率，促进了知识的积累和分发，从而大大增加了数字化知识资源的数量。通过数字技术，人们可以轻松地在互联网上搜索、查找和获取所需的知识信息，减少了获取知识的时间和成本，大大增加了知识获取的便捷性。知识数字化改变了人们之间的知识交流方式，使得人们可以通过电子邮件、社交媒体等方式快速交流知识，加速了知识传播的速度。知识数字化提高了创新过程的效率，使得创新变得更加容易和快捷，推动社会的创新发展。知识数字化使得知识的获取、存储和处理更加便捷和高效，数字化技术可以让研究者更快地收集和分析大量数据、图像和文献资料，从而加速知识的生成和发掘，数字化技术也为知识生产提供了更为灵活的合作方式，使得不同领域和地区的研究人员可以更加容易地进行协同工作和交流。知识数字化使得知识共享与互动更加广泛和便利，数字化技术可以让研究成果更快地被公开和分享，促进学术交流和合作。另外，数字化技术还可以通过社交媒体等渠道，将知识传播到更广泛的受众中，推动知识的民主化和普及化。知识数字化是一种新的知识生产和交流模式，对于科技发展和人们的生产生活都产生了深远的影响。

"数字图书馆"的发展就是知识数字化的一个典型案例。1993 年由美国国家科学基金会（NSF）、美国国防部尖端研究项目机构（DARPA）、美国国家航空航天局（NASA）联合发起了数字图书馆创始工程（Digital Library Initiative）。"数字图书馆"一词迅速被全球计算机学界、图书馆界及其他相关领域所使用。

数字图书馆是一个以电子形式保存、管理和提供信息资源的平台，它通过数字化技术，将传统的图书、期刊等纸质文献转化为电子文本，并与数据库、网络等技术结合，实现了信息资源的数字化处理、存储、检索和利用。20 世纪 90 年代初期，一些大学图书馆和专业机构开始建设数字图书馆，但由于缺乏标准化、技术水平不足和经费问题等原因，发展较为缓慢。随着互联网的普及和技术的进步，数字图书馆得到了迅速发展，逐渐走向整合，数字图书馆将多个领域的信息资源整合成一个全面的数字图书馆系统，包括文献资源、数据资源、地理信息资源等。许多政府、学术机构和商业公司开始投入资金和人力资源来建设数字图书馆，同时也出现了更多的数字图书馆平台和软件。

---

① 吴基传，翟泰丰.大数据与认识论［J］.科技哲学，2015（11）：110.

数字图书馆的发展为人们获取并利用信息资源提供了更为便捷的途径，并且也改变了传统图书馆的角色和功能。随着技术的不断发展，数字图书馆将继续扮演着重要的知识管理和服务的角色，并将成为未来数字化社会中不可或缺的信息资源节点。

谷歌联合创始人谢尔盖·布林（Sergey Brin）表示："人类知识有数千年，可能最精湛的知识都被藏在书中。如果 Google 没有这个做数字图书馆，就太遗憾了"①。2002 年，谷歌启动了雄心勃勃的书籍数字化项目 Project Ocean，想要创立一个全球最大的数字图书馆。谷歌的设想是，只需要一台能联网的电脑，你就可以搜索和阅读数千万本书籍，就和浏览网页一样方便。2004 年，谷歌开始正式扫描，密歇根大学、哈佛大学、斯坦福大学和纽约公共图书馆纷纷加入进来。2010 年，谷歌宣布要扫尽全世界的 1.2 亿本书。谷歌已扫描了几千万种图书，包含很多大型研究图书馆里的内容，谷歌将这些图书馆的全部或部分馆藏图书通过扫描制成电子版供全球读者通过谷歌在网上免费检索阅读。其中约 100 万种书可以免费浏览全部内容，100 万种书是公版书，另外 500 万种是绝版且购买不到的图书馆藏书。加入谷歌计划的还有霍顿·米福林、麦克格劳·希尔、牛津大学、剑桥大学等著名出版商。谷歌收集这些出版商已出版或即将出版的出版物。谷歌也与个人作者签订协议，收集其创作的图书，把它们都扫描放入数据库中。②

在中国，1999 年 3 月，以全面打通知识生产、传播、扩散与利用各环节信息通道，打造支持全国各行业知识创新、学习和应用的交流合作平台为总目标，中国知网启动了中国知识基础设施工程（China National Knowledge Infrastructure，CNKI），得到了全国学术界、教育界、出版界、图书情报界的大力支持和密切配合。CNKI 建设及其产业化运作机制，为全社会知识资源的高效共享提供了丰富的知识信息资源，有效的知识传播与数字化学习平台；为知识资源生产出版部门创造互联网出版发行的市场环境与商业机制，对促进教育、科技、文化、出版等事业和文化创意产业发展提供了大有作为的信息网络空间。

CNKI 的学术期刊库实现中、外文期刊整合检索。其中，中文学术期刊 8 500 余种，含北大核心期刊 1 970 余种，网络首发期刊 2 390 余种，回溯至 1915 年，共计 6 080 余万篇全文文献；外文学术期刊包括来自 80 个国家及地区 900 余家出版社的期刊 7.5 万多种，覆盖 JCR 期刊的 96%，Scopus 期刊的 90%，最早回溯至 19 世纪，共计 1.2 亿余篇外文题录，可链接全文。③ CNKI 的学位论

① Scott Rosenberg. How Google Book Search Got Lost. (2017 - 04 - 11)[2023 - 03 - 16]. https://www.wired.com/2017/04/how-google-book-search-got-lost/.

② 陈铭. 谷歌图书与 Hathitrust 的比较与启示 [J]. 图书馆杂志，2016 (12)：80 - 88.

③ 中国知网学术期刊库简介. (2022 - 11 - 08)[2023 - 05 - 10]. https://kns.cnki.net/kns8? dbcode=CFLQ.

文库包括"中国博士学位论文全文数据库"和"中国优秀硕士学位论文全文数据库"，出版 520 余家博士培养单位的博士学位论文 50 余万篇，790 余家硕士培养单位的硕士学位论文 540 余万篇，最早回溯至 1984 年，覆盖基础科学、工程技术、农业、医学、哲学、人文、社会科学等各个领域。[1] CNKI 的中国重要报纸全文数据库，收录并持续更新 2000 年以来出版的各级重要党报、行业报及综合类报纸 500 余种。[2] CNKI 的国际会议论文全文数据库重点收录 1999 年以来，中国科协系统及国家二级以上的学会、协会、高校、科研院所、政府机关举办的重要会议以及在国内召开的国际会议上发表的文献，部分重点会议文献回溯至 1953 年，目前，已收录国内会议、国际会议论文集 4.2 万余本，累计文献总量 360 余万篇。[3] CNKI 还包括中国党建知识资源总库和学新思想、学党史新型平台等极为丰富的数字知识资源。

图书报刊等出版物的数字化，数字终端设备的普及，大大改变了人们的阅读方式。2015 年中国数字化阅读方式的接触率为 64.0%，首次明显超过纸质阅读方式，现在的比重进一步加大。手机阅读、电子图书阅读、光盘阅读都呈现上涨趋势；数字化阅读方式中，微信阅读最受大众欢迎。有数据显示，2015 年有超过一半的成年人选择用微信来吸收文化知识。图书馆、博物馆、文化馆（站）等公共文化设施积极拓宽服务范围，创新服务方式，推出了微信图书馆、数字博物馆等创新方式，满足了居民日益丰富的文化消费需求。[4] 中国音像与数字出版协会发布的《2021 年度中国数字阅读报告》显示，2021 年中国数字阅读用户规模达 5.06 亿，其中 44.63% 为 19 岁至 25 岁用户，27.25% 为 18 岁以下用户，年轻人成为数字阅读主力军用户分析见图 1-1。数字阅读发展迅猛，形成了多元内容题材格局，电子书涵盖文学小说、人物传记、历史社科、教材教辅和学术著作等方面。中国数字阅读加速出海，2021 年出海作品总量超 40 万，成为书写和传播中国故事的重要力量。[5] 数字出版与传统出版的深度融合发展，正成为中国出版业的重要发展方向。数字出版形态包括电子书、有声书、视频传播、多媒体课件、虚拟现实 3D 内容等多元化呈现方式，也包括个性化内容推荐、用户参与内

---

[1] 中国知网学位论文库简介. (2022-11-08)[2023-05-10]. https：//kns.cnki.net/kns8? dbcode=CDMD.

[2] 中国知网《中国重要报纸全文数据库》简介. (2022-11-08)[2023-05-10]. https：//kns.cnki.net/kns8? dbcode=CCND.

[3] 中国知网会议论文库简介. (2022-11-08)[2023-05-10]. https：//kns.cnki.net/kns8? dbcode=CFLP.

[4] 我国数字化阅读方式首次明显超过纸质阅读. (2017-05-22)[2022-05-01]. http：//world.people.com.cn/n1/2017/0522/c1002-29291871.html.

[5] 2021 年度中国数字阅读报告. (2022-06-08)[2023-04-02]. http://www.cadpa.org.cn/3277/202206/41513.html.

容创造等新型知识生产与传播方式。

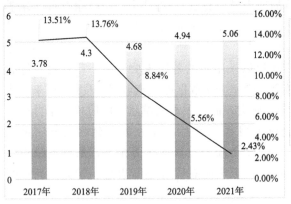
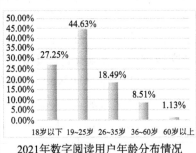

2021年数字阅读用户年龄分布情况

2021年我国数字阅读用户规模：5.06亿

相比2020年的4.94亿，增长率为2.43%

男性 56.53%　女性 43.47%

二三线城市用户规模较大，占比达到39.17%

图1-1　数字阅读用户分析

资料来源：2021年度中国数字阅读报告。

1.2.2　数字化知识的生产与传播

弗里茨·马克卢普（Fritz Machlup）从研究美国的专利系统入手，对美国的知识生产与分配进行了深入细致的研究，在其著作《美国的知识生产与分配》中，将知识分为实用知识、学术知识、闲谈与消遣知识、精神知识、不需要的知识（多余知识）；对知识生产进行了定义：知识生产不只是增加已知知识的库存，还包括在任何人的大脑中创造出一种认知知识的状况。作者将知识和信息进行区分，但最终将二者统一起来。传统上认为，信息只是简单的事实，知识则是逻辑化和结构化的信息，作者区分了两种类型的知识生产：一种是知识传播，即增加已知知识库存，也就是将已有的知识重新组装、重构，生产出形态不同、内质却具有同一性和统一性的知识产品，传递给还不知道这些知识的人。一种是知识探究，即创造新的认知状况，也就是对人类的知识体系进行根本性的革新，甚至是颠覆，其通常是一个人进行的学术探索，能够革新人类的认知范式。[①]

从经济意义上讲，只有一个人知道的知识所产生的效用有限，采用广义上的

[①] 弗里茨·马克卢普.美国的知识生产与分配［M］.孙耀君，译.北京：中国人民大学出版社，2007.

知识生产概念，认为"生产"知识不仅指发明、创造，还应有传播之义。毫无疑问，知识之所以从少数贵族享用的东西，成为规模庞大的产业，得益于印刷术的发明，信息传播技术的革新，出版业的繁荣，计算机网络技术的发展。知识生产是知识传播的基础，知识传播对知识生产有反哺作用，二者互为表里，相互促进，数字经济时代，知识的传播同生产同等重要。

1.2.3 数字时代的认知新特征

卡尔·波普尔提出了知识的否定主义和演进主义等重要学说。波普尔认为人类知识是通过试错、排除与修正错误不断发展的，知识的发展不是线性的、单向的，而是由一系列假说构成的竞争系统，在这个系统中，每个假说都是在被不断挑战和证伪的过程中得到验证和扩展的。托马斯·库恩和理查德·莱文森认为，科学是一个自组织的社会体系，其研究对象和方法在历史上会随着时间发生变化，形成了不同的"范式"，科学知识的演化不仅取决于事实的发现，还包括对现有范式的质疑、挑战和替代。

知识的数字化，让知识也被纳入了可计算的过程，改变了我们认知世界的理论、方法与手段，知识的生产与传承方式发生了巨大改变。肖峰教授认为，信息时代是现代信息技术全面改变社会的时代，计算机和互联网对人类认识活动的介入，造就了或正在造就人类认识的新特征，促进当代认识论研究形成新走向，从宏观认识论走向中观认识论，从自然化认识论走向技术化认识论，从常规认识论走向创新认识论，从精英认识论走向大众认识论。[1] 其中，从宏观走向中观，就是人类对自身认识活动的认识机制问题有了更深入的了解；从自然化走向技术化，是对数字技术的跃进带来认识手段和认识来源巨变的认识论转变，面对人类建立的越来越庞大复杂的虚拟数字世界，技术化认识论逐渐走向主导地位。

在远古时代，人类对于自然与自身的认识全部凭借自身的感官直觉。随着学会制造和使用工具，特别是文字的发明与印刷术的创造，人类的认知开启了被技术介入的历程。随着科技的进步，借助自我创造的各种工具，例如实验仪器设备等，技术介入人类认知的类型和范围不断扩大。进入数字时代，人类所面对的认识对象上，在显示屏等数字设备上所呈现的事物越来越多；在认识手段上，人们将越来越多的认识任务交给电脑、人工智能、大数据设备而不是人脑来完成。数字技术甚至使认识的来源和沟通方式也在发生重要变化，我们可以在虚拟世界中获得新的认识来源，我们的"经验"可以通过技术性的方式生成，也可以使"难言知识"得以"超语言传播"。技术化认识论逐渐走向主导地位，作为技术化认

① 肖峰.信息时代认识论研究的新走向 [N].光明日报，2016-12-08.

识论的当代形态，数字技术不仅是认识工具，使用什么样的数字技术，就是在按相应的"技术路线"和"世界建构"去进行认识，并在一定程度上取得相应的认识结果。特朗普政府以来，美国将中国定位为"战略上的竞争对手"，随着中美摩擦升级，美国对中国的科技封锁加强。多所高校进入美国商务部"实体清单"。2020 年 5 月，美国商务部宣布，再分两批将 33 个中国实体加入"实体清单"，其中包括哈尔滨工业大学、哈尔滨工程大学两所高校，2020 年 6 月，两校师生进行数据分析、绘图和应用开发的软件 MATLAB 被停止使用。[①] MATLAB 是工程师和科学家常规使用的编程和数值计算平台，支持数据分析、算法开发和建模的有效工具，这也从一个侧面反映出数字时代的数字技术工具对于科学认知的重要性。

借助日益先进的数字化观测手段和智能模拟技术，人类对自身的认识活动中所发生的神经活动、脑电过程和信息符号变换等有了越来越深入的认识，随之兴起了相关的具体科学及新学说、新流派和新视角，极大地开阔了对认识机制和本质研究的视界。传统的认识论侧重于对认识过程或对认识本质的抽象，对认识机制的研究有欠深入。数字时代随着数字科技的发展，认识论研究将神经科学、认知科学、人工智能科学等领域中的新成就整合进来，将信息处理、脑电波、神经网络联结及复杂性涌现、机器思维、脑机接口等能够解释认识活动机制的要素加以整合与凝练，实现传统认识论与认知科学、脑科学、智能科学之间的互通，极大地推进了认识论的发展。

互联网、大数据、人工智能等数字技术让搜索信息、传播知识、交流思想等认识活动更加高效便捷，简单、重复而计算量又大的认识任务可以交给智能工具系统完成，甚至可以完成常规的分析和决策方面的工作，数字技术极大地提高了人类信息处理的速度和认识能力，使人从简单的脑力劳动中进一步解放出来，形成"认知盈余"，为人们更多地投向创造性认识活动提供了可能。十多年前，克莱·舍基在他的著作《认知盈余》中提出了"认知盈余"理论，即我们想要构建一个庞大的协作系统去改变世界，就需要考虑每个人的认知剩余，并最终汇聚起来。由于互联网的出现与繁荣，带来了大量的在线数据，使得人们能够利用这些数据来获取"认知盈余"。越来越多的岗位将交予智能系统，人类摆脱低端重复的脑力劳动之后转向创造性活动，认识论研究也需要从传统的常规认识论转向创新认识论，将"认知盈余"引向形成富有价值的创新性成果。

知识是认知的结晶，知识生产是重要的认知活动。在数字时代，知识生产中公众的广泛参与是数字时代的一个重要新特征。随着互联网和数字终端设备的普及，数字技术成为普罗大众可以利用的认知手段，可以将各自的文学创作、科技

---

① 张伟，马陆亭.美国科技封锁对"双一流"建设的影响与对策［J］.中国高教研究，2020（8）：18-22.

探索、真知灼见等传播于网络空间，可以参与维基百科、百度百科、知乎问答等知识库的编撰，形成了人类认知成果的新型积累，并使得知识的共创、共享成为一种常态，知识生产者队伍扩增，知识创新的主体范围扩大。知识产生方式的这一时代性转型使得侧重个体的认识论由此转向侧重群体的认识论，成为数字时代的大众认识论。如何借用互联网更好地整合知识创造活动，如何使得在网络平台上生成的知识具有可靠性和权威性，如何通过新型的知识管理手段来克服其中的无序和混乱，这些问题的解决将有助于进一步推进基于互联网的大众认识论的健康成长。

1.3　智能认知

1.3.1　从运算智能到认知智能

人工智能是关于知识的科学，每个时代都有各自不同的知识表达方法，均对知识表达的边界和知识表达的能力有深刻的理论认知，人工智能旨在了解人类智能的本质，并创造出能模仿人类智能做出反应的智能机器。人工智能有运算智能、感知智能和认知智能三个层次，以快速计算、存储为目标的运算智能已基本实现；在深度学习推动下，视觉、听觉、触觉等感知智能成果丰硕；认知智能则是人独有的能力，让机器具备认知能力是人工智能的重要研究和发展目标。

认知智能的核心能力是"理解"和"解释"，体现在机器能够理解数据、理解语言进而理解现实世界的能力，体现在机器能够解释数据、解释过程进而解释现象的能力，体现在推理、规划等一系列人类所独有的认知能力上。[①] 认知智能强调对人类感知、思考、理解和推理能力的模拟，是人工智能研发重要发展方向。知识图谱、自然语言处理、深度学习等技术的突破及相互促进是实现认知智能的基础和关键。对于数据的强依赖以及无法利用先验知识，让深度学习存在明显局限，知识图谱与深度学习的结合有助于赋予机器认知智能。

2022 年是人工智能的分水岭，ChatGPT，DALL. E 和 Lensa 等发布模仿人类创造过程的生成式大语言模型发布应用，将人工智能从"赋能者"提升为（潜在的）"协作者"。[②] 在人工智能领域，ChatGPT 大规模地找到并运用隐藏在自然语言文本中的监督指令。人类的语言中存在许多监督指令，比如，当我们说

---

①　肖仰华. 知识图谱与认知智能. (2018 - 10 - 11)［2023 - 05 - 03］. http：//kw. fudan. edu. cn/resources/ppt/workshop2018/%E7%9F%A5%E8%AF%86%E5%9B%BE%E8%B0%B1%E4%B8%8E%E8%AE%A4%E7%9F%A5%E6%99%BA%E8%83%BD. pdf.

②　德勤人工智能研究院. 人工智能的新篇章生成式人工智能对企业的影响和意义［R］. 2023.

"good morning 在中文中的意思是早上好",其中"在中文中的意思"就是一条监督指令。通过大规模、无人工标注的语言模型进行训练,实现了小模型、单任务人工智能不可及的能力涌现。当一个实体被观察到具有其所有组成部分本身没有的属性时,涌现(emergence)就出现了,这些属性或行为只有当各个部分在一个更广泛的整体中相互作用时才会涌现。涌现是复杂系统领域的核心问题,由于真正的涌现属性是不可还原的,所以它们不可能被摧毁或分解——只能出现或消失。语言文字是人类智慧的载体,ChatGPT、GPT-4 所涌现出的泛化能力,使其从语言模型上升为认知模型。百度、阿里、华为、商汤、科大讯飞等中国人工智能头部企业也先后推出了各自大模型生成式人工智能产品,抢占高地。大语言模型的落地应用给教育带来新冲击。大语言模型可以进行对话式学习,让每个学生都有私人学习"顾问";可以应用于科学研究,尝试探索科学未知;可以生成文字、图片、视频、3D 模型等,提升学习与教学效率,但也会生成不准确或深度造假信息,被假借进行学术作弊,带来学生价值观养成的错乱等诸多新问题。教育应如何应对 ChatGPT,在国际上存在着争论与分歧。奥地利、新加坡等国家允许学校有效利用,法国、德国等在密切关注其潜在用途,美国纽约市、澳大利亚的一些州则禁止公立学校使用。

1.3.2 人工智能推动知识发现

人工智能对科学研究日益重要。随着人工智能性能的跃进,人工智能可以预测蛋白质结构,模拟星系碰撞,设计优化核聚变反应堆,识别物理规律等,AI+Science 范式近年来成为发展趋势。通过人工智能识别数据中的异常,找出科学文献中的意外,提取新的概念,甚至自主地获得新的科学理解,帮助科学家做出科学新发现。集智俱乐部 2022 年初至 2023 年初近一年来,收集一些顶级学术期刊关于科学学的相关论文,对探讨人工智能如何促进科学理解、帮助做出科学发现进行了汇总分析。

1. 关于人工智能如何促进科学理解

科学理解关注科学家是如何做出预测的,这是科学的主要目标之一。*Nature Reviews Physics* 上的论文讨论以人工智能为代表的计算工具,如何能够促进新的科学理解或自主地获得科学理解。该文绘制出计算机辅助科学理解的三个维度,分别是计算显微镜、灵感的来源、理解主体。具体的应用场景包括:(1)识别数据中的异常;(2)找出科学文献中的意外;(3)通过检查模型找到出人意料的概念;(4)探测人工主体的行为;(5)从可解释的解决方案中提取新的概念;(6)自主地获得新的科学理解。

2. 帮助发现物理学定律

机器学习方法已经重新发现了许多已知的基本物理规律，包括对称性、守恒律、经典力学定律等，然而人工智能生成的理论（AI-generated theory）仍很难获得科学界的信任和支持。发表于《自然评论物理学》的一篇文章梳理了近期人工智能对物理规律"新洞察"和"重新发现"。该文指出机器学习算法似乎遵循格式塔心理学的一些规律，例如人工智能重新发现对称性、守恒律、动力学。目前当人工智能为物理学提供了另类的见解时，我们可能不会立即认识到，且需要时间来充分认可它的重要性，但这还是有希望实现的。

3. 引导人类直觉，帮助发现数学定理

DeepMind 团队在 *Nature* 杂志上发表的一项最新研究中，人们成功地让人工智能与人类数学家合作，利用机器学习从大规模数据中探测模式，然后数学家尝试据此提出猜想，精确表述猜想并给出严格证明。这意味着未来机器学习可能会被引入数学家的工作中，不使用机器学习直接生成猜想，而是专注于帮助指导数学家高度专业的直觉，可让人工智能和数学家的合作产生既有趣又深刻的结果。

1.3.3　科研的第四范式

科学的认识是从外在物完整的表象出发，以概念作为逻辑起点，消除掉事物丰富的感性特征，把共性提取到自己的观念里的过程；科学工作者使用一整套科学上的逻辑方法去开发、去精炼，以构成一个对应于感性事物系统的规律系统或理论体系，这套理论体系能够指导人们有效地变革事物达到预期的目的。20 世纪著名的科学哲学家托马斯·库恩提出了"科学范式"（scientific paradigm）的概念和理论，对现代科学研究和知识进化的过程产生了深刻影响。2007 年，计算机图灵奖得主吉姆·格雷（J. Grey）在美国国家研究理事会的报告中提出了科学研究的"第四范式"，即以数据密集型计算为基础的科学研究范式。无论是哪种科学研究的范式，都为人类认知世界提供了良好的工具。

库恩认为范式就是一种公认的模型和模式，是常规科学所赖以运作的理论基础和实践规范，是研究者群体在从事科学研究时所共同遵守的世界观和行为方式，是他们所共同接受的一组假说、理论、准则和方法的总和。范式的演变则表示科学研究的一套方法及观念被另一套方法及观念所取代。科学范式是科学研究的基础和主导思想，它规定了科学研究的目标、方法和标准，不仅包括具体的理论框架和实验技术，还涉及学科内部的观念、价值和共识等方面。① 科学范式的

---

① 托马斯·库恩. 科学革命的结构 ［M］. 4 版. 金吾伦，胡新和，译. 北京：北京大学出版社，2020：147 - 176.

演化不是线性的、简单的积累和替换，而是一个复杂的、动态的过程，需要不断地进行尝试、失败、重建和改进。

科学范式的演化过程可以分为以下三个阶段：

1. 前期科学（pre-science）阶段

这个阶段指的是某个学科领域在没有明确科学范式或者存在多个竞争性范式的情况下的早期研究。在这个阶段中，研究者们主要关注现象的观察、记录和描述，探索各种可能的解释和理论，但缺乏明确的方法和标准。

2. 科学革命（scientific revolution）阶段

这个阶段指的是某个学科领域在经历了大量研究后，最终形成新的科学范式并取得重大突破的阶段。在这个阶段中，一些新的理论框架和范式被提出，并且开始被广泛接受和应用，推动了该领域的快速发展和进步。

3. 正常科学（normal science）阶段

这个阶段指的是某个学科领域在形成了明确的科学范式以后，进入了稳定的工作状态的阶段。在这个阶段中，研究者们主要在已有的科学范式框架内进行日常研究和实验，以巩固和扩展已有的知识体系。

库恩的科学范式理论强调了科学研究的社会性和历史性，表明科学知识的生成和演化是一个复杂和动态的过程。同时，库恩也指出，科学范式虽然是科学研究的基础和主导思想，但也不完全是客观和中立的，其内在的观念、偏见和权力结构也会影响到科学研究的进展和结果。

格雷认为：科研第一范式产生于几千年前，是描述自然现象的，以观察和实验为依据的研究，称为经验范式；第二范式产生于几百年前，是以建模和归纳为基础的理论学科和分析范式，可称为理论范式；第三范式产生于几十年前，是以模拟复杂现象为基础的计算科学范式，可称为模拟范式；第四范式今天正在出现，是以数据考察为基础，联合理论、实验和模拟一体的数据密集计算的范式，数据被一起捕获或者由模拟器生成，被软件处理，信息和知识存储在计算机中，科学家使用数据管理和统计学方法分析数据库和文档，可称为数据密集型范式。[①]

---

① 刘红. 数据革命：从数到大数据的历史考察 [J]. 自然辩证法通讯，2013 (6)：37.

第 2 章
数字科技与教育

科技是科学技术的简称。马克思认为科学是人对自然界的理论关系，即科学是人对自然能动的认识和反映。贝尔纳（J. D. Bernal）在《科学的社会功能》中从多个方面讨论了科学的社会性，科学是特殊的社会意识形式。人们认识客观世界的质的飞跃产生科学革命，诞生新的科学理论体系，技术革命表现为生产工具和工艺的重大变革。科学革命是技术革命的基础，技术革命是科学革命的结果，而先进的技术及其应用成果反过来又为科学研究提供了有力的工具。科技革命对教育内容、教育手段、教育治理方式和教育观产生重大影响，每一次科技跨越都改变着人类教育的面貌，引起教育的深刻变革。

2.1 科技发展对教育的影响

中国学者睦依凡结合欧洲产业革命的史实，认为科技的发展促进了教育的规模和速度增长。此外，选修课制的建立也是起因于18世纪末科技的迅速发展。李萍从科技对学制演变的影响角度出发，提出科技发展促使职业技术教育由非制度化转向制度化转变；科技发展是中等教育、高等教育多样化的肇因；科技发展打破了学制系统的封闭性；科技发展促进了学制的民主化。

科技发展对教育有着重大影响，对此大多数学者没有异议。但是究竟有什么样的影响，影响程度如何，在西方国家存在争议与分歧，曲恒昌认为可以将其归为传统派、务实派和激进派三类（对于激进派观点，本书不做引述）。传统派主要由一些大学和教育机构的学者组成，其代表作为联合国教科文组织编写的《科学和技术教育与国家发展》（1983年）等。该派认为，科技革命对教育系统的各个方面和环节产生重大影响，为了迎接科技进步所带来的种种挑战，学校必须改革课程设置；在初等和中等教育中增加一般科学技术内容，改革考试制度，着重检查学生解决问题的能力和适应能力。虽然传统派认为科技对教育影响巨大，但这种影响基本没有超出传统教育范畴和框架。务实派基本由企业教育专家组成，代表著作有美国斯坦福研究院撰写的《人力投资：开发人力资源满足动态经济需求的新方向》（1985年）等。该派认为科技对教育影响是全面深刻的，涉及教育体系、概念、任务和原则等一系列根本问题。在科技革命的影响下，美国等发达国家实际存在着两种教育制度，一种是传统的"公共教育制度"，另一种是新兴的主要由公司教育、培训、私人团体学校、自学计划和各种非正规教育构成的"私人教育制度"。科技的发展将使这两种教育融为一体，形成一个统一、相互联系的综合教育体系，同时诞生新的"大教育概念"来取代传统的狭窄教育概念。按照大教育概念，教育承担的任务将更复杂，更全面。它应满足社会经济和科技发展各方面、各层次对人才的需求，主要包括培养新工人新雇员、使雇员现代化、培养发明和创造人才等。总之，务实派认为，科技对教育的影响是全局性和本质性的。政府、企业、社会团体和个人必须协同一致，对教育进行全面深刻的改革。

审视教育发展历史，有什么样的科技发展水平，就会有什么样的教育发展水平。科技一旦有了某种进步，教育也或迟或早地发生相应的变革。一般来说，科学革命之后会引起技术革命，技术革命则直接促进生产力的发展，生产力的巨大发展促进社会革命与教育革命。

2.1.1 科技发展深刻影响着人们的教育观

科技进步改变着教育者的教育价值观、教育理想、教育目的等，实现从旧的教育观向新的教育观的转变。如十九世纪欧洲教育实证主义的兴起，就是由于自然科学的巨大进步，促进了科学精神，实证主义取代浪漫主义而兴，遂影响于世界观与人生观上，而实证主义的教育亦新抬头。[①] 而对于教育人才观，二十世纪中叶以来，科学技术的飞速发展，科学技术转化为生产力的周期也正在不断缩短。在这其中，不论是科学技术的理论发展，还是向生产力转化的具体技术，都表现出了高度综合化的特征。为了保证教育所培养出来的各级各类人才能够顺利适应这种迅速变化的现代社会，对教育提出了培养综合性人才的现实要求，强调培养通识型人才的教育观获得广泛认可，"素质教育"成为教育改革的主流语境，并主导了一段时期以来教育改革的方向。现代科技的发展大大改变了人们的劳动条件和赖以生存的生活环境，不接受良好的教育已很难融入和适应现代生活，而且随着技术更新加快，要求人们不断学习更新知识，也就导致了"全民教育"和"终身教育"观念的形成。另一方面，为了修正唯科学主义，2015 年联合国教科文组织的研究报告提出："教育应该以人文主义为基础，以尊重生命和人类尊严、权利平等、社会正义、文化多样性、国际团结和为可持续的未来承担共同责任。在教育和学习方面，要超越狭隘的功利主义和经济主义，将人类生存的多个方面融合起来，采取开放的、灵活的、全方位的学习方法，为所有人提供发挥自身潜能的机会，以实现可持续的未来，过上有尊严的生活"[②]。

2.1.2　科技发展促进了教育的大众多元

邓小平说，科学技术是第一生产力。生产力是社会发展的动力，而科学技术的发展又是推动生产力的巨大动力。科学技术与生产的结合是一种标志，是产业革命起点。产业革命的到来，中世纪大学在内的各级学校教育已难以担负起新兴产业对培养各级各类人才的任务，学校教育引来了大发展的新阶段，学校类型更加丰富，学校和学生数大量增长，促进了教育的大众多元发展。17 世纪末 18 世纪初，法国基督教学校兄弟会为从事工商业的孩子办了一些半工半读的补习学校。1879 年法国成立了技术教育委员会，并设立了"手工业徒弟学校"，1892 年设立了"商工实务学校"，它是对在商店、工厂中直接从事实际业务的人员进行教育的纯粹的职业学校。1829 年法国还创办了"中央工业学校"等学校以培养机械、矿山、土木等高级技术人才。法国在 19 世纪末期开始建立技术教育学校。1919 年制定的《阿斯蒂埃法》，又被称作《技术教育宪章》，规定每个市镇必须设立一所职业学校，18 岁以下的青年接受免费的职业教育。这表明法国已经发

---

① 雷通群.西洋教育通史 [M].长春：吉林人民出版社，2016：271.

② 联合国教科文组织.反思教育：向"全球共同利益"的理念转变？[M].北京：教育科学出版社，2017：14.

展到了由国家来全面负责技术教育的时期。1939 年又设立了职业训练中心，1944 年把青年的技术训练机关改为徒工训练中心，并使徒工训练中心组织化，从而形成了初等、中等、高等三个阶段的技术教育体系：初等徒工训练中心；中等职业学校、技术专科学校等；高等工艺学院、工艺技师学校。德国的实业教育自十九世纪逐渐发达起来，中等教育被分为文科中学、文实中学、高等实科学校三种。① 1810 年，德国洪堡和费希特在柏林创建第一所研究型大学，将研究引入大学中，并成为大学的最重要的功能，成为世界至少是欧洲大学模式的领导者，这也是科技发展的必然结果。

2.1.3 科技发展成果丰富了教育内容，改革了课程

人们在探索自然和社会发展规律中，促进了科学技术的发展，创造积累了大量知识财富。教育有责任把人类社会的科技知识财富有目的、有计划、有组织地在教学中实施，来保证教学内容的时代性、科学性和继承性。学分制起源于18 世纪末，而选修课制的建立正是起因于当时科学技术的迅速发展。在当时科技知识不断增长的情况下，高校为了适应这种变化，就不得不建立选修课制。进入 20 世纪后，科学技术发展更快，学校课程的调整改革、教材的充实更新愈来愈频繁。20 世纪 50 年代后期，电子核子为主的科学技术得到迅猛发展，美国开始检讨自身的教育，1958 年美国国会通过了《国防教育法》，出现了新数学、新物理、新化学、新生物等一系列新教材。② 当前，多学科专业交叉群集、多领域技术融合集成的特征日益凸显。在课程结构上，现代教育已不再只是在一个狭窄的专业领域建构课程，文理渗透、学科渗透已相当普遍，一批交叉学科和边缘学科等新兴学科课程正在大学中被成功实践。

2.1.4 科技发展促发了教育手段的革命

现代科技的进步为教育技术的现代化奠定了物质基础。在传统教学中，学生获取知识的渠道比较单一，多为书本知识和教师已有的知识经验。学生依靠教师组织、安排和要求进行学习，听取教师传授的知识，处于接受灌输的被动地位，学生只有依靠教师的讲解才能掌握知识，依靠教师的考核才能知道自己的进步。现代教育技术进入课堂教学后，录音带、录像带、计算机软件、光盘、多媒体技术（如虚拟现实、超媒体技术）、网络等现代科技促成了教育形式的多样化及教学过程的个体化，既扩展了教育的时空，又充分调动了受教育者的学习积极性和创造

---

① 雷通群.西洋教育通史 [M].长春：吉林人民出版社，2016：299.
② 顾明远.课程改革的世纪回顾与瞻望 [J].教育研究，2001 (7)：15-19.

性，改变了学生对教师的依附，其意义并不仅仅在于革新了教育和评价基本手段，更重要的是为整个教育的内涵扩充和外延发展提供了广阔的前景和现实可能性。在信息社会中，教师和教科书不再是学生获取知识的唯一来源，促使学生的学习方式更加多元化，使学生能按自己的需求和兴趣来选择知识，促进了学生主体性的发挥，部分摆脱了教学模式对教育的束缚。

2.1.5　科技发展促进了教育管理现代化

教育管理是指对包括人、财、物、时间、空间、信息等在内的教育资源进行合理配置，实现组织目标协调的活动过程。进入 21 世纪，教育管理的水平、特点和模式都发生了巨大变化，以现代化的教育管理技术设施为基础，教育管理正大步迈向现代化。当前我国教育管理推进管办评分离，构建政府宏观管理、学校自主办学、社会广泛参与的教育发展新格局。实现教育决策科学化、民主化，克服传统教育管理的主观性、片面性、盲目性和滞后性，使高校教育管理更富成效，决策更加科学，都需要利用现代信息技术，通过广泛获取管理对象各类大数据，进行科学分析。教育管理的现代化不仅是提高教育效率和整体教育质量的保障，也是推进教育现代化的重要内容和实现教育现代化整体目标的保证。

2.1.6　教育技术成为独立学科专业

把教育技术作为一个独立的科学范畴和概念进行专门研究始于 20 世纪 60 年代初的美国，之后随着微电子技术和信息技术在教育领域的应用，特别是电化教学活动的发展而受到各国的重视扩展开来。较早关心这一问题的英国历史学家埃里克·阿什比（Eric Ashby）从教育技术的革命这一角度，将人类教育史划分为四个阶段：第一次革命是将教育青年人的责任从家族中转移到专业教师手中；第二次革命是采用书写，作为与口语同样重要的教育工具；第三次革命是发明印刷术和普遍使用教科书；第四次革命是指电化教育手段的广泛采用，这是近些年来电子学、通信技术以及信息资料处理技术飞跃发展所带来的结果。[①] 在教育技术革命方面，中国学者刘先义认为，教育技术是一个时代、一个国家或地区教育发展水平的主要标志；教育技术革命是推动教育进步的本质力量。联合国教科文组织曾经提出，从新的和更加广泛的意义上讲，教育技术是对教与学的全过程进行构思、实施和评估的系统方式，既包括技术的资源，又包括人的资源以及人机之间的交互关系，并以此来实现更有效的教育。在这种情况下，教育技术是采用系

---

① 毛祖桓. 论信息技术对传统教育模式的影响 [J]. 北京科技大学学报（社会科学版），1999（2）：75.

统分析作为一种研究工作的。

教育技术的本质应是人类为实现一定的教育目的而创造和运用的各种活动方式、能力和资源条件的总和。从构成要素与表现形态上看，它不仅包括以教育模式、管理体制、教学方法与经验、教学工艺、过程及手段为代表的智能技术，也包括以教学工具、传播媒体、实验设备、教学材料及其他资源为代表的物化技术。刘先义认为，从世界教育史上业已发生的三次技术革命，即以学校的产生为标志的教育模式革命、以文字的使用为标志的传播方式革命和以印刷术的发明应用为肇始，以电化教学为标志的媒体技术革命来看，教育技术革命产生的影响主要体现在以下两个方面。

1. 教育技术发生转变

在文字产生之前的很长一段时间内，人们主要是通过口讲、面部表情、手势动作以及展示实物等方法进行教育活动。以雄辩术、演说术为表征的语言技术一直是当时最主要的教育技术。古希腊哲学家亚里士多德创立的系统逻辑学和我国春秋战国时期墨家提出的逻辑推理学说，都曾为语言技术的后期发展提供了理论支持。但是当人们需要把教育内容中的知识、经验、思想信息长期保存，随时再现或大范围同步传播时，语言技术的局限性凸现出来，文字技术便应运而生，并逐步上升为教育活动中的主导技术。特别是造纸术、印刷术的发明与应用，使文字传播技术产生了革命性飞跃，并引发了以文载信息的传播、接受为作用对象的教育技术群。以照相、幻灯、电影、电视为工具的媒体技术，则把信息大范围传播的文字符号载体扩展为图文声像多媒体符号，使信息传输更加直观、生动，把教育技术的应用和发展带入了一个崭新的时代。

2. 引起教育活动方式具有划时代意义的变革，教育效果获得整体性优化

教育技术的任何一次革命，必然同时产生两种社会效应：其一，是随着主导技术的转移与相变，引起教育模式、教学过程和教学方法的巨大变化，这一变化不是某一局部、社区或教育侧面、教学环节的改良和简化，而是整个教育方式富有全局意义的根本性变革。其二，是随着教育过程、传播媒体等方式技术与工具技术的巨大进步，使人力、物力、财力、知识信息等各种教育资源获得显著节约和优化，教育信息传播活动更加便捷，教学效率和质量显著提高。衡量一项技术的突破对于教育是否具有革命意义，主要是看这一技术突破所产生的辐射力能否引起教育方式的整体性反应。正是技术革命所产生的整体效应，才使得人类教育活动、知识积累与智能水平呈现出渐进与突变交织、波浪式发展的规律。

李约瑟（Joseph Needham）认为，由于中国的技术母体缺少对这些技术发明的需求，因而影响了技术实现的速度，是中国近代科技落后的原因。这说明哪一个国家率先采取主动性措施，哪一个国家就有可能率先迎来新的教育技术革命，率先享用技术革命带来的成果，国家与地区的竞争性开发推广活动反映了教育技

术革命实现的社会机制。人类教育信息传播技术从口语到文字，从印刷技术到电子模拟信息技术，发展到现在的网络数字技术，每一次科技跨越都改变着人类教育的面貌，引起教育的深刻变革。新事物产生于旧事物的变革中，旧事物并非被简单地抛弃，而是保存了积极的东西。职业教师的出现并没有抛弃家庭教育，采用教科书并没有取代口耳相传，推行班级授课制没有消灭个别教学，教育技术不是简单嫁接于传统教育体系上的新设备，只有当教育技术真正统一到整个教育体系中去的时候，只有当教育技术促使革新这个教育体系的时候，教育技术才能发挥出积极价值。科学革命直接促进教学内容的更新，技术革命可能促进教育手段与教学内容两方面的更新，社会革命直接要求教育方针、教育体制的根本变革。

2.2　数字时代的教育变革

2.2.1　数字时代的社会嬗变

人类已迈入数字时代，数字技术改变了人们的生活行为方式，重组了生产组织模式，形成与工业社会迥然不同的社会运转机制及社会结构。

1. 数字技术拓展了社会连接的边界

信息的数字化，让信息摆脱了"物质"束缚，并让信息进入了计算过程。数字的网络化让数字信息复制与传递简单便捷，物联网几乎包罗一切，无线通信技术又能将数字网络拓展到任何地方。数字的智能化，使人类的生产生活信息经过计算优化，反馈到现实世界，提升现实生产生活。理论上，每一个人可以与世界上任何个人或组织轻易相连，进行几乎零成本的即时信息交流。数字技术大大提升了社会连接的时效，促进了社会连接的信息共享。人们在工作生活中原有的连接方式逐步转换成数字网络连接，带来了社会连接对于数字技术的依赖。

2. 数字技术重组了社会生产组织模式

数据成为新的生产要素，改变了价值产生过程。人类的生产生活及相关场景信息逐步转化为数据，大数据驱动的数据收集与分析使数字信息的体量趋于无限，只要有足够算力，所有数据信息都可以经过计算分析，直接参与到生产之中，数据成为社会生产中的价值源泉。数字平台成为新的经济组织，改变了社会生产组织结构。从根本上讲，数字平台是一种生成、提取、记录与分析数据的基础设施，能够连接参与市场的多个群体的运营机制，利用网络结构协调数字信息在特定群体间的流动，从而提升生产效率。数字信息的网络化传递，改变了市场运行的方式。随着海量数据的即时性传递，市场交易双方的信息沟通与协调更为便捷，极大降低了市场失灵的可能。以数字技术为支撑形成的新业态与运营方式，造就了新的职业类别，模糊了劳动过程的时空，劳动者的工作角色、内容与方式也发生了深刻变化。

3. 数字技术改变了人们的生活方式

数字媒介成为人们提升自己的学习方式，也是人们日常娱乐创造数字文化的重要场所，带来了崭新的自我认知与自我表达，形成新的数字网络文化与网络价值观念。社交媒体扩大了拓展社会人际关系的可能，特定成员群体组成了线上群体并开展线下互动，带来更多合作，群体成员构成数字意义上的邻里关系，形成数字时代群体构成新模式。网络动员即时高效，成为人们参与公共事务的重要方式，但不同群体获得与使用数字技术的能力不同，也带来参与程度的差异，拥有垄断性资源的组织可能操控网络舆论并影响公共事务。

4. 数字技术带来社会治理新课题

数字技术对社会既有积极影响，也有消极影响，数字技术与社会力量互动产生辩证的对立。数字网络提供了自由开放的信息交流，数据滥用也会侵犯个人隐私。数字信息的传递形成去中心化趋势，海量数据的收集与计算又必然走向集中。个人作为数据生产者无力处理数据，收集与处理数据的是网络平台与数据公司。在没有法律、行政的干预下，数字平台会独占垄断数据，数据重复使用与分享的价值属性大幅降低。数字社会的结构更为扁平，但接触、拥有、使用数据能力的差异，将放大现实社会中的不平等。算法能帮助提供个性化服务，带来智能化便利，也能控制数据信息传递，分配现实社会中的机会与权利，形成个人"信息茧房"和社会"算法黑箱"。因此，通过教育、立法等手段，人们正在积极构建适应数字时代的社会治理与运行新机制。

2.2.2　关键应用数字技术及相互关系

党的十八大以来，党中央、国务院对数字技术的重视程度前所未有，中共中央政治局先后两次就实施国家大数据战略进行集体学习，2018 年 10 月，又就人工智能发展现状和趋势举行集体学习，2019 年 10 月，就区块链技术发展现状和趋势进行第十八次集体学习。近年来，中央接连出台了一系列推动人工智能发展的战略规划，《互联网＋人工智能三年行动实施方案》《促进大数据发展行动纲要》《新一代人工智能发展规划》等有关政策密集出台，大力发展和推动应用互联网＋、大数据、人工智能、区块链等数字技术。主要发达国家都将新一代信息技术视为确保未来经济和军事优势的关键技术，出台了一系列措施，确保在这场新科技竞赛中处于领先地位。2017 年，美国发布了《国家人工智能研究和发展战略计划》，提出了七大战略，包括长期投资、人机交互、伦理法律、系统安全、公共数据与环境、标准基准与评估、人力需求预测，为技术发展提供有力支持和多方位保障，确保美国在人工智能领域的"领头羊"地位。欧洲国家在数字技术方面表现出强烈的合作意愿，欧盟发布了《2014—2020 年欧洲机器人技术战略研究计划》，欧洲 25 国签署了《人工智能合作宣言》等，希望通过加强协调，维护欧洲数字化统一市场，确保欧洲人工智能研发的竞争力，共同面对机遇和挑战。2016 年，日本发布了《人工智能科技战略》和新版《下一代人工智能/机器人核心技术开发计划》。

高速无线通信网络、大数据、物联网、区块链、人工智能等技术是新一代信息技术的主要应用技术，被广泛提及，要充分理解主要技术应用对于教育的影响，必须了解它们的核心功能及其相互关系。

互联网是"孕育"数字技术应用的母体。"互联网＋"时代的一个突出特征是"连通一切""实时协同"，利用全球化资源，构建出分布式创新平台。"互联网＋"在各行各业的实践与发展中，逐渐孕育出人工智能、大数据、云计算、物联网等新兴数字技术。互联网产生海量数据，处理海量数据催生大数据技术，并带动人工智能快速迭代发展。互联网发展历程中的三个阶段，它们有不同的特点和应用。最初的互联网主要是静态信息展示，用户只能被动地接收信息。网站内容不可修改，交互性不强，以门户网站、电子商务网站为主，Yahoo、新浪等门户网站是典型代表。在 Web2.0 时期，网站形式与内容丰富多彩，用户可以进行内容生产、分享和评论，网站具有更好的互动性，如社交网站微信、脸书（Facebook），知识共建网站维基百科，视频分享网站哔哩哔哩等。目前，互联网正迈向基于人工智能技术构建智能合约、去中心化应用、数字身份认证等功能的智能化互联网，实现更加安全、高效、智能的网络交互方式，应用场景包括区块链、人工智能、大数据等。

高速无线通信网络，搭建起物联网信息高速公路。5G 即第五代移动通信网络，作为高速无线通信网络正被广泛应用于各行业，它具有大容量、高速率、低延迟的特点，再加上移动通信网络连续广域覆盖的固有特性，使真正实现海量物联和物联日常应用成为可能。虽然很早就提出了物联网，但具体应用的实施需要大量的高科技支持。目前，这些高科技技术还不够成熟，物联网只能在很小的范围内应用，不能普及。物联网是世界数字产业一大趋势。未来，随着 5G 乃至 6G 网络普及，物联网将与许多智能设备相结合，以达到高级物联。

大数据，既是生产要素新，也是一种生产力。它将大量的数据作为研究对象，完成对数据的采集、预处理、管理等一系列工作，对所有数据的关联进行分析并且找出其内在的规律。麦肯锡全球研究所给出的定义：大数据是一种规模大到在获取、存储、管理、分析方面大大超出传统数据库软件工具能力范围的数据集合，具有海量的数据规模、快速的数据流转、多样的数据类型和价值密度低四大特征。数据作为战略资源如能源一样被各国重视，有人将数据比作"新石油"。

当前，数据的基础性、战略性资源作用愈发突出，有力促进发展方式转变、经济结构优化、增长动能转换，已成为经济高质量发展的关键驱动力。数据仓库是各行业进行数据分析的一个底层技术，下一代数据仓库与人工智能深度融合，实现智能化。中国在人工智能应用领域多项技术处于先进行列，与美国一起引领发展。麦肯锡董事长鲍达民认为中国在人工智能方面蕴藏着巨大的潜力，一个最根本的原因是拥有海量的数据。

区块链是建设网络空间信用体系的基石。区块链技术的核心是沿时间轴记录数据与合约，并且只能读取和写入，不能修改和删除。将虚拟数据实现"物化"，建立起网络空间的超级信用体系。在应用层面，分布式账本具有去中心化和集体参与的特点，区块链具有安全、透明的优势，有利于人们掌控个人信息，保护数据安全。区块链技术实现了点对点的信任，加上智能合约，大幅提高了交易效率。区块链和传统教育有很多的对接点，比如解决证书造假问题，实现教育资源共享，应用于对学生档案的创建，记录个人成长等。支持区块链的重要底层技术是各种加密算法。

人工智能是对人类智能的延伸。自工业革命以来，先进技术一直在取代人类的一些蓝领工作岗位，人工智能的发展不仅仅波及体力工作，还可能改变专业工作的形态。牛津大学最近的一项研究估计，美国近一半工作岗位在未来20年面临被自动化和电脑取代的风险。目前，对人工智能的研究可以概括性地分为四个层面：最基础层是数据和计算能力；第二层为算法；第三层为技术方向，在算法上产生，如计算机视觉、自然语言处理等；第四层为行业的应用解决方案，人工智能技术在教育、金融、医疗、交通等方面的应用。第四轮科技革命和产业变革正围绕着人工智能展开，人工智能将像电力、互联网一样成为各行各业发展的基础性要素，尤其是一些知识经验密集型行业，如医疗、教育、金融等，将面临更大的机遇与挑战。

2022年是人工智能发展的又一分水岭，ChatGPT，DALL.E等发布模仿人类创造过程的生成式人工智能应用，将人工智能从"赋能者"提升为"协作者"。ChatGPT通过大规模无标注语言模型进行训练，实现了小模型、单任务人工智能不可及的能力涌现。语言文字是人类智慧的载体，ChatGPT所涌现出的泛化能力，使其上升为认知模型。

2.2.3 数字技术已融入教育全流程

目前，数字技术已全面融入"教、学、管、评、测"教育全链条、大中小等各学校、数理化等各学科，进入数字技术与教育融合创新发展新阶段，产生智能多样的教育新业态、新形态。得益于人工智能、5G、大数据、云计算等新数字技术领域突飞猛进，也为其提供了技术保障。得益于教育数字化基础设施建设，从量变开始到质变。得益于数字科技公司大踏步进入教育领域，教育数字技术加速迭代。新冠疫情期间，数字技术从教育辅助转变为不可替代的支撑，数字技术长时间、大规模地深入教育场景，加速了融合创新。教育与数字技术进入融合创新发展新阶段的外在表现主要体现在五个方面：一是信息技术的应用进入了绝大部分学校和每一个学科。数字化教学工具和企业服务进入日常教学，教师能够根据具体的教育教学需要选择使用。学生获取教育资源的类型和渠道多元化，除了内容性数字化学习资源外，还可以获得相应的教育工具、软件服务等。二是数字技术拓展了非正规和非正式学习的资源获取和供给方式，实现非正规和非正式学习的日常化，在终身学习中的地位日益重要。三是教育管理方式改变。由于大数据、人工智能等新技术的发展，在教育决策、教育督导、教育教学评价等管理活动中越来越依赖大数据的分析。四是教育信息化的引领技术已转向人工智能等新型数字技术，智慧教育着力点进入到以使用者为中心并从局部发展过渡到整体布局。五是教育信息化走向"云端"。随着云计算的日益强大、通过网络提供软件服务（SaaS）技术的成熟，云端平台成为教育信息化的重要载体，推动教育信息化建设从重硬件向更重软件服务转变。

2.2.4　数字技术触发教育教学的各环节变革

"互联网＋教育"实现互联网与教育的深度融合，推动教育的升级或转型，建立新的教育形态。当前"云、网、端"一体化正共同创建一个前所未有的智能学习空间，海量的教学与学习资源汇聚到云端，学习者利用"云资源"和"云服务"进行知识的获取、吸收、分享、加工和创造。随着 5G 网络的普及，教育物联网应用大幅提升，提升智慧校园品质，扩展 VR/AR 的应用，提高课程生动性，大大改善线上教学的体验。通过互联网、物联网以及各类学习终端设备与教育的结合，产生出海量宝贵的教育大数据。教育大数据在信息技术与教育融合创新发展中发挥着基础性作用：能发现教育新规律，大数据突破了小样本和个案研究的局限，可以进行全样本研究；服务于精准管理与决策，中国提出的精准扶贫，就是依托大数据的技术支撑；及时准确把握教育舆情，及时回应社会关切；实现可持续的形成性学习评价和绩效评估，为高考改革、教育评估等改革提供了有力支撑。人工智能在教育主环节上的应用越来越广泛，人工智能在教育领域的应用技术主要包括图像识别、语音识别、人机交互等。

教育的跨时空的互动。人工智能与互联网技术的结合，能构建符合主场景的环境，师生可以进行跨时空的互动，人机交互技术可以协助教师为学生在线答疑解惑，在一定程度上还解决了一些实体教育不平等问题。美国佐治亚理工大学的机器人助教代替原助教与学生在线沟通交流竟无学生发现，说明了人工智能在这方面的应用潜力。从 2018 年 4 月开始，日本教育部启动一项试验，在全国约 500 所学校安装讲英语的人工智能机器人，旨在提高学生的英语沟通能力。用机器人进行个性化指导、学生管理、家校沟通等都具备可能性。通过图像识别技术，人工智能将老师从繁重的批改作业和阅卷工作中解放出来。语音识别和语义分析技术可以辅助教师进行英语口试测评，也可以纠正、改进学生的英语发音；记录整合教育教学行为。随着教育教学信息数字化（图片、语音、其他的信息），把数字化的信息转化为数据，再对数据进行处理以更好的聚合、分发，给师生提供越来越个性化的服务；提供更科学的教育评价。人工智能下的教育平台，能打通分散的数据中心，把数据的作用充分发挥出来，有能力把每个人的教育全程记录，进行横行纵向和不同角度的分析，教育评价的科学性将实现质的突破。在人工智能时代，教育技术不再是教育领域锦上添花的辅助性工具，它的作用越来越核心化。在 2016 年美国国家教育的技术计划与上一轮相比，不再争论是否把教育技术作为核心关键点，转而讨论如何利用教育技术改善教育教学。

2.2.5　实现教育活动过程的真实认证

教育领域的关键角色，是由教育者、教育机构、学生、就业提供者构成的一个环路。教育机构除传统的院校，也包括了慕课、开放课堂等新型的网络教育平台。教育者，除在院校中的职业教育者，还包括网络课堂的教育者，以及基于人工智能的新型培训者、辅导员，甚至教育游戏。学生，则不仅仅是在校学生，终身学习是现代的基本教育模式，任何人在任何时间都可以学习新的技能和知识。而就业提供者，不仅是传统的企业，也包含众包和网络项目协作市场。学习认证是呈现学习结果的有效手段，创建基于区块链技术的学习认证制度和网络，将有助于学习者或其他人才在不同教育机构、不同工作、不同国家间安全、真实、便捷、高效地利用其区块链学习认证，实现学习和职业的发展。

1. 发放区块链学历证书

解决了学历证书造假问题，大大降低了证书保存和比对成本，提高了效率，保障了数据安全。美国麻省理工学院于 2016 年发布了首个数字证书，在最初的试点项目取得成功之后，2018 年 6 月起，麻省理工学院决定为所有新的毕业生提供区块链钱包服务。这样一来，潜在雇主也就不必再打电话联系学校来确认其文凭是否真实。意大利卡利亚里大学也开始为毕业班学生颁发基于数字区块链的学位证书。伦敦大学、墨尔本大学、俄罗斯金融大学等高等学府也陆续开展了该领域的研究和应用。2019 年 6 月，江西软件职业技术大学区块链学院成立，中国高校第一次招本科层次的区块链技术学生，并向 1 900 多名毕业生颁发了区块链数字毕业证；同年

7月，又发出了全球首张印有哈希值的区块链大学录取通知书。

2. 非学历教育数字认证

英国开放大学已积极实践这一基于区块链技术的新型学习模式。此外，英国开放大学的"知识与媒体研究中心"（Knowledge Media Institute）已开发出组合"微认证"（Micro-credentials），或者说徽章的创新技术，以适应基于区块链技术平台的学习和认证。日本的"索尼全球教育"（Sony Global Education）已建设了基于区块链技术的全球学习和认证平台，以促进学习者、学校和雇主共享学习过程和学习认证等方面的数据。创始人铃木五十铃认为，区块链技术能够赋予学习者管理其成绩的更大自主权，例如，学习者在获得某一门考试成绩后，可以要求考试提供者与第三方组织分享其成绩，然后第三方组织可以应用区块链技术评估该学习者的成绩，以确定其掌握的知识和技能是否符合组织需要。此外，基于对区块链技术在教育教学中的潜能和价值判断，"索尼全球教育"正致力于推动全球教育机构，尤其是大学探索、使用其区块链技术平台。

3. 建立学生个人学习成长档案

2018 年 10 月，中国首家大数据教育区块链试验区在河北廊坊正式启动。探索区块链技术在教育领域的应用，开发出教育区块链产品，推动区块链基础核心技术研究和应用落地。北京通州区教委、天津武清区教育局、河北廊坊市教育局三地教育部门，共同搭建一个大数据平台，采集并记录学生的学习成长轨迹数据，通过区块链的分布式、不可篡改和留痕功能，建立学生的个人学习成长档案。致力于解决学生个人学习成长档案管理存在的信息不完整、不利于流通、信息容易篡改等弊端，推动中国社会诚信体系建设。

4. 建立充分信任的教育共享平台

教育资源，受制于各自为政的中心化平台，师资、教研成果是无法共享的，没有解决个体间信任的开放平台，很难实现教育资源的共享配置。从不同教育机构修来的学分或学习结果绑定、组合在一起，获得相应毕业或学位证书。区块链管理、共享和保护数字内容的能力使其成为帮助研究人员，教师创建知识产权，分享知识产权并仍然控制其使用方式的理想选择，可以构建一个解决个体与个体之间信任的开放网络。英属哥伦比亚大学、美国波士顿大学、荷兰代尔夫特理工大学、澳大利亚国立大学和瑞士洛桑联邦理工学院达成了代码共享协议，以实现安全、经济、便捷的共享知识库。新加坡 FCC 基金会运营管理的未来教室就是基于区块链的数字教育资产运营平台，并与国内外三十多家教育机构、大学达成战略合作，通过区块链技术嵌入智能合约并整合全球教育资源，完成教育数字资产的契约、存证和交易，平台还为全球机构和教师提供在线播控、在线学业辅导、课程评价、工具下载等开放式服务。英国开放大学已积极实践基于区块链技术的新型学习模式，英国开放大学的"知识与媒体研究中心"已开发出组合"微认证"，即徽章的创新技术，以适应基于区块链技术平台的学习和认证。[①] 降低科研共享的交易成本，推动了教育资产的价值实现。通过区块链技术平台，有效降低了科研共享的交易成本，实现了在不同教育机构、学习模式的学习认证，推动了教育的价值实现。

2.2.6 从中小学到大学数字教育全面加强

1. 中小学普遍开设数字素养教育

联合国教科文组织于2018年发布《数字素养全球框架》。数字素养全球框架包括7个数字素养领域和26个具体素养，具体描述了各项素养应该达到的具体水平，这就为制定数字素养评价工具奠定了基础。2018年荷兰发布了《荷兰数字化战略：为荷兰的数字化未来做好准备》，提出学校教育数字化的战略发展目标是让年轻一代掌握基本的信息通信技术知识与技能，培养计算思维、信息素养、媒体素养。为此，荷兰将数字素养的培养贯穿从中小学到大学的各个学段，教学内容由低阶到高阶、由简单到综合，前后衔接贯穿各学段完整的学习过程。[②] 从2019年的新学年开始，法国高中二年级开设"数字科技"必修课，重点教授计算机科学与数字社会生存素养，从高一到高三还将开设配套的数字科技选修课程。日本安倍政府修订教学大纲，在小学、初中、高中开展编程及统计课程的同时，将包含编程知识的信息处理科目纳入2020年"大学入学共通测试"考试范围之内。

2. 高度重视高校人工智能学科建设

为了推动人工智能的发展和应用，主要发达国家在前述的战略规划中，均将人工智能人才培养作为重要方面内容，并拨专款加大人才培养力度。高校是人工智能人才培养和研发的重要基地，在国家的大力推动下，许多国家的高校开设了人工智能专业。英国大学已有近百所大学开设人工智能本科课程和相关的研究生项目。2018年10月，麻省理工学院宣布投资10亿美元开设一所新的人工智能学院，主要目标是推进人工智能在各个学科领域的广泛应用。自2003年北京大学提请建立智能科学系，并于2004年招收首批本科生后，至今二十多年的时间里，随着人工智能的崛起，越来越多的高校开设此专业，从事有关智能科学发展的研究并培养相关人才。2018年4月，教育部印发《高等学校人工智能创新行动计划》提出，支持高校在计算机科学与技术学科设置人工智能学科方向，完善人工智能的学科体系，推动人工智能领域一级学科建设；形成"人工智能＋X"复合

---

① 晋浩天. 当教育遇上区块链，会擦出什么火花 [N]. 光明日报，2018-11-12（8）.

② 刘宝存，岑宇. 以数字素养框架推动数字化人才培养 [N]. 中国教育报，2023-02-27.

专业培养新模式，到 2020 年建设 100 个 "人工智能＋X" 复合特色专业，建立 50 家人工智能学院、研究院或交叉研究中心。[①]

3. 促进数字技术的产学研合作

德国联邦教研部 2017 年 9 月启动 "学习系统" 平台，这是继 "工业 4.0" 平台之后，德国政府推出的第二个以数字化为主题的研发平台，成员包括 150 多名产学研各界专家，协同开发和应用 "学习系统"。《法国人工智能发展战略研究报告》建议，依托大学的科研力量，整合各方研究资源，在全法布点建立 4～5 个跨学科研究中心，巴黎综合理工大学已开始分别与谷歌和富士集团合作联合开展人工智能研究。

2.2.7 自适应技术教学产品广泛应用

自适应学习技术（adaptive learning technology）早在 20 世纪 90 年代的美国就已萌芽，目前人工智能自适应已得到较为广泛的应用，并多次被实证研究证明有效。美国高等教育信息化协会把自适应学习定义为：基于个人的能力或技能素养，动态调整课程内容的水平或类型，以提高学习者的主动学习和教师干预下的学习绩效的技术。自适应学习技术通过收集与学生知识技能基础和对知识掌握程度的数据，来反映某个学生或某组学生，甚至是某门课程全体学生的学习情况，并以此为基础不断调整为学生布置的作业材料。自适应学习技术的核心是通过个性化学习帮助老师和学生实现更好的学习效果。智能自适应学习主张每个人都拥有自己独特的学习路径，以数据和技术为驱动力，把人工智能技术渗透到教学的核心环节中，实现规模化的个性化教育。在美国，包括早幼教、小学、初中、高中、职业教育、大学等各个阶段都有应用，并覆盖多个学科，是一种非常有前景的教育技术。培生集团旗下的 Mylab＆Mastering 面向高等教育学生提供自适应学习产品，适用于天文、生物、化学、物理、工程、环境、营养学等 13 个学科，其官网显示每年有超过 1 100 万个学生在使用。[②] 韩国教育部在 2020 年 9 月宣布，在全国范围内 16 个县的 34 所学校试点 "Math Expedition" 项目，将游戏化的自适应教育系统引入公立学校数学教学体系内，作为校内数学课堂教育的补充。通过游戏的形式对小学一二年级学生测评其对数学知识点的掌握，通过学生的个人画像推送辅助教学内容，个性化地提高学生对数学知识点的掌握。智能自适应学习技术，支持适应性教学，在规模化的教学安排中达到个性化、适切的教

---

① 教育部关于印发《高等学校人工智能创新行动计划》的通知. (2018 - 04 - 02)[2023 - 04 - 03]. http://www.moe.gov.cn/srcsite/A16/s7062/201804/t20180410_332722.html.

② 艾瑞咨询. 中国人工智能自适应教育行业研究报告 2018 [R]. 2018.

学内容，使因材施教成为可能。

2.2.8 数字技术改变教育组织及治理模式

数字技术改变了社会生产生活行为方式和组织模式，数字技术全面融入教育教学过程，带来教育教学的各环节变革。面对数字化的教育场景，社会化的教育资源供给，平台化的教育组织等，逐步形成与数字时代相适应的教育组织和教育治理新模式。

1. 教育场景已超越物理空间，教育走向现实空间与数字空间的融合共生

在数字技术引领下，知识载体已从纸质材料发展到包括图片、视频、音频等非结构数据在内的多样化数字复合体，课堂的场所已从教室发展到网络空间，学生学习时间已不拘于教学计划，系统授课者也已打破学校教师的主导。一方面，教育数字空间承载着海量的教育资源，形成了各类教育资源生产与分配的自我生态，对教育组织形式、教学模式、教育治理方式等产生显著影响，形成以教育元宇宙等为外在表现的自我发展规律。另一方面，教育数字空间源于现实空间，并制约于现实教育实践。教育的主客体既存在于网络环境，更是线下教育共同体。从教育生态的实际发展来看，教育现实空间与数字空间不是简单的并存交替，而是互为因果、交融并进的交互性实践活动。

2020 年 5 月，由于新冠疫情的影响，加州大学伯克利分校举办了一场虚拟毕业典礼，典礼上校长致辞、学位授予、抛礼帽、领学位证甚至毕业典礼后的 Party 等环节一个不落，为各地居家的毕业生们弥补了遗憾。这场虚拟世界里的毕业典礼重现了学校 100 多栋建筑物，包括学校的体育场、教学楼和小商店，增加参与者的熟悉感与沉浸感。可以说，这是第一场在元宇宙中举办的大学毕业典礼，所有的参与者共同完成了这次毕业典礼。[①]

上海杉达学院是国内最早投入教育元宇宙应用实践的高校之一，杉达教育元宇宙（Edu-comos）是一个可以容许千人同时在其中自由交互的数字空间，一个可以让用户身临其境的、3D 的、计算机生成的数字孪生校园。虚拟校园是"活"的空间，是一座 24 小时在线、永远存续的数字大学城。师生可以在校园里闲逛，可以去数字博物馆看展，画画；可以去智慧研修室看 3D 影院效果的慕课大片；可以去大礼堂开会听讲座；可以去教室上课。平台不仅可以完整提供现有智慧教学的所有功能如视频和 PPT 播放，自动签到、随机点名、随机和指定分组，课堂测试，自动批改、汇总分析等，还利用 3D 空间的特点，设计了空间分组、AI

---

① 教育界纷纷入局，揭秘"元宇宙"引领教学变革.（2022 - 01 - 05）[2022 - 12 - 23]. https://m. thepaper. cn/baijiahao_16136431.

化身导学、AI 教研等创新性功能。杉达教育元宇宙还实现了不同教育数字虚拟空间的互通。基于该平台多项核心技术和国际中文教学特点，上海杉达学院联合华东师范大学丁安琪教授的团队合作研发了国际中文教育元宇宙，这一中文学习技术创新实践在刚刚举行的国际中文教育大会上进行了亮相，引发全球中文学习者和教学同行的关注。目前国际中文教育元宇宙已经实现了和杉达教育元宇宙的互联互通，在进入杉达教育元宇宙的虚拟世界时，已经有上海杉达学院（金海校区）和华东师范大学（中北校区）两座校园矗立在那里等着用户去探索。①

2. 教育资源的校外供给规模化、体系化，带动学校教育社会化协同发展

数字技术融入学校教育，形成新的教育社会分工体系。教育活动中存在大量标准化环节，如学情分析、作业批改、口语练习等，具有很强的重复性、流程化特征，数字技术在这些领域率先赋能。社会机构提供数字化方案，帮助学校解决标准化、重复性、特需型的教育教学环节，使学校更加专注于育人创新。数字技术有效促进了各级各类教育资源的链接与共享，纵向上连接了各级教育，横向上打通了学校与社会各类教育，形成大教育格局。

例如，日本数字化条件下的"高大衔接"，将中小学校通过校园网与大学和科研机构建立密切联系，中小学师生可远程收看大学教授的讲座和授课，查阅研究文献，与国外学生远程交流，实现中小学校与外界教育活动更广泛的"高大衔接"。②为了促进高质量和包容性的数字教育生态系统，欧盟支持学校的千兆连接，支持"连接欧洲设施计划"下的学校连接。2020 年 9 月，OECD 提出未来学校教育的四种图景（见表 2-1），包括学校教育扩展、教育外包、学校作为学习中心和无边界学习③，传统学校体系逐渐瓦解，社会力量广泛参与教育，教学组织富有弹性，正式学习与非正式学习融为一体，学校成为泛在灵活、动态更新的教育生态系统。

表 2-1 未来教育四种图景

四种图景	目标和功能	组织和结构	师资力量	治理和地缘政治
学校教育扩展	学校教育在社会化、资格认证等方面扮演着重要角色。	教育垄断并保留了学校系统的传统功能。	教师职业垄断，并具有潜在的新规模效益和任务分工。	传统公共行政部门发挥重要作用，并强调国际合作。
教育外包	需求碎片化，自主性强的学生需要更灵活的服务。	学校内外运作更加多样。	结构多样化，即教师个人可以实施多种教学组织形式。	教育系统在（地区、国家、全球）教育市场中扮演重要角色。

① 这所学校推出沉浸式教育元宇宙平台，虚拟校园有了"活"的空间. (2022-12-13)[2023-02-04]. https://www.thepaper.cn/newsDetail_forward_21146124.

② 紧急调整"千兆学校"计划 疫情加速日本教育信息化 [N]. 中国教育报，2020-09-18.

③ 兰国帅，张怡，魏家财，等. 未来教育的四种图景——OECD《2020 年未来学校教育图景》报告要点与思考 [J]. 开放教育研究，2020，26（6）：17-28.

续表

四种图景	目标和功能	组织和结构	师资力量	治理和地缘政治
学校作为学习中心	灵活的学校安排支持个性化学习和社区参与。	学校作为学习中心，组织多种资源配置。	专业教师是专业知识网络节点，该网络具有广泛性和灵活性。	高度重视地方教育决策。伙伴合作关系可自行组织。
无边界学习	传统的教育目标和功能因技术而被改变。	学校作为社会机构被取消。	学习者成为知识的生产者和消费者，并在社区（地区、国家、全球）中发挥重要作用。	全球数据和数字技术的治理成为关键。

3. 数字教育平台成为新的教育组织者，改变了知识生产与传播方式

随着云计算技术的成熟，教育数字化服务走向云端平台。教育数字平台成为连接教育现实空间与数字空间的纽带，组织教育资源的生产与分配，降低了学校数字化成本，也提升了学校的信息安全保障。在线教育平台实现了教育链、科技链与产业链的跨界融合，学校教师的知识权威被打破，学生获取教育服务更加多元便利，形成了独立的知识生产与传播体系。一些新兴科技领域，传统大学还没形成学科和专业教学之前，在线教育平台已提供大量相关课程。

欧盟规划依托"伊拉斯谟＋"计划开发的平台，打造全欧洲数字高等教育平台，加强成员国之间的合作，提供在线学习、资源流动、虚拟校园等一站式支持服务，在学生、研究人员、教育者等群体之间开展体验交流活动。[1] 德国联邦教研部打造"学校云"，为教师和学生提供功能全面、内容广泛的学习软件环境，提供学校间、学校与其他机构间的合作，降低了对单个学校的技术要求。[2] 日本为促进信息技术环境资源的"高大衔接"，利用大容量的云计算服务成为主流。在日本地方教育委员会统一管理与支持下，学校充分利用公共云计算服务，将简单功能的终端电脑接入稳定、高速的云平台。[3]

在在线教育等教育细分领域出现影响力日渐扩大的平台，此类平台也遵循梅特卡夫价值法则，建立起有越来越强吸引力的教育场域，成为教育技术标准和规则的制定者。美国的 Coursera、Udacity、edX 三大慕课平台，占据该领域在技术、内容、市场和规则上的统治性地位。欧洲高校虽然有多种渠道提供慕课，但从历年调查结果看，目前主要依赖于与美国三大平台合作或使用其开源系统，并且合作的比例呈迅速上升趋势，使用本地开源平台或独立开发慕课平台的机构比例呈下降趋势。

---

① Digital Education Action Plan 2021—2027 [R]. EUROPEAN COMMISSION, 2020.

② 中国驻德国使馆教育处. 德国教育科研"数字化战略"及其各领域倡议简介 [J]. 教育调研材料汇编, 2020 (6): 40.

③ 紧急调整"千兆学校"计划 疫情加速日本教育信息化 [N]. 中国教育报, 2020-09-18.

4. 多样态的新型学校开始大量出现，面向不同群体的定制式学校崭露头角

教育是一项复杂的社会活动，每个人的智趣不同，学习方式不同，所处教育环境不同，"因材施教"等教育理念如何实现一直困扰着教育界。因此，当元宇宙等数字革命为教育提供了更多选择和更大灵活性的时候，人们开始创建新质学校，尝试解决这些教育问题的途径，但它们的未来发展尚需教育实践的检验。

传统大学的数字孪生校园。元宇宙正成为高等教育数字化转型的新高地，莫尔豪斯学院等全美 10 所高校正在建设数字孪生校园，这些数字孪生校园在虚拟世界构建平台 EngageVR 上建设，是各学校物理校园在元宇宙中的虚拟复制，课程与实体大学同步，学生可以选择参加校园学习还是远程学习。国内大学也在开始类似尝试，中国传媒大学的虚拟校园亮相百度元宇宙平台，前面提到的杉达教育元宇宙也是此类新型学校的具体实践。

在线学习与全球体验相结合的新式大学。2014 年开始招生的密涅瓦大学，通过在线互动式学习，沉浸式全球体验的方式，创建一种新型大学教育模式。学校开发了在线互动式学习技术平台，开展小班化研究式学习；学校在柏林、孟买、香港、纽约等地开设"分校"，以班级为单位，每个学期到不同城市学习生活，提供全新的大学体验。

个性化教育的微型学校实践。AltSchool 成立于 2013 年，作为通过技术平台和微型学校实现个性化教育的先驱，AltSchool 打破学龄界限，订制课程计划，基于项目的学习方法等一度备受美国硅谷资金追捧。但因订制学习达不到理想结果，创始人发展战略转移等原因，于 2017 年底关闭，部分师资力量被另一家有相近办学理念的分校"收编"。而 Prenda 平台支持的微型学校正在扩张之中，目前，美国六个州的 3 000 名幼儿园至八年级学生通过其平台，使用可汗学院数学、Lexia 阅读等在线教学工具，在 300 所微型学校学习。

数字科技企业凭借资本与技术优势融入教育教学，成为推动教育数字化变革的重要力量。

数字科技企业对市场敏感，利用资本与技术力量，提供丰富的教育数字化产品与服务，已深度融入教育全链条。从教学智能终端、教学应用软件到教育"云服务"、搭建智慧校园平台，数字科技企业提供的算力支持、教学软硬件服务已覆盖在线教学、校园安全、智能教室、家校共育等应用场景，大大推动了教育数字化变革。数字企业因此也掌握了大量"学情数据"，"学情数据"谁拥有、企业应如何使用，是世界性难题，也是数字教育的重要变革力量。

大数据自适应学习分析平台 Knewton 开创了教育大数据个性化服务设计和应用的先河，其相关技术在一定意义上是智慧学习的基础，是由 Knewton 与 Pearson 两家公司合作开发。前面提到的数字孪生校园均由教育元宇宙公司 VictoryXR 在其用于沉浸式会议、活动和学习体验的虚拟世界构建平台 EngageVR

上建设。在欧洲，英国推出 FutureLearn 慕课平台由英国开放大学和 SEEK 集团共同运营，西班牙推出 MiriadaX 慕课平台由西班牙电信公司支持。新冠疫情期间，中国互联网巨头迅速开发出在线教育应用，钉钉 2 小时内新增部署超过 1 万台云服务器，腾讯会议 8 天内扩容超 10 万台云主机，达到亿级流量的图文高并发能力，满足了数亿学生在同一时段上课的要求。

近年来，数字科技巨头大举进军教育数字化产业，成为推动教育数字化发展的重要力量。

华为智慧教室解决方案，打造基于华为云 WeLink 的教学平台。智慧教室解决方案以"一个入口一朵云、一个平台一张网"共同构建一个体系。华为云 WeLink 互动教学平台脱胎于其智能办公系统，围绕教学场景，聚焦本地互动、远程课堂等功能体验，帮助学校灵活选择教学应用，为学校构建线上线下融合的教学环境。

阿里立足自建平台，充分利用钉钉与淘宝的入口优势，打造了两个核心产品：一是"钉钉未来校园"。基于钉钉自身"智能移动办公平台"，覆盖在线教学、校园安全、智能教室、家校共育等应用场景。系统最为关键，小的教学应用、数据服务系统、测评系统均可以免费搭建在钉钉应用系统上。二是淘宝教育。依托淘宝 8 亿活跃用户和直播、营销、小程序等工具，针对中小教培机构推出覆盖招生引流、教培支付和直播教学等产品。

2020 年，腾讯大幅提升智慧教育在公司内部业务的地位。2020 年 4 月，针对教育业务出台补贴政策，拿出 10 亿元启动资金专项帮助学校和教育行政部门快速上手智慧教育方案；2020 年 9 月，腾讯创建"腾讯教育智脑"操作系统，汇聚教学、评价、管理、辅导等多场景应用，面向学生、教师、家长、教育管理者等提供教育教学全流程服务。

科大讯飞在 2022 年推出八款智慧教育新品：因材施教智慧教育解决方案、智慧课堂 5.0、AI 听说课堂 2.0、个性化学习手册 4.0、智慧作业解决方案、课后服务解决方案 2.0、智慧体育解决方案、智慧心育解决方案，助力教学、学习、考试、评价、管理等多个教育场景。目前，科大讯飞智慧教育产品已覆盖区域管理、学校教学、考试测评、自主学习、教师发展等领域，创新区域级因材施教、课后服务解决方案。

5. 数字技术在教育中的应用与治理并进，建立数字教育新规范与新标准

随着数字技术在教育中的大量应用，教育的新业态新形态不断涌现，教育数据的权属与安全问题日益重要，旧有的规范与标准已不适应数字化的要求。需要制定全面的数据保护法规以及监管框架，保证合乎伦理、非歧视、可审查地运用教育资源与数据，确保负责任地开发和使用教育人工智能工具。科学统一的标准是教育信息通畅运转和基于数据进行教育管理的基础，需要制定新的教育数字化标准。

数据和算法驱动给教育带来智能化、便捷化的同时，也引发前所未有的道德伦理问题。2019 年国际人工智能与教育大会通过的《北京共识》，强调教育数据的监管与审查。[①] 在欧盟的 GDPR 框架下，法国成立数据伦理专业委员会，对涉及向未成年人提供教育教学内容的平台建立信用评级制度，同时，成立"数据保护工作组"和"数据伦理专业委员会"，负责保护未成年学生数据安全、规范数据伦理。[②] 美国越来越多的州加入审核基础教育数字教学资源行列，审核标准的制定以《共同核心州立标准》（Common Core State Standards）为主要依据。

大力推进数字教育新标准建设。在数字环境和数据技术标准方面，根据"2018 年度以后学校信息技术环境建设方针"，日本文部科学省和总务省联合推出学生终端标准型号、校园网络标准规格配置方案，供各都道府县和办学机构参照配备。2020 年 11 月，日本文部科学省发布《教育数据标准（第一版）》，围绕教育数据标准化建设的目标方向、基本理念、框架内涵等进行了规定，对公立中小学教学大纲的《学习指导要领》进行了代码编制。[③] 在教育资源方面，截至 2018 年，全美有 42 个州、哥伦比亚特区、4 个海外属地采纳《共同核心州立标准》，规范开放教育资源、在线内容和教育软件等。[④] 在在线教育标准方面，2019 年，美国虚拟学习领导联盟（Virtual Learning Leadership Alliance）和 QM（Quality Matters）联合发布新的 K-12 阶段在线教育质量全国标准，包括《在线教育项目质量全国标准》《在线教育课程质量全国标准》《在线教育教学质量全国标准》，从三个维度构建了 K-12 在线教育标准体系。[⑤]

2.3　教育向数字化转型

2.3.1　理解数字化转型

有学者指出，数字化转型不同于数字化。数字化是指将模拟信息转化为数字信息，最初源于企业实践，本质是充分运用数字技术和数据资源解决复杂不确定性问题，达到降本增效、提升能力效率的目的。[⑥] 有学者将数字化定义为"使用数字设备进行通信、记录、数据传输的数字方法"，将数字化转型视为一种策略、

　　① 联合国教科文组织.北京共识——人工智能与教育［R］.2019.
　　② 中国驻法国使馆教育处.法国基础教育信息化的发展、应用及启示［J］.教育调研材料汇编，2020（6）：6.
　　③ 建设标准化体系，将教育数据分成主体信息、内容信息和活动信息三大板块——日本精准数据对接教育信息化［N］.中国教育报，2021 - 01 - 15.
　　④ 孙丽娜，陈晓慧.数据地图引领美国 K-12 数字教学资源的变革［J］.外国中小学教育，2018（8）：35 - 36.
　　⑤ 周蕾，赵中建.美国 K-12 阶段在线教育质量全国标准评析［J］.开放教育研究，2020（2）：53 - 62.
　　⑥ 翟云，蒋敏娟，王伟玲.中国数字化转型的理论阐释与运行机制［J］.电子政务，2021（6）：67 - 84.

过程或者模式。美国高等教育信息化协会（EDUCAUSE）将数字化转型定义为"通过文化、劳动力和技术深入而协调一致的转变，优化和转变机构运营、战略方向和价值主张的过程"①。因此，教育数字化转型一般认为，就是在数字化基础上，利用数字技术和数字战略重构教育领域的组织业务和运营流程，从而促成新的组织运行能力和治理能力，提高教育领域运营绩效的变革过程。

教育的数字化转型由教育的外部环境与内生发展需求共同驱动。一方面，进入数字时代，人们的生活行为方式与生产组织模式发生了巨大变化，形成了与工业社会迥然不同的社会运转机制及社会结构，教育作为社会系统的一部分，必须以变革适应新的是社会形态。另一方面，教育要实现自身的高质量发展，需要通过数字技术手段改善与优化教育过程，提高教育的质量、公平、效益，培养适应和服务数字社会的时代新人。社会数字化生态的变迁、数字技术引发的教育革新、国家政策效应、教育内生的发展需求等内外因素综合作用，推动教育向数字化转型发展。

面对数字时代的来临，2022 年联合国教育变革峰会（Transforming Education Summit）聚焦数字学习转型，各国重新审视数字化在教育发展中的重要作用，教育数字化的战略地位大幅提升。欧盟将数字化教育置于教育新战略的核心地位，欧盟发布了《数字教育行动计划 2021—2027》（Digital Education Action Plan，以下简称《行动计划》），欧盟各国加速教育数字化转型发展。为适应快速变革的数字社会，美国教育部打破每 5 年发布一次美国教育技术规划（NETP）的惯例，2017 年就迅速更新 NETP2016。NETP2017 主题为"重塑技术在教育中的作用"（Reimagining the Role of Technology in Education），强调坚定应用数字技术提升和变革教育的立场。中国在 2022 年实施"国家教育数字化战略行动"，全面推动教育数字化转型发展。

2.3.2 联合国教育变革峰会关注教育数字化转型

2022 年 9 月，联合国举行教育变革峰会。联合国秘书长古特雷斯强调，教育不平等正在加大鸿沟，教育变革刻不容缓。古特雷斯敦促在五个方面推动教育变革：第一，确保所有人，包括女童获得优质教育的权利。第二，重视教师的作用和技能培养。第三，学校应成为安全、健康的空间，绝不容忍暴力、羞辱和恐吓行为。第四，数字革命应当惠及所有学习者。第五，加大教育筹资并加强全球团结。② 古特雷斯敦促各方共同推进教育变革，让每个人都能终身学习、茁壮成长、实现梦想，从而创造一个可持续、包容、公正、和平的世界。

---

① 祝智庭，胡姣. 教育数字化转型的实践逻辑与发展机遇［J］. 电化教育研究，2022（1）：5-15.
② 联合国举行教育变革峰会 古特雷斯敦促五方面变革.（2022-09-20）［2023-03-02］. http：//www. news. cn/world/2022-09/20/c_1129017392. htm.

　　此次峰会认为数字化转型机遇与挑战并存。峰会第四项专项行动报告（Thematic Action Track 4）聚焦数字学习和转型（Digital learning and transformation），认为数字化转型机遇与挑战并存。数字技术作为教育改革的催化剂，可以通过运用教育中的数字技术和资源，增加所有学习者，尤其是难民和流动儿童、残疾学生、女童和妇女、偏远社区和其他被边缘化的学习者获得高质量、与课程内容一致的学习机会；为教师提供高质量的专业发展机会、工具和资源；帮助学习者在正规、非正规和非正式背景下自主地根据兴趣学习；提供高质量教育和扩大终身学习系统的选择范围等，实现公正、公平的包容性教育。同时，数字技术赋能教育也面临挑战：过度关注硬件供给，忽视内容质量、教学实践和数字素养，限制了数字教学的效果；课程设计未惠及最边缘化的学习者，加剧了现有的教育差距；数字学习基础设施如电力、网络和数字终端的不足消减了弱势学生的学习机会；教育数字化转型中，教育用户数据掌握在私有公司手中，交与私人治理会存在管理风险。新冠疫情发生后，发达国家加速推进教育数字化转型，如欧盟推进数字教育行动计划应对挑战，而非洲国家旧有的基本教育问题频发，世界需要关注发展差距的扩大。

　　此次峰会提出教育数字化转型原则与建议。在 2021 年《全球教育互联互通宣言》（Rewired Global Declaration on Connectivity in Education）三个核心原则、国际教育未来委员会报告《共同重塑我们的未来》（Reimagining our Futures Together）中提出的愿景基础上，峰会提出了教育数字化转型的 3 条原则和 3 条建议①，确保教育数字化转型加速实现《2030 年可持续发展议程》（2030 Agenda for Sustainable Development）的教育承诺，如表 2－2 所示。

表 2－2　教育数字化转型的原则与建议

数字化转型原则	数字化转型建议
重视最边缘化的学习者。正视教育不平等的现状，利用连通性和相关技术缩小日益扩大的教育差距，并重新调整相关政策、行动和投资，以边缘学习者为中心，加快实现可持续发展目标的进程。	**确保人人享有连接和数字学习机会。**数字学习真正实现教育机会的平等和转化，需要使学习者、教师和家庭能够随时随地获得教育。理想的情况是在学校和家里都能实现互联网连接。各国应制定将所有学校和社区连接起来的短期、中期和长期可持续目标。政府与私营部门应整体合作实现连通性、惠及最边缘群体。开发可以断网运行的应用程序和平台，建立非互联网支持的数字学习路径。

①　Thematic Action Track 4 on "Digital learning and transformation". (2022－07－10)[2023－05－05]. https：//transformingeducationsummit. sdg4education2030. org/system/files/2022－07/Digital％20AT4％20dicussion％20paper％20July％202022. pdf.

续表

数字化转型原则	数字化转型建议
开发免费、高质量的数字教育内容和平台。用教育技术优化高质量的教育内容，促进以人为中心的学习体验，提供适合年龄的数字学习课程，鼓励共享和重用。用数字技术增加儿童、教师和社区获得高质量教育资源的机会。数字教育资源应免费、易于获取和使用，并尽量与正规课程保持一致；还应具备多种语言模式，具有适应性和情境性。	**建立稳定、免费、公共的数字学习资源和平台。**创建易于访问和使用的数字教育平台，开发高质量学习资源为跨国合作提供了良好机会，虽然满足各国和地区独特的需求困难较大，但通过分享和协调可以节省大量费用。为帮助各国实现数字教育的互联互通，UNESCO 组织实施"技术支持的开放学校"计划（Technology-enabled open schools）为12国提供资金和技术支持帮助建立国家公共数字教育平台。
促进教学方法创新和变革。为确保数字化教育新方法的有效使用，需要在教师培训中整合技术教学法，开发和测试新的数字化混合教学法，打破私营部门数字供应商的技术垄断，尽量避免过度审查和监控限制信息自由。	**数字技术通过循证教育实践来促进学习。**数字化可以使非技术教学方法技术化成为可能，如混合学习模式可以提高学生的社交和协作技能，也可以从学校以外的地方获得世界一流的学习体验。将特定情境的需求与适当的技术模型以及非技术模型结合起来的干预组合方法，有助于更好地提供以人为本的教育体验。教育人员的数字能力发展对于教育系统建设至关重要，必须成为数字化干预措施的核心部分。

资料来源：联合国报告，Thematic Action Track 4 on "Digital learning and transformation"。

2.3.3 欧盟的教育数字化转型

依据不同时期欧盟教育数字化的政策重心与特点，有研究将欧盟教育数字化的发展演进分为四个阶段。[①]

1. 以 2000 年出台的《里斯本战略》为标志，欧盟教育数字化起步

《里斯本战略》作为欧盟第一个十年经济发展规划，明确提出要大力发展以互联网、数字化为代表的创新型知识经济。欧盟要求成员国加大校园互联网硬件设施的建设投入，为智慧校园建设和教育数字化发展打下基础，但是传统教学的理念、目标与实践模式并未发生改变，数字技术也未在教育领域得到广泛应用。"博洛尼亚进程"启动并有力推动了欧洲教育一体化发展，国家资格框架等制度化、标准化建设极大提升了欧洲各国教育的可比性和兼容性，为欧盟实施统一的教育数字化转型打下基础。

---

① 张地珂，车伟民.欧盟教育数字化转型：政策演进、关键举措及启示研究［J］.国家教育行政学院学报，2022（12）：64-71.

2. 以《欧洲 2020 战略》为标志，欧盟将教育领域的数字化转型正式提上议程

2010 年，欧盟出台第二个十年经济发展规划，正式启动"欧洲数字化议程"，从战略层面推动经济社会的数字化转型。以教育目标为导向，对数字化能力进行界定和标准化解读，发布《公民数字化能力框架》等文件，要求欧盟成员国据此出台适应各自教育发展现实的政策，革新传统的教育理念和实践模式，培养具有数字化能力的公民，支撑数字经济发展。依托"地平线 2020"科研规划、"伊拉斯谟计划"等，欧盟资助建设数字创新中心和实验室，教育数字化基础设施逐步完善，数字化教育理念被广泛接受。

3. 2015—2020 年欧盟教育数字化转型与发展步入快车道

欧盟整合区域内的资源、建章立制，厘清数字化法规和标准，构建公平竞争机制。发布《欧洲学校的数字教育》，要求成员国对各级学校开设数字化课程的情况、教师数字化执教能力，以及学生的数字化素养和能力进行评估。建设以数字化能力培养为导向的教学体系，数字领域的拔尖创新人才培养步伐加快。先后出台《欧洲工业数字化战略》《建立欧洲数据经济》《欧洲人工智能战略》等文件，通过欧盟资金支持高校和科研院所在工业自动化、大数据、人工智能等前沿领域培养人才。

4. 以《数字教育行动计划 2021—2027》出台为标志，教育数字化转型进入全面战略推动发展新阶段（2020 年至今）

该时期，数字化转型被上升至欧盟数字主权的高度，欧盟对数字化转型进行总体规划和再定义，建立基于规则和标准的数字化转型框架，为此密集发布了《塑造欧洲的数字未来》《欧洲数据战略》《人工智能白皮书》等系列文件。在前期充分酝酿的基础上，2021 年 3 月，欧盟发布《2030 数字指南针：欧洲数字十年之路》纲领性文件，提出欧盟数字化转型的愿景、目标和途径。在教育领域，欧委会制定《数字教育行动计划 2021—2027》，在顶层设计和项目资金上全面支持欧盟教育数字化转型发展，致力于打造适应数字时代的教育，将建设欧洲高校数字技能生态系统、提高数字技能和能力作为两大优先战略，在教育基础设施、教育教学资源、质量保障等方面制定了 14 项具体措施，确保欧洲教育实现数字化转型，提高欧洲教育的全球竞争力。[①] 同时要求成员国制定适应各自国情的教育数字化战略，欧盟教育数字化转型进入战略性谋划和系统性举措推动发展新阶段。

着眼于不同阶段社会数字化发展态势，欧盟持续推进教育数字化发展，成员

---

① Digital Education Action Plan 2021—2027 [R]. EUROPEAN COMMISSION，2020.

国也紧跟欧盟步伐,在欧盟框架下制定各自政策举措(见表 2-3),树立数字化转型意识,构建数字化教育生态,提升公民的数字能力,改革治理机制,推动教育数字化转型。欧盟教育数字化发展呈现出政策支持力度不断加大、主权意识更加明晰、参与主体日益增多、覆盖人群愈加广泛、监管力度逐渐加强的趋势。①

表 2-3 欧盟教育数字化转型相关政策举措

发布主体(时间)	文件名称	相关内容
欧盟委员会(2010)	《欧洲 2020 战略》	实施"欧洲数字化议程"计划,提出"提升教育水平和减少贫困"目标,明确"提升和优化教育系统,帮助青年顺利进入劳动力市场"。
爱尔兰(2013)	《国家数字战略 2015—2025》	成立数字创新中心:支持都柏林大学等高校成立数字创新中心和实验室,培养数字创新人才。
法国(2015)	《教育数字行动》	系统提升教育数字化能力,资助约 600 所中小学数字硬件改造,培训 26 万教师,开发数字化课程和网络课程等。
欧盟委员会(2016)	《欧洲新技能日程》	培养公民数字基本能力和素养。
德国(2016)	《数字化战略 2025》	至 2025 年数字化教育被贯穿到各级各类学校教育和终身教育中。
欧盟委员会(2017)	《欧洲教育工作者数字化能力框架》	指导教育者、教师数字化专业能力发展,指导数字化教学与评估。
欧盟委员会(2018)	《数字教育行动计划 2018》	培养数字能力,并通过数字预测推进教育数字化变革。
欧盟委员会(2019)	《人工智能伦理准则》	规范人工智能等领域潜在的伦理问题,规范人工智能教育应用。
奥地利(2019)	《数字化奥地利 2050:战略行动计划》	促进教育系统的数字化转型,在教育系统中推动传统学科与数字化交叉融合,培养数字能力。
欧盟委员会(2020)	《人工智能白皮书》	成为数字经济创新领导者,人工智能赋能数字教育行动计划。
欧盟委员会(2020)	《数字教育行动计划 2021—2027》	明确教育和培训系统可持续和有效适应数字时代发展和变化的十大指导原则,提出"促进高绩效数字教育生态系统的发展"和"提高数字技能和数字能力以实现数字化转型"两大战略及十三项行动计划。

① 张地珂,车伟民.欧盟教育数字化转型:政策演进、关键举措及启示研究 [J].国家教育行政学院学报,2022(12):64-71.

续表

发布主体（时间）	文件名称	相关内容
德国（2021）	《数字化实施战略》	创建"国家数字教育平台"，在各级各类教育中普及数字教育，培育数字化能力。
欧盟委员会（2021）	《2030 数字指南针：欧洲数字十年之路》	确立"提升全体公民的数字技能，扩大数字专业化人才规模"等目标；到 2030 年，欧盟境内至少 80％的成年人应具备基本的数字技能，拥有 2 000 万信息和通信技术专家。
欧盟委员会（2022）	《新数字战略》	寻找后疫情时代数字转型机遇，提出培育数字文化，做好数字政策制定，构建安全、可持续、高性能的数字基础设施等目标。

2.3.4　美国的教育数字化转型

长期以来，美国一直处于数字技术的全球领先地位，是许多数字技术起源地，在教育数字化发展方面起步也较早。美国教育部早在 1996 年就推行第一个《美国国家教育技术计划》（NETP），之后每 5 年发布一次，2017 年打破惯例迅速更新 NETP2016。NETP2017 主题为"重塑技术在教育中的作用"（Reimagining the Role of Technology in Education），强调坚定应用数字技术提升和变革教育的立场，从学习、教学、领导力、评价、基础设施等五个方面，探讨数字技术在服务学生中的作用，为国家教育水平的提升提供指导性意见。[①] 从"迎接技术素养的挑战"到"重塑技术在教育中的角色"，政府日益重视技术在教育中的作用，包括不断扩大学校的宽带接入、提高教育技术的种类和资助、改善教育技术解决方案、注重数据安全和数字居民、开展教师的技术培训，旨在全方位实现教育的数字化转型。

为确保数字化教育工具与数字教育资源的高质量供给，实现所有学生公平享有受教育机会的国家教育目标和职责，2019 年 6 月，美国国家教育技术主管学会（The State Educational Technology Directors Association）发布《领航数字转型 2019：为所有学习者提供公平机会》（Navigating the Digital Shift 2019：Equitable Opportunities for All Learners）。报告特别关注国家政策和指导如何通过数字化教育资源支持，实现向个性化学习的转变。具体而言，该报告包括强化国家领导，以学生为中心的个性化学习方法以及围绕数字化教育资源的选择、管理和

---

① Reimagining the Role of Technology in Education：2017 National Education Technology Plan Update [R]. U. S. DEPARTMENT OF EDUCATION，2017.

应用的专业化学习，还确定了在数字化环境中教与学的基础技术条件。①

在系列政策的持续影响下，美国的教育数字化转型在技术介入和教育治理方面发展迅速。在技术介入方面，美国积极引入谷歌、微软、苹果等国际科技巨头进入教育市场，为教育数字化转型夯实牢固的软硬件基础与较好的建设条件。除此以外，如谷歌与数字承诺国家中心（Digital Promise）合作的动态学习项目（Dynamic Learning Program）、图书制作工具软件（Book Creator）开发者与教育技术教师网站（EdTech Teacher）联合推出的数字学习日项目等都为师生数字技能培训提供了良好的条件。在教育治理方面，美国的教学管理与教育治理紧紧围绕技术的创新应用和数据的集成整合展开，为教育数字化转型提供强大的资源支持和决策指导。如美国的教育数字化平台不仅能整合国家的各项评估标准，形成系统的评估框架，还能依据国家教育技术标准与框架对教师、学生等进行综合性测评，提高师生数字能力。②

2022年10月，美国在线教育刊物《赫金杰报告》（Hechinger Report）对美国教育数字化转型的过去及未来进行了探讨。它们认为，新冠疫情促进了美国教育的数字化转型，学校配备了数字化设备，建立了虚拟教室，教师数字技能得以提升。③课堂、学校和生态系统是数字化转型的关键环节，从这三个方面入手建设数字化基础设施，发展教育教学能力，建构专业知识，可以灵活地调整和应对学生的需求，并最终跨越教育中的不平等，使每个学生都能获得高质量的教育。教育数字化转型使个性化教学成为可能，由人工智能技术推动的学习产品可以帮助教师努力满足学生的独特学习需求，也允许学习者以自己的方式和学习节奏学习。数字化转型能实现更动态的方式来监控和支持学生的进步，智能早期预警系统使教师和管理人员能够准确地识别单个学习者所需的干预措施。数字化转型将激发课堂外的学习，也将改变评价和考核方式。随着数字技术在课堂上的进一步普及，需要地方和国家政策支持教育创新。需要加强对学生数据和隐私的保护，涉及未成年人数据安全和在线安全的法律需要进一步完善。对于美国数字化转型未来，它们认为，教育公平、危机准备和获取技术已经紧密交织在一起，可以继续通过为教师、学生和管理人员提供创新工具并建立必要的技术基础设施、在课堂内创造更加个性化、增强的学习体验，持续推进教育数字化转型，为不确定的未来做好准备。

---

① 赵文政，张立国.美国数字化教育资源发展策略分析及启示［J］.教学与管理，2020（22）：79-82.

② 王姝莉，黄漫婷，胡小勇.美国、欧盟、德国、法国和俄罗斯教育数字化转型分析［J］.中国教育信息化，2022（6）：13-19.

③ Let's use the pandemic as a dress-rehearsal for much-needed digital transformation. （2022-10-18）［2023-05-25］. https://hechingerreport.org/opinion-lets-use-the-pandemic-as-a-dress-rehearsal-for-much-needed-digital-transformation.

2.3.5 中国的教育数字化转型发展

中国共产党第二十次全国代表大会把教育、科技、人才进行"三位一体"统筹安排、一体部署，大会报告明确要求"推进教育数字化，建设全民终身学习的学习型社会、学习型大国"，教育数字化转型成为党中央推动教育改革发展的重要战略，肯定了教育数字化对于实施教育强国、科技强国和人才强国的重要支撑作用，这不仅是社会发展的时代需求，也是当前激烈国际竞争环境下的必然选择。

1. 教育信息化建设为数字化转型奠定坚实基础

2001 年，中国第十个五年计划提出："大力发展现代远程教育，提高教育现代化、信息化水平。"2002 年，教育部发布《教育信息化"十五"发展规划（纲要）》，这是第一个以"教育信息化"命名的中期发展规划。通过"校校通"工程、"农村中小学现代远程教育工程"等项目推动，教育信息化事业得到迅速发展。2010—2016 年，教育信息化聚焦"三通两平台建设"（宽带网络校校通、优质资源班班通、网络学习空间人人通，教育资源公共服务平台和教育管理公共服务平台）、强化深度应用、融合创新，大力提升教育信息化在推进教育公平、提高教育质量中的效能。2018 年，教育部印发《教育信息化 2.0 行动计划》，将信息化作为教育系统性变革的内生变量，推动教育理念更新、模式变革、体系重构。得益于大力度的教育信息化基础设施和资源建设，得益于中国数字技术应用的突飞猛进，从教育信息化 1.0 到 2.0，教育与数字技术实现融合创新发展，中国教育的数字空间快速扩张，生态初步形成。2020 年底，中国数字校园全面普及，教育资源开放共享程度不断深化。国家数字教育资源公共服务体系已接入各级上线平台 212 个，国家数字化学习资源中心入库数字化课程达 7.9 万余门、各类媒体资源超过 37.8 万条，慕课课程学习人数达 5.4 亿人次，"网络学习空间人人通"从职业教育拓展到各级各类教育，高校在线教学英文版国际平台上线课程500 余门。[①] 教育信息化发展二十多年来，中国教育数字化基础设施日益完善，数字教育资源丰富多彩，教育数字化生态初步形成，为数字化转型发展奠定了坚实基础。

2. 教育数字化转型为时代发展的必然要求

教育发展必须适应数字时代发展要求，从教育外部看，中国正大力发展数字经济，建设数字中国。相较于中国的金融、交通、文化等领域，中国教育数字化转型发展启动较迟。从教育内部看，数字技术与教育各要素深度融合，教育的数

---

① 国家互联网信息办公室.数字中国发展报告（2020 年）[R]. 2021.

字空间日益庞大复杂。各类教育数字平台大量涌现，在线教育加速发展，优质数字教育资源广泛共享，数字校园全面普及，学习空间走向虚实融合，教育治理转向数据驱动。教育的数字化转型，就是把为物理空间教育活动服务的信息化，转向服务物理与数字两个空间教育活动的数字化，实现教育生态的泛在化、智能化、感知化、终身化。教育数字化转型发展必须建立在良好的教育数字生态基础上，围绕数字时代教育数字化生态建设的关键要素，构建适应数字时代的教育数字化新生态，是实现国家教育数字化转型的保障。

3. 国家教育数字化战略行动

2022年，中国启动实施国家教育数字化战略行动，中国教育进入全面数字化转型发展新阶段。战略行动秉持"联结为先、内容为本、合作为要"战略思路，打造国家智慧教育公共服务平台，全面提升优质资源服务供给能力，开启中国智慧教育建设新时代。

国家教育数字化战略行动坚持国家统筹、公益导向；坚持需求牵引、应用为王；坚持系统集成、规模实践。突出智慧教育平台的关键作用，以国家智慧教育公共服务平台建设为重点，汇集各级各类数字教育资源，为学习者提供学习服务与就业指导，为教师提供备课与教研服务，为学校提供办学治校与合作交流服务，为政府提供治理与决策支持。国家智慧教育公共服务平台发挥组织教育资源的生产与分配功能，利用海量教育数据的聚合与分析优势，已经成为教育数字化转型发展的关键基础设施。通过教育数字化转型，通过数字技术加速教育整体质量的提高，解决教育发展的不平衡、不充分问题，支撑构建"永远在线"的学习型社会、学习型大国。通过中国超大规模教育数字化实践，创新教育理念、方法、模式，开创新的教育时代，引领全球教育范式变革。①

---

① 中国教育科学研究院.中国智慧教育发展报告（2022）：迈向智慧教育的中国教育数字化转型[M].北京：教育科学出版社，2023.

第 **3** 章
开放科学运动

  科学的进步建立在相互借鉴、相互启发的基础上，开放共享是科学研究的本能属性。科学工作者通过创办学术期刊发表和获取科学知识，通过成立科学协会相互交流和合作。但日益商业化的科学期刊某种程度上阻碍了科学知识的获取与传播，很大一部分公共资助的研究成果也需要付费才能获取。数字时代的科研范式已然改变，开放科学运动从开放获取发展到开放科研数据，以适应数字时代的科研新规律。为了推动本国科技发展，开放共享已经上升到诸多国家的国家战略层面并逐步成为国际共识。

3.1 从开放获取到开放科学

3.1.1 "开放"的内涵

从经济、社会、法律和技术等不同维度，众多研究者对于"开放"的概念有各自不同的理解，"开放"在不同的背景有不同的含义，也以不同的形式和范畴存在（见表3-1）。在社会领域，"开放"主要来自期望中的社会利益和出于道德考虑的自由使用、贡献和分享；在技术领域，是指能够获取源代码和互通的标准或标准过程。托米（Tuomi）从法律的视角指出更高一层的"开放"，即"改编、重新包装和使资源增值的权利和能力"[①]。

表 3-1 "开放"的维度与内涵

维度	内涵	研究者观点		
		比塞尔 （Bissell）	沃克 （Walker）	安托尼 （D'Antoni）
经济	作为公共性产品，使用成本低，但创设和维护成本却不可避免，必须能通过各种途径使之在经济上可持续。		可负担、可持续的	可负担的
社会	知识是社会共同财产，开放符合人类道德，其创设和分享推动了知识的创新，是社会进步的表现。	可分享、权威的、有益的	有效的	可信任的
法律	开放涉及知识产权、开放许可等有条件开放，但应有改编、重新包装和使资源增值的权利。	可分享、可改编		
技术	开放首先体现在技术标准的通用性，还包括功能性的开放与开发过程的开放。	互通、容易确认、可全球获取、可找到、可索引	便利、可利用的	可获取的

资料来源：主要根据《开放教育资源（OER）国际比较研究》整理。

---

① 张轶斌. 开放教育资源（OER）国际比较研究 [D].华东师范大学，2011.

科学的进步建立在相互借鉴启发的基础上，开放共享是科学研究的本能属性。1665 年 1 月，世界上出现了最早的学术期刊《学者杂志》①，研究人员通过学术期刊广泛获取科学知识，成立了科学协会便于相互交流和合作。但是随着时间的推移，科学期刊的出版商成为科学知识的主要拥有者，很大一部分公共资助的研究成果需要付费才能获取。"在当前的表述中，关于开放科学的要求更多地指向 20 世纪 50 年代以来构建科学组织的商业和管理原理，而不是强调对引发第二次世界大战的极权主义逻辑的谴责"②，这也是美国社会学家罗伯特·K. 默顿（Robert K. Merton）、奥地利裔英籍科学哲学家卡尔·波普尔（Karl Popper）的早期论点，他们谴责科学垄断是新形式的商业极权主义，侵占了公共利益——在公共行为体和公共资金的协助下创造和生产的科学知识。为了抵制科学的商业化趋势，科学界提出了开放获取和开放数据倡议，利用互联网实现学术研究文献的免费获取，并在此基础上发展为开放科学（Open Science）运动。

3.1.2　开放获取

2002 年的《布达佩斯开放获取倡议》（Budapest Open Access Initiative）对开放获取的内涵、标准及组织形式等进行了阐述，并提出了开放获取的两种途径：一是建立"自我存档"（Self-Archiving）即在网上发布论著、会议论文或图书的免费访问版本；二是创办"开放获取期刊"（Open Access Journals，OAJ），是《布达佩斯开放获取倡议》的主要内容。③ 2003 年的《关于自然与人文科学知识的开放获取的柏林宣言》和同年的《开放获取出版贝塞斯达宣言》添加了新内容：补充材料也应交存并使其可获取。④ 此后，开放获取进入稳步发展阶段，开放获取得到了各国政府、各个团体机构及多个学会期刊的支持。如英国、美国、加拿大、澳大利亚、印度、日本等国家先后开始规划和制订自己的开放获取政策；美国纳税人联盟（ATA）发表了支持纳税人可开放式访问受资助研究的声明；2004 年有 48 个学会代表 400 多种期刊发表了"自由访问科学原则"的声明。社会各界的支持和努力使得开放获取取得了长足、稳

① 李金华. 学术期刊的历史使命与期刊人的社会责任［N］. 光明日报，2021 - 06 - 02（11）.

② 谢里法·布卡塞姆-泽格格穆里. 开放科学：一场促进科学发现的全球运动.（2021 - 04 - 15）［2023 - 04 - 06］. https：//zh. unesco. org/courier/2021 - 4/kai-fang-ke-xue-yi-chang-cu-jin-ke-xue-fa-xian-quan-qiu-yun-dong.

③ Budapest Open Access Initiative.（2015 - 05 - 02）［2022 - 07 - 16］. http：//www. budapestopenaccessinitiative. org/.

④ 中国科学技术协会，国际科学、技术与医学出版商协会. 中国开放获取出版发展报告［R］. 2022.

定的发展。①

　　多年来，开放获取发表论文的版本、发表的时间以及存放在哪些地方，这些因素综合在一起形成了复杂且有争议的开放获取模式分类。由于可用于支持论文出版、传播和管理的商业模式各异，以及通常出版是对论文优中选优的结果，这使情况变得更加复杂。虽然其他模式也是可能存在的，但出版界共识性地确定了金色开放获取（Gold Open Access）、绿色开放获取（Green Open Access）、青铜开放获取（Bronze Open Access）、钻石（或铂金）开放获取（Diamond/Platinum Open Access）、混合开放获取（Hybrid Open Access）五种主要的开放获取模式（见表3-2）。论文正式发表的出版过程中需要做一系列技术含量高的工作，包括可靠性审查、剽窃检查、发表范围评估、同行评议、编辑、校对和排版等。同时维持期刊的运行也需要资金投入，如推广期刊、确保可发现性、平台维护和其他服务。无论是开放获取还是非开放获取，都需要在出版过程中解决这些成本问题。非开放获取出版通常由订阅支持，只有订阅的读者有权访问，否则无权访问；开放获取出版则需要其他的支持方式。现在大多数期刊是混合开放获取期刊，期刊让作者自己选择是否采用开放获取的发表方式。因此，该类期刊中作者自己选择采用开放获取的论文将免费提供给机构或读者，而其他论文则需要订阅才能获取。现在"完全开放"的期刊也越来越多，期刊内所有论文都是开放获取出版的，机构或读者无须订阅即可获取。还有很多期刊标明自己是"转型"期刊，承诺致力于过渡到完全开放获取的期刊。多种类型的期刊正积极参与构建切实可行的机制，以向更开放的未来可持续过渡。②

表3-2　开放获取模式

开放获取模式	基本概念	主要特征	费用支持方式
金色开放获取	论文的正式发表版本在期刊网站或出版商的其他平台上发表后立即公开，这种模式被称为金色开放获取出版。	金色开放获取论文的版本将是最终的，经过同行评审的论文。金色开放获取已被全球学术出版商广泛接受，因为它代表了一种提供出版服务的可持续方式，也能保持研究论文的诚信和质量。	论文处理费是覆盖金色开放获取出版成本的通常模式，该费用主要由作者、其研究机构或资助者中的一方来支付。

① 赵艳枝，龚晓林.从开放获取到开放科学：概念、关系、壁垒及对策［J］.图书馆学研究.2016（5）：2-6.
② 中国科学技术协会，国际科学、技术与医学出版商协会.中国开放获取出版发展报告［R］.2022.

续表

开放获取模式	基本概念	主要特征	费用支持方式
绿色开放获取	这是一种"自存档"的形式，作者的论文存放在一个可信的知识库中。录用的稿件或正式版本，立刻或经过一定时滞期之后，通过知识库或其他平台供公众在线获取，但没有以金色开放获取模式出版。	有一些绿色开放获取的论文版本可能没有经过校对，但可能经过了同行评议。知识库通常由研究机构运营，以分享该机构科研人员撰写的论文的不同版本。也有些知识库是由基金资助机构、出版机构或第三方机构运营的。有的知识库包罗万象，收录各学科论文；也有不少知识库只面向某个学科。	知识库一般不向用户收费，维护成本基本由其所在的机构或组织承担。同行评议、编辑加工和其他促进提高学术记录可信度服务的出版成本通常由订阅费承担。
青铜开放获取	青铜开放获取指某些篇论文由出版商选择在其网站免费阅读。这些论文有的是出版机构的通用政策（如时滞期满后），有的是为了特定目的（如使内容广受关注或应对突发健康危机）或基于临时的考虑；等等。	在某些情况下，这些论文只可以在有限的时间内免费阅读。这些论文也可能没有明确的开放许可。在所有以上这些情形里，一篇青铜论文不能确定为真正的或永久的开放获取。	无须作者支付论文处理费或做其他事情。
钻石（或铂金）开放获取	钻石开放获取期刊通常属于高校和科研机构或者基金会主办，这些单位将科学成果的自由传播作为其使命之一。	对主办机构的依赖使得钻石期刊很难扩大出版规模，因为投稿量越大则成本越高，而主办机构的投入不一定相应增加。	钻石开放获取对读者与作者均免费，主要靠主办机构的支持维系。有些钻石期刊尝试用广告、众筹等扩大收入来源。
混合开放获取	该术语适用于传统订阅期刊或出版平台，允许其中的部分文章开放获取出版，其他文章仍需付费阅读。	论文被接受后，期刊会让作者选择是否开放发表，选择开放获取发表的论文可以免费提供给所有人。订阅用户可以获得所有论文的获取权限。	混合开放获取期刊通常双重收费，开放获取的文章向作者收取了文章处理费，期刊作为一个整体向读者或图书馆（或其所在机构）收取订阅费。

资料来源：综合《中国开放获取出版发展报告 2022》及其他相关文献形成。

3.1.3　开放科研数据

科学文献在开放获取中换发了新的生命力，知识传播的广度与深度显著加强，还促进了公众科学（Citizen Science）的发展。但是通过开放获取期刊，阅读者获取的只有最后的研究成果呈现内容，研究过程中产生的各类研究和实验数据是无法获取的，而成果的形成过程的这些数据对于获得科学理解和科学认知都十分重要。

2009 年，美国政府的开放数据门户网站 data. gov 上线。2013 年 6 月，八国集团首脑在北爱尔兰峰会上签署了《开放数据宪章》（Open Data Charter），提出了开放数据五原则：数据开放为本；注重数据质量与数量；让所有人都能使用；为改善治理而发布数据；开放数据以激励创新，后来又增加了数据的可比和可互操作原则，使开放的原则更加完备。八国集团首脑之后，各国分别制定了各自的开放数据方案，英国制定了《开放政府合作伙伴 2013—2015 英国国家行动方案》，法国推出了《G8 开放数据法国行动规》，等等。八国集团的开放数据行为，带动了全球数据开放共享政策的制定以及服务数据开发利用的基础设施建设。开放数据不能等同于开放研究数据，但研究数据和开放政府数据都是每个国家大数据建设的重要组成部分，大大推动了世界开放研究数据以及相关配套管理政策的制定与实施。

随着数据密集型科研范式的到来，科研数据作为新的学术交流的基本要素，在世界各国均得到广泛探讨和深入研究。实现科研数据的有效管理，开放科研数据已成为学术界、教育界乃至社会各界广泛关注的重要课题。大学、研究机构、学术期刊等越来越多的科研数据相关方践行开放科学数据的价值理念，共同推动科研数据的共建共享。哈佛大学、耶鲁大学、斯坦福大学、杜克大学等也纷纷成立了专业数据监护组织，承担本校科研数据的管理和开放工作。英国研究理事会（Research Councils UK）、英格兰高等教育拨款委员会（Higher Education Funding Council for England）、英国的大学和惠康基金会（Wellcome Trust）联合推出的《开放科研数据协议》（Concordat on Open Research Data），确保英国科研人员收集和生成的科研数据，以符合相关法律、道德、学科及监管框架和规范的方式，尽可能开放以供他人使用。[①] 2014 年 5 月，《自然》（Nature）出版集团正式推出在线出版的开放获取杂志《Scientific Data》，读者通过《Scientific Data》在线数据平台，可以对科学数据进行访问和检索。《自然》主编 Gerstner 认为，开放数据出版将是未来科学出版和科技创新的重要方向，开放数据不仅扩大了传

---

① 王丹丹. 英国《开放科研数据协议》的解读与启示 [J]. 数字图书馆论坛，2018 (8)：25 - 30.

统学术期刊论文的传播范围，提高了其传播能力，而且非常有利于科学研究的验证、复用、扩展，能促进科研合作。[①]

3.2　科研数据共享的 FAIR 原则

随着对数据重要性认识的提升，政府部门、科研机构、企业建立了大量的知识库、数据管理平台、数据中心等专门数据基础设施来管理科研数据，政府、行业组织等也陆续出台了诸多规范性政策法规，这些举措促进了科研数据开放利用，缓解了科研数据不均衡等问题，但科研数据开放共享的速度、广度和深度仍然不能满足快速发展的科研需求。科学数据管理标准和技术操作规范不统一是阻碍开放共享有效性的重要原因，构建一套被广泛认可的数据管理准则十分迫切。

2012 年 7 月，欧盟发布《面向科学信息更好地获取》（Towards Better Access to Scientific Information），提出了研究数据的开放存取原则。2014 年 1 月，学术界、工业界、资助机构和学术出版商等相关利益代表齐聚荷兰莱顿的洛伦兹中心，召开"联合共建数据公平港口"（Jointly Design-ing a Data FAIRport）学术研讨会，就如何进一步改善数据基础设施展开讨论，与会专家认为应该制定一套支持数据提供者和使用者更加便捷地查找、访问、互操作和重用数据的指导原则。会议起草了一份指导科学数据管理的倡议性文件，倡导科研活动产出的数据在开放共享过程中应遵循"FAIR 原则"，即：实现可发现（Findable）、可访问（Accessible）、可互操作（Interoperable）和可重用（Reus-able）。"FAIR 原则"是此次研讨会的重要成果，4 个目标层层递进，寓意科学共同体中的每个利益相关者获得数据资源的机会应该平等一致，科学数据资源应该在科学共同体中公平流通。[②] 2016 年 7 月，欧盟发布《"地平线 2020"项目中数据管理的 FAIR 指南》指出，FAIR 原则的制定是为了让研究数据能够更方便地被发现、访问、交互和重用，推动实现知识发现、技术创新以及数据与知识融合的目标，要求所有参加开放研究数据先导计划的所有项目都必须符合 FAIR 原则。2016 年 9 月，G20 杭州峰会上，20 国集团赞同基于 FAIR 规范提高获取科研成果的便利性。诸多研究者在 FAIR 原则此基础上，不断拓展、细化、完善原则内容，"研究交流与数字

① 赵艳枝，龚晓林.从开放获取到开放科学：概念、关系、壁垒及对策［J］.图书馆学研究. 2016（5）：2－6.

② 宋佳，温亮明，李洋.科学数据共享 FAIR 原则：背景、内容及实践［J］.情报资料工作，2021（1）：57－68.

学术未来"组织①将 4 个抽象原则细化为 15 条具体原则条目（见表 3-3）。

表 3-3 FAIR 原则解析

原则	基本特性	原则细化条目
可发现	科学数据共享的首要前提是数据能够被用户及时发现，所以可发现原则是数据 FAIR 化的基础。可发现原则的总体要求是数据及其相关补充材料使用全球唯一、可解析、永久存在的标识符进行标记，且应该具有足够丰富的元数据描述。	**F1**：（元）数据被分配一个全球唯一且永久的标识符。 **F2**：数据被丰富的元数据所描述。 **F3**：元数据中清楚明确地包括它描述的数据的标识符。 **F4**：（元）数据在可搜索的资源中可以被注册或索引。
可访问	数据一旦被识别和发现，就应该通过受信任的存储库提供的服务来访问数据，但必须有明确规定检索数据资源的相关协议，使用户知晓如何访问数据、如何进行身份验证、如何获得访问权限等。可访问原则的总体要求是（元）数据不仅能被人类访问，而且能被机器尤其是计算机等在遵循一定访问协议且有明确定义的授权或认证规则的前提下无障碍访问。	**A1**：（元）数据可以通过标准化通信协议规定的标识符来检索。 **A1.1**：该通信协议是开放、免费且可以普遍实现的。 **A1.2**：该通信协议允许在必要时进行认证和授权程序。 **A2**：即使数据不再可用，元数据仍然可以被访问。
可互操作	可互操作原则的总体要求是使用标准定义和通用的数据元素来表示数据并实现互操作。人类和机器都应该能够交换和解释彼此拥有的数据，互操作意味着某一系统至少与另一系统的数据格式相通用，无须使用专有的算法即可实现数据被机器可读。	**I1**：（元）数据使用正式、可获取、共享和广泛适用的语言来表示知识。 **I2**：（元）数据在遵循 FAIR 原则的前提下使用词汇表。 **I3**：（元）数据中应该包括对其他（元）数据的限定引用。
可重用	数据可发现、可访问、可互操作的最终目的是实现数据资源广泛重用。可重用原则的总体要求是数据和数据集具有明确的使用许可，并提供数据源头的准确信息。	**R1**：（元）数据被具有多个准确且相关的属性所丰富地描述。 **R1.1**：（元）数据将以清晰且可访问的数据使用许可来发布。 **R1.2**：（元）数据与详细的出处相关联。 **R1.3**：（元）数据符合相关领域的社区标准。

资料来源：根据《情报资料工作》2021 年 1 月第 42 卷第 1 期提炼、综合形成。

---

① "研究交流与数字学术未来"组织，即 FORCE11（the Future of Research Communications and e-Scholarship），是一个由研究人员、出版商、图书馆员和软件开发商组成的社区，旨在试图重新思考学术交流生态系统和推动社区利用数字学术。多年来，该组织一直活跃在诸如数据引用、FAIR 倡议、软件引用及其在学术研究中的使用，以及研究人员权利等倡议的前沿。合作伙伴关系也是 FORCE11 使命的核心，其中许多倡议都是社区共同努力的结果，包括与研究数据联盟（Research Data Alliance，RDA）、研究软件联盟（Research Software Alliance，ReSA）、加州大学洛杉矶分校（UCLA）和出版伦理委员会（Committee on Publication Ethics，COPE）的合作。

FAIR 原则得到政府、科研机构、学术出版者的广泛认可，为科研数据开放提供了科研数据管理与共享的通用框架，使缺少章法的开放科研数据活动建立起了指导准则，"研究交流与数字学术未来"组织的 15 条原则细化为进一步提升科研数据开放共享的可操作性、成效评价性提供了参照基准。开放数据是对开放获取的补充，开放获取、开放数据是开放科学的前提和基础。

3.3　开放科学的全球共识

开放科学在开放获取、开放数据的基础之上，鼓励开放实验笔记、实验设备、开放与读者的交流和互动，让更多关注科学的人参与到科研的过程中，通过在线合作与社会分享，激发科学创新，加速科学进程。

3.3.1　开放科学进程中的多维认知

对于开放科学，普遍认为最早于 1985 年由达里尔·E. 楚宾（Daryl E. Chubin）提出。随着互联网时代的科学（Science 2.0），以及信息化基础设施支持下的科学研究活动（E-Science）的发展，信息及网络技术为开放科学运动提供了技术支持，使知识的传播更为普遍，获取科学知识的方式更加方便快捷，消除了科研界和社会间的知识鸿沟，拉近了知识生产者与知识消费者的距离，使科研活动不仅仅局限于科研团体内部，而是面向全球的全民运动。[①] 开放科学逐步形成新的知识生产与获取模式，正在努力摆脱以往的知识垄断。围绕这些问题正在发生一场科学变革：脱离排他性的货币化逻辑，消除获取知识方面的不平等，打破因数字技术而加剧的新形式垄断。

2008 年，欧洲科学开放论坛网站上发布了由科学共同体起草的开放科学的目标。开放科学的目标包括：受资助研究文献的开放存取、受资助研究工具（包括细胞系、动物模型、DNA 工具、试剂等）的有权使用、公共领域受资助研究数据（包括研究数据、数据集、数据库和协议等）的开放、开放投资的基础设施等。之后，一些研究机构和管理部门开展了一系列开放科学的尝试。美国密歇根大学塔博曼健康科学图书馆员 Anderson 在 SlideShare 中总结了 57 种开放科学相关理论研究和实践尝试的网络术语，较常用的有 14 种，排名前 6 种的相关网络术语包括科学 2.0（Science 2.0）、开放科学（Open Science）、开放笔本科学（Open Note-book Science）、开放科学实验室（Open Science Laboratory）、科学

---

① 刘香钰. 关于国内开放科学的研究进展及实践探索 [J]. 今日科苑，2023（4）：55 - 63.

互动营（Sci Foo）和公民科学（Citizen Science）①（见表3-4）。开放科学的理论研究者、积极倡导者和政策实践者从各自角度阐释开放科学，科研人员、学术期刊、科研机构与政府部门从各自利益出发推动开放科学法规的制订。从开放科学网络术语的纷乱中，可以体会到人们对开放科学的多维认知。

表3-4　开放科学的多维认知

网络术语	内涵	提出者
科学2.0	指科学家们在网络平台上发布自己研究的初期理论、未经处理的实验过程数据、结果数据等，以供他人阅读、观看和发表评论的一种实践活动。	M. Mitchell Waldrop（2008）
开放科学	将实验方法、实验结果、实验数据完全对外公开；公众可以获得和利用科学数据；可以参与科学交流；基于网络工具，促进科学合作。	Dan Gezelter（2009）
开放笔记本科学	从项目立项就开始对项目进行完整的原始记录，并在网上免费开放。	Goetz T（2009）
开放科学实验室	英国开放大学和欧胜微电子基金会资助的科学教学实践的在线实验室。	英国开放大学和欧胜微电子基金会（2015）
科学互动营	鼓励不同工作领域的科学家进行思想碰撞、互相合作的颠覆性会议。	谷歌等公司（2014）
公民科学	由公民（业余科学家）全部或部分完成的科学研究。	维基百科（2015）

在世界各国内部及国际政策的共同支持下，一个在二十年前看似"乌托邦"的开放科学框架逐步建立起来。曾经坚决反对开放科学的主要科学出版集团，也逐渐转变为开放的积极接纳者。世界各国开放获取的出版物数量持续增加，估计到2030年，将有75%的出版物实现开放获取。② 科学的开放运动让研究人员、学生、科学爱好者等不同群体可以免费共享科学研究数据与成果、进入科学传播过程，人们对于开放获取、开放数据获取的认识不断提高，对于开放科学相关问题和做法的理解也在日益加深。有人认为开放科学是对传统封闭式科学思想的开

---

① 赵艳枝，龚晓林.从开放获取到开放科学：概念、关系、壁垒及对策［J］.图书馆学研究.2016（5）：2-6.

② 谢里法·布卡塞姆-泽格穆里.开放科学：一场促进科学发现的全球运动.（2021-04-15）［2023-04-06］. https://zh. unesco. org/courier/2021-4/kai-fang-ke-xue-yi-chang-cu-jin-ke-xue-fa-xian-quan-qiu-yun-dong.

放式表达，有人认为开放科学是一种参与科技创新的知识生产机制。关于开放科学的几十种网络术语从不同层面诠释了开放科学的内涵，一方面显示出开放科学的复杂性与多面性；另一方面也反映出开放科学运动对公众科学的普及发挥了积极作用。当开放科学成为广泛的社会运动，对开放获取的规则、开放数据的标准、开放科研设施的条件等规范开放科学的必要性日益显现。欧盟委员会认为，开放科学依赖于技术发展和文化变革对科研合作和科研开放的共同影响，通过数字工具、网络和媒体传播科研并转变科学研究的方式，通过为科学合作、实验、分析提供新的工具使科学知识更易获取，促进科学研究过程更加高效、透明和有效。[①] 各国不同层级的开放科学操作、政策和法律框架变得错综复杂，为更好地促进开放科学，促进世界科技的均衡发展和科学知识的有效利用，就开放科学问题开展全球协商达成共识显得日益紧迫。

3.3.2　开放科学走向全球共识

为了适应新时代的科研新规律，推动本国科技发展，开放科学已经上升到诸多国家的国家战略层面。法国、荷兰、英国等先后发布倡议和框架，加拿大、芬兰等国家制定了开放科学路线图。在国际区域组织层面上，欧盟尝试通过"2020地平线"开放项目产生的数据，通过"S 计划"推动科学文献的开放获取；2018年 2 月，欧洲开放科学云计划（EOSCI）提出了开放科学的框架。开放科学运动由从学术组织逐步上升到国家层面，并进一步带动国家之间的科学开放。

面对如火如荼的全球开放科学运动，2019 年，193 个会员国的联合国教科文组织决定牵头开展关于开放科学的国际磋商，以确定世界普遍接受的开放规范并制定一份标准准则性文件。经过两年的讨论修改，2021 年 11 月，联合国教科文组织大会第 41 届会议审议通过《开放科学建议书》（Recommendation on Open Science），标志着开放科学运动迈入全球共识的发展新阶段。

3.3.3　开放科学的内涵共识

联合国教科文组织认识到，信息和通信技术的蓬勃发展和全球互联互通为加快人类进步和推动建设知识社会带来机会和可能，对缩小国家之间和地区之间以及国家和地区内部存在的科技创新和数字差距十分重要；期待开放科学在解决科技创新领域的不平等，加快实施《2030 年议程》，实现可持续发展目标等方面提供有效的解决方案；更加开放、透明、合作和包容的科学实践，更易获得、可核

---

① Open science. (2022 - 09 - 25)[2023 - 03 - 28]. https: //ec. Europa. eu/digital-single-market/open-science.

查且接受审查和批判的科学知识，可以提高科学的质量、可再现性和影响力，从而提升决策和政策的稳健性以及增进对真正科学的信任度。《开放科学建议书》旨在促进就开放科学、相关惠益和挑战以及开放科学的多样化途径形成共识；营造有利于开放科学的政策环境；加强开放科学基础设施和服务；加强开放科学的人力资源、培训、教育、数字素养和能力建设；厚植开放科学文化，协调统一开放科学的激励措施；在科学进程的不同阶段促进开放科学的创新方法；在开放科学的背景下，从缩小数字、技术和知识差距的角度促进国际和多利益攸关方合作。

《开放科学建议书》将开放科学定义为"一个集各种运动和实践于一体的包容性架构，旨在实现人人皆可公开、获取和重复使用科学知识，为了科学和社会的利益增进科学协作和信息共享，并向传统科学界以外的社会行为者开放科学知识的创造、评估和传播进程"，并列出了认同广泛的开放科学所包括的四项核心要素及其内涵（见表3-5）。

表3-5 开放科学的核心要素及内涵

核心要素	要素内涵		
开放式科学知识	指对已进入公有领域，或受版权保护但已根据开放许可获得许可，从而允许在特定条件下获取、重复使用、转用、改编和发行；立即或尽快向所有行为者提供，而不论其所在地、国籍、种族、年龄、性别、收入、社会经济状况、职业阶段、学科、语言、宗教、残障情况、族裔、移民身份或任何其他状况如何；并且实行免费。它还指开放研究方法和评估进程的可能性。	科学出版物	包括经同行评审的期刊文章和书籍、研究报告以及会议论文。
		开放式研究数据	包括原始的和经过处理的数字数据与模拟数据及随附的元数据，以及数字分数、文字记录、图像和声音、协议、分析代码和工作流程等。
		开放式教育资源	包括以任何媒介为载体且已进入公有领域或已根据开放许可发布，从而允许他人在无限制或有限限制的情况下免费获取、使用、改编和重新发行的学习、教学和研究资料，特别是那些与理解和使用其他可开放获取的科学知识有关的资料。
		开源软件和源代码	一般包括根据授权他人使用、获取、修改、扩展、研究、创造衍生作品和分享软件及其源代码、设计或蓝图的开放许可，以人机可读且可修改的格式和及时且方便用户的方式，向公众开放源代码的软件。
		开源硬件	一般包括采用如下许可方式的物理对象设计规格：任何人皆可研究、修改、创造和发行所述对象，以便让尽可能多的人有能力构建、改编和分享其硬件设计和功能方面的知识。

续表

核心要素	要素内涵		
开放科学基础设施	指支持开放科学和满足不同社区需求所需的共享研究基础设施，为管理以及获取、移植、分析和集成数据、科学文献、专题科学优先事项或社区参与提供必不可少的开放和标准化服务。	虚拟的	知识型资源，如汇编、期刊和开放获取出版平台、存储库、档案和科学数据；现有的研究信息系统、用于评估和分析科学领域的开放文献计量学和科学计量学系统；能够实现协作式和多学科数据分析的开放计算和数据处理服务基础设施以及数字基础设施。
		物理的	主要包括科学设备或成套仪器；开放实验室、收录出版物、研究数据和源代码的开放科学平台和存储库、软件源代码托管平台和虚拟研究环境，以及科学商店、科学博物馆、科学园和探索性设施。
社会行为者的开放式参与	指科学家与科学界以外的社会行为者之间，通过开放研究周期所涉实践和工具，并通过以众筹、众包和科学志愿服务等新的合作和工作形式为基础，增强科学进程对更广泛有志于探究的社会的包容性和开放性，广泛开展合作。	众筹	从运用跨学科研究方法等方式培养解决问题的集体智慧这一角度来看，开放科学为公众和社区参与知识生成，加强科学家、政策制定者、从业者、企业家和社区成员之间的合作奠定了基础。科学基础设施的开放，知识体系的开放式对话，使所有利益攸关方在开展符合其关切、需求和愿望的研究方面都拥有发言权。作为由非专业科学工作者开展科学研究的模式，以网络平台和社交媒体以及开源硬件和软件等作为互动媒介，与正规科学计划或专业科学工作者联动展开。
		众包	
		科学志愿服务	
		公众科学和参与式科学	
与其他知识体系的开放式对话	指不同知识持有者之间根据 2001 年教科文组织《世界文化多样性宣言》展开的、承认各种知识体系和认识论之丰富性以及知识生产者之多样性的对话。	土著人民	根据《联合国土著人民权利宣言》和土著数据治理原则，建立起与土著知识体系的联系。承认土著人民对传统知识相关数据及其土地和资源数据的保管、所有权和管理享有治理权和决策权。
		被边缘化学者	促进吸纳来自历来被边缘化学者的知识、加强各种认识论之间的相互关系和互补性，知识持有者有权公平公正地分享因利用其知识而产生的惠益。
		地方社区	承认地方社区对传统知识相关数据及其土地和资源数据的保管、所有权和管理享有治理权和决策权。

3.4 开放科学的行动方向

开放科学包含的四项核心要素体现了开放科学的价值取向，《开放科学建议书》认为开放科学的核心价值观包括质量和诚信、集体利益、公平公正、多样性和包容性，开放科学应接受严格的审查检验并有透明的评估程序，应为人类所共有并造福全人类，科学知识及成果应实现共享，知识生产者和消费者应能够平等地获取科学知识。

为了实现开放科学的价值追求，建议书建议各会员国根据国际法并结合本国政治、行政和法律框架，在七个方向上同时采取行动，共同推进开放科学的全球发展。一是促进对开放科学及相关惠益和挑战的共同认识与实现开放科学的多样化途径；二是营造有利于开放科学的政策环境；三是投资于开放科学基础设施和服务；四是投资于开放科学的人力资源、培训、教育、数字素养和能力建设；五是厚植开放科学文化，协调统一开放科学的激励措施；六是在科学进程的不同阶段促进开放科学的创新方法；七是在开放科学的背景下，从缩小数字、技术和知识差距的角度，促进国际和多利益攸关方合作。

联合国教科文组织大会审议通过《开放科学建议书》之前，建议书的初稿经过了充分的讨论修改。全球 40 个国家以及 26 个开放科学相关的组织、机构、个人就草案提出了各自的意见和建议。① 各国的反馈都是基于本国国情、已有基础和重点发展方向或可发展方向提出的，各国对建议书总体上持支持态度，但也存在形色各异的观点。开放科学涉及国家、研究机构、科研人员、出版者等多个利益相关方，各国科学研究的现状、习惯要求和奖惩条件以及人们对开放科学的认识等差别较大，使建立和实施一致性的开放科学准则具有挑战性。一些国家的法律框架内，科研项目信息能否公开，以及公开的范围和程度等均有具体要求。发达国家的多项建议强调民众知情权、透明度，集中建议在开放获取实施、基础设施建设，希望从所谓平等的角度真正实现开放，但对基础设施薄弱的非洲等发展中国家来说，完全开放的实质意义和效果不大。出版商从产业模式、版权保护等领域强调参与和包容并进，与开放获取密切相关的组织则强调开放，考虑开放的可持续性问题；相关的科学研究组织多表达关心和担忧，对平等和研究质量表达关切。② 处于不同发展阶段的国家，不同的利益组织体的关切点并不一致，给开

---

① UNESCO. (2022 - 09 - 28) [2022 - 10 - 29]. https: //en. unesco. org/science-sustainable-future/ open-science/recommendation.

② 邓履翔，熊杨. 联合国教科文组织《开放科学建议书》及反馈意见对我国开放科学的启示 [J]. 数字出版研究，2023 (1)：107 - 121.

放科学的实施和推进过程带来诸多挑战。但开放性是科学的本质属性之一，开放科学已成为全球科学研究范式变革，全球学术交流也正向开放获取模式变革："随着科学研究与交流的发展，学术出版的展现形式已经发生了不可逆转的变革，这个变革就是开放获取。或者说，整个开放科学已经在推进的日程上"①。

2023 年 1 月，美国白宫科学技术政策办公室（OSTP）宣布了旨在促进开放和公平研究的新行动，并将 2023 年定义为"开放科学年"。美国政府的多个部门已积极响应，包括国家科学技术委员会（NSTC）、白宫管理与预算办公室（OMB）和美国国家航空航天局（NASA）等。此外，NASA 与政府中的相关机构发起《向开放科学转变计划》（Transform to Open Science），旨在迅速地将机构、组织和学术共同体向包容的开放科学文化转变。②

中国政府和相关机构也积极参与开放科学活动。截至 2020 年 1 月，中国已有 19 家机构签署了"开放获取 2020"倡议。2021 年中关村论坛期间，北京科学技术研究院携手 13 家国内外机构成立"开放科学国际创新联盟"，倡议以推进北京国际科技创新中心建设为共同目标，共同营造良好的开放科学环境，共同搭建开放科学国际共享平台，共同搭建开放科学国际交流平台等具体举措。③ 2022 年 1 月，新修订的《中华人民共和国科学技术进步法》开始实施，其中第九十五条规定："国家加强学术期刊建设，完善科研论文和科学技术信息交流机制，推动开放科学的发展，促进科学技术交流和传播"。中国通过立法确立了开放科学的原则，在开放科学的立法方面中国走在了世界的前列。

3.5　开放科学发展的多维度视角

科学是一个不断累进的过程，科学的进步与突破必须站在巨人的肩膀上，科学知识的生产、披露与共享对于科学发展至关重要。对创新知识过渡的保密或过分的产权保护，并不利于自主创新能力的提升，而开放科学则有利于增加技术创新的社会福利，这一观点已被众多学者所证明。开放性是科学的本质属性之一，数字革命是推动开放科学运动的主要推手。大数据、物联网和移动互联网等数字化应用技术大幅度降低了创新要素流通的时间和成本，有效提高了科研数据、科研方法、科研工具和科研成果的流动性和可用性，创造出科研交流与合作的新途径，为科学技术的创新活动提供了更多的新场景及功能，进一步推动了开放科学

---

① 杨卫. 中国开放科学的两大考验、三道门槛、四条途径 [N]. 中国科学报，2022 - 09 - 02 (01).

② 李琦，李颂. 把握开放科学战略机遇 共筑开放创新生态 [J]. 今日科苑，2023 (4)：2.

③ "开放科学实践北京倡议" 发布. (2021 - 09 - 28) [2022 - 10 - 23]. https：//www. gov. cn/xinwen/2021 - 09/28/content _ 5639905. htm.

的实践与发展。受科学知识生产的内在逻辑、商业利益、知识的公共性等多元因素驱动，开放科学行为与发展具有复杂性。

开放科学运动旨在打破科学知识的商业垄断行为。开放获取作为开放科学运动率先兴起的实践活动，就是科学共同体打破科学知识商业垄断的运动。网络数据库等知识出版模式虽然促进了科学知识的扩散，但其对科学知识的商业垄断也加剧了数字资源鸿沟，基于对科学知识的公共性追求，科学共同体强力反对科学知识的商业性垄断取向。通过绿色开放获取与金色开放获取等出版模式，打破科学知识获取的人为壁垒；同时，通过开放同行评审等方式，实现评审过程透明化，来保障所开放科学知识的质量，促进开放获取的可持续发展。

基于科学家的职业动机，开放科学是科学发展的内生行为。开放科学行为本身起源于科学研究领域，开放科学普遍存在于学术界。借助相互开放识别潜在合作伙伴，交流科研进展与需求，开展高效科研合作，提高科研创新的速度和效率，促进科技前沿及热点的探索发现。Lam 对英国 5 所研究型大学的科学家进行了实证研究，提出一个基本的动机框架，具体表现为："gold"（属于金钱动机）、"ribbon"（属于声誉和职业动机）、"puzzle"（属于内在满足的动机）。研究发现多种动机都在起作用，但金钱动机的作用相对较低，这意味着科学偏好（好奇心、研究属性的偏好，对研究项目选择与成果发表自由性的追求）、职业选择的偏好是影响科学家开放科学行为的重要动机之一。[1]

从科学知识的公共性角度看，政府具有推动开放科学的动力。通过科学知识的公开与分享，能提高整个社会的公共知识储备，开放科学的目标是实现知识公共性和创新的多元参与，提高创新的整体社会效率和综合价值。政府通过立法、行政、经济激励等手段推动本国内的开放科学进程。例如，对于通过政府拨款资助的科学研究，普遍要求实现科研数据与科研成果的开放，美国国家卫生研究院在内的资金渠道都强制要求将研究结果开源公布；建立起科学研究的职业规范体系，构建一套可以刺激知识开放和披露的优先权报酬制度，科学家率先公开披露新发现，就可以获得发现的科学优先权，从而带来职称的晋升与科学奖励等[2]，激励科研工作者主动开放最新科研成果，增加创新对整个社会进步的贡献。

从科学知识的生产者与使用者的角度看开放科学，双方的诉求相差较远，双方的博弈集中在应该是知识的开放还是开放的知识。开放科学是一种知识的开放举措，是知识生产者面向社会需求的开放，旨在打通知识生产者与社会之间的传播与使用渠道，包括公开知识访问、公开科研成果、公开科研数据以及公开合作

---

①② 张学文.开放科学的动机：基于两部门科学家的实证研究［J］.科学学研究，2014（11）：1620-1629，1722.

参与等。由此可见，知识的开放过程中知识的生产者是决定性环节，哪些知识开放，哪些知识不开放，知识生产者在一定意义上具有决定权。开放的知识则是从科学知识的使用者角度出发理解开放科学，开放科学要打破知识获取的限制。从知识使用者角度看，大量的知识的开放只是从一个拥有者转移到下一个拥有者，仍然无法形成开放的知识。2022 年 11 月 3 日，全球著名的大型"影子图书馆"Z-Library 因涉嫌图书盗版被美国警方查封，就是一个很好的例证。

具体情况是这样的：2022 年 11 月 3 日，全球著名的大型"影子图书馆"（Shadow Libraries）——Z-Library 因涉嫌图书盗版被美国作家联盟（The Authors Guild）检举，并被美国警方查封，一个跨越国家、语言、学科的免费知识的非法分享平台成为历史。但与此同时，网络上却掀起了另一股"保护"Z-Library 的行动，例如分享新的链接方式，寻求新的资源分享平台。这些行动的发起者以学生为主，因为他们是 Z-Library 免费知识获取的最大受益者。相关事件的"对峙"体现出了一个核心问题：知识应该怎样进行开放？

Z-Library 被视为预算有限学生或社会人士的"生命线"（lifeline）。昂贵的知识来源使得非常多的人对于所谓正版的知识获取无法承担，以国外学术文章出版社巨头 Springer 为例，其网站的书籍大多单价超过 20 美元，某些学术专用书籍价格甚至高达 200 美元。而对于 Springer 这类公司而言，其存在的途径也就是通过从生产者购买知识，然后再以增资形式卖出这些知识。这对学生来说，若以正常途径取得这些学习资料，昂贵的费用会将他们拒之门外。知识获取的价格不仅影响个人，更加重了全球南北方的知识鸿沟。发达地区的学生通常可以通过订阅期刊的机构获得学术论文，但在欠发达地区，学术论文的获取则是通过微薄的经费所购买。一位在印度国家高等研究院攻读博士学位的 Z-library 用户说道，即使在她资金相对充裕的大学图书馆，也不是所有的书都能买到。一本书就可以花掉她一半的月薪，尤其当她只需要读其中部分内容的时候，这个价格似乎特别不合理。这些现实因素催生了以 Z-Library 为代表的"影子图书馆"的产生，网络分享平台通过获取并免费分享那些以数字化形式在网络上存在过的知识内容，为许多学生或者社会人士提供了免费知识获取的途径。

知识使用者将 Z-Library 的关闭与"亚历山大图书馆的焚毁"进行类比，认为这是一种知识的封锁行动，大量的知识被私人或商业机构所拥有，而社会接触知识的渠道就变为单一的"金钱"购买。从知识使用者角度看，以 Z-Library 为代表的"影子图书馆"在一定程度上打破了知识获取的限制，促进了知识的传播，同时减轻了知识鸿沟，缓解了知识获取之间的不平等，这与国际组织所倡导的开放科学的理念"不谋而合"，理应获得存在的价值认可。但在知识开放过程中，知识生产者与知识使用者的对立在一定程度上仍提醒着开放知识面临的挑战。知识生产者选择的是知识的开放，而知识使用者需要的是开放的知识，知识的开放结果不一定产生开放的知识，大量的知识的开放只是从一个拥有者转移到下一个拥有者，仍然无法形成开放的知识。

这个案例充分反映了知识生产者与知识使用者之间，乃至与政府、立法者之间的复杂关系。开放科学如何促进知识的传播，减轻南北之间的知识鸿沟，缓解不同群体之间知识获取的不平等，实现国际组织所倡导的开放科学的理念，知识生产者与知识使用者之间诉求的博弈表明开放科学仍面临诸多挑战。

第4章
开放教育资源

　　研究型大学将教育资源与知识分享看作一项公益性事业，反对教育与知识的私有化和商业化，希望通过面向所有人的知识开放与无限制获取，来帮助实现优质教育资源的人人可及，从而促进教育公平，这一理念成为推动世界开放教育资源发展的动力源泉。开放教育资源的概念从一个定义松散的自由访问的课件术语，逐渐演变成扩大教育机会，提高学习质量，为所有人开放终身学习机会的战略性命题，成为国际共识和许多国家教育发展政策的重要部分。

4.1 开放教育资源的兴起与发展

通过传统媒体播送免费教育资源如开放大学课程，可以追溯到 19 世纪 70 年代。随着互联网成为可靠的教育传送平台，高等教育机构开始面向大众建立开放课件教育项目，获得了社会的广泛认可并取得巨大成功，成为"开放教育资源"的肇始。研究型大学将教育资源与知识分享看作一项公益性事业，反对教育与知识的私有化和商业化，希望通过面向所有人的知识开放与无限制获取，来帮助实现优质教育资源的人人可及，从而促进教育公平，这一理念成为推动世界开放教育资源发展的动力源泉。

4.1.1 国际组织对开放教育资源的推动

2001 年，麻省理工学院率先推出开放课件（Open Courseware，OCW）计划，将该校课件免费在网络上公开，所有使用者无须注册或登记都能使用这些公开免费的课程内容，而课程的设计、开发与管理则由麻省理工学院教育技术委员会全权负责。[①] 开放课件计划在全球范围内得到了政府、大学和国际组织机构的积极响应，引发了开放教育资源理论与实践的探讨。随后，卡耐基-梅隆大学启动了"开放学习项目"（Open Learning Initiative，OLI），其开发的课程不仅公开免费，学习平台还会收集实时、互动的数据，对学生的学习情况进行评估，通过数据反馈进一步对课程进行修订和改进。[②] 回应开放课件的开创性影响，2002年，联合国教科文组织在巴黎举办"开放课件对发展中国家高等教育的影响"论坛，对麻省理工学院的开放课件计划进行了重点讨论，并首次提出了"开放教育资源"（Open Educational Resources，OER）的概念。二十年来，各国政府、国际组织、教育机构等对开放教育资源表现出极大热情，对其概念和内涵进行不断的讨论和更新，围绕其政策、项目、平台搭建及运营、资源建设、版权问题等诸多方面开展了研究和实践，促进了开放教育资源的快速发展。

开放教育资源的概念从一个定义松散的自由访问的课件术语，逐渐演变成扩大教育机会，提高学习质量，为所有人开放终身学习机会的战略性命题，成为许多国家教育发展政策的重要部分。联合国教科文组织致力于发挥其作为国际教育合作召集人的作用，积极促进开放教育资源发展的国际议程。联合国教科文组织

---

① 丁兴富，王龙. 麻省理工学院开放课件运动评述 [J]. 中国电化教育，2004（10）：74-78.

② 周琴，赵丹，徐蕊玥，等. 公开许可与众筹众创：美国开放教育资源运动新趋势 [J]. 重庆第二师范学院学报，2020（3）：83-88.

首次提出开放教育资源之后，2012 年，召开了第一届世界开放式教育资源大会，建议成员国促进使用开放式教育资源方式。之后，《仁川宣言》和《青岛宣言》对开放教育资源在提高教学质量和可及性以及促进知识创造方面的作用进行了进一步阐述。2017 年，联合国教科文组织举办了第二届世界开放教育资源大会，100 多个成员国签署了《卢布尔雅那行动计划》，强调了实施强有力的开放教育资源政策的重要性，列出了 41 项行动建议。

2019 年 11 月，联合国教科文组织通过了《关于开放式教育资源的建议书》（Recommendation Concerning Open Educational Resources）（本章以下内容简称《建议书》），联合国教科文组织传播与信息助理总干事查楚克（Moez Chakchouk）强调："关于开放式教育资源的建议将有助于建立开放和包容的知识型社会，也有利于实现联合国的可持续发展目标"[①]。《建议书》反映了开放教育资源领域研究与各国实践的最新进展，形成了有关开放教育资源定义内涵、宗旨目标、行动领域以及监测方面的全球共识，为在世界范围内推进开放教育提供了独特的机会，有助于帮助世界各地的教育利益相关者推动落实开放教育资源在全球的进一步发展。

有关推动开放教育资源发展的重要国际会议如表 4-1 所示。

表 4-1　推动开放教育资源发展的重要国际会议

时间	事件	会议主要内容
2002 年	联合国教科文组织召集主要来自发展中国家的学者，召开"开放课件对发展中国家高等教育的影响"论坛（Forum on the Impact of Open Courseware for Higher Education in Developing Countries）。	共同讨论麻省理工学院开放课件的这一创新举措。此次会议首次提出"开放教育资源"一词。
2007 年	开放社会研究所和沙特尔沃思基金会召集的国际论坛，发表《开普敦宣言》（Cape Town Declaration）。	会议的目的是加快努力，促进教育领域的开放资源、技术和教学实践。确定了推动开放教育向前发展的十个关键方向。
2012 年	联合国教科文组织召开第一届世界开放式教育资源大会，发表《巴黎宣言》（Paris Declaration）。	提出关于各国如何促进开放式教育资源的使用的十项建议。
2012 年	来自 39 个英联邦国家的代表在毛里求斯举行会议，发表《毛里求斯公报》（Mauritius Communiqué）。	强调需要为开放式教育资源建立一个共同平台，以实现开放式教育资源的协调、方便获取以及开发和使用，为所有人提供高质量的教学和学习。

① 孙侨羽. UNESCO 通过关于开放教育资源的建议书 ［J］.世界教育信息，2020（2）：73.

续表

时间	事件	会议主要内容
2015 年	联合国教科文组织与联合国儿童基金会、世界银行、联合国人口基金、联合国开发计划署、联合国妇女署和联合国难民署在韩民仁川共同举办世界教育论坛，发表了落实可持续发展目标的仁川宣言和教育行动框架（Incheon Declaration and Framework for Action for the Implementation of Sustainable Development Goal 4）。	文件两次提到开放教育资源，涉及通过开放式教育资源材料提高教学的质量和可及性。慕课可以为 SDG 4 做出贡献：确保包容和公平的优质教育并促进所有人的终身学习机会。
2015 年	2015 年（2017 年跟进），在中国青岛举行了信息通信技术与教育国际会议，发表了《青岛宣言》（Qingdao Declaration 2015）和《青岛声明》（Qingdao Statement 2017）。	《青岛宣言》专门用了一节来讨论"开放式解决方案"，并认为开放教育资源提高了资源的质量和获取途径，促进了学习内容的创新使用，促进了知识创造。《青岛声明》认为，开放教育资源有助于释放信息通信技术的潜力，改善教育教学。
2016 年	召开第八届泛英联邦开放学习论坛，通过了《吉隆坡宣言》（Kuala Lumpur Declaration）。	参考联合国可持续发展目标、联合国教科文组织《仁川宣言和行动框架》以及 2012 年《联合国教科文组织-哥伦比亚开放教育资源巴黎宣言》，建议政府和教育机构制订战略和政策，通过发展教育资源，将开放教育资源的使用主流化，以提高教育质量，降低教育成本。
2017 年	联合国教科文组织和斯洛文尼亚政府共同举办了第二届世界开放教育资源大会，发表了《卢布尔雅那行动计划》（Ljubljana Action Plan）。	会议特别强调了良好政策对开放教育资源的重要性："将开放教育资源纳入主流需要制定、通过、倡导和实施支持有效开放教育资源实践的政策。"会议对开放教育资源进行了定义，产生了一项包含 41 项行动建议的行动计划。
2019 年	在联合国教科文组织第 40 届大会上，193 个成员国一致通过了《关于开放式教育资源的建议书》。	建议书聚焦五个目标：提升利益相关者获取、运用、改编和重新分配开放教育资源的能力，制定资助性政策，确保包容和公平的高质量开放教育资源，构建开放教育资源的可持续性模式，促进国际合作。

资料来源：根据联合国教科文组织官网整理。

4.1.2　开放教育资源的内涵

联合国教科文组织在巴黎"开放课件对发展中国家高等教育的影响"论坛上首次提出"开放教育资源"之后，经过 2012 年《高等教育中的开放教育资源行动指南》，2017 年的《卢布尔雅那行动计划》将开放教育资源定义为"任何媒介（数字或其他）的教学、学习和研究材料，这些材料在公共领域或根据开放许可证发布，允许他人在没有限制或有限限制的情况下免费访问、使用、改编和重新分发"[①]。最近的 2019 年《建议书》又将开放式教育资源进一步定义为"以各种媒介为载体的任何形式的学习、教学和研究资料，这些资料在公有领域提供，或以开放许可授权的形式提供，允许他人免费获取、再利用、转用、改编和重新发布"[②]。从对开放式教育资源定义的发展看，开放式教育资源聚焦于开放范围、开放内容、免费获取以及开放适用四个方面。

关于开放范围，除了通常的教学材料，还包括相关教育工具和基础设施。根据《建议书》的定义，开放教育资源包括"以各种媒介为载体的任何形式的学习、教学和研究资料"；《建议书》的行动领域部分又指出："利用开放许可工具、采用元数据互操作技术的平台以及（国内和国际等）标准，协助确保人们可以通过安全、稳妥和保护隐私的方式，轻松找到、获取、再利用、改编和重新发布开放式教育资源。这可能包括免费开源创作工具、图书馆以及其他存储库和搜索引擎、长期保存系统以及自动处理开放式教育资源和语言翻译（在适当或必要时）的尖端技术，例如人工智能方法和工具"[③]。因此，开放教育资源被赋予了宽泛的开放范围，不仅包括教科书、课件、学习资料等，还包括相关搜索引擎、数字平台、数据资源库、存储系统和尖端技术应用等。

关于开放内容，根据《建议书》的定义，包括"公有领域提供"和"开放许可授权"两部分。公共领域之外的大多数教育资源受到知识产权保护，《建议书》承认涉及教育资源的版权繁多，性质复杂。《建议书》建议各国政府"开展宣传工作，让人们了解到出于教育和研究目的使用受版权保护作品的例外和限制。鉴于实现教育目标和发展开放式教育资源都离不开目前受版权保护的作品，开展这项工作可便于将各类作品纳入开放式教育资源"[④]。知识产权保护有著名的"3P"原则：一是"促进知识"（the Promotion of Learning），即立法目标在于促进知

---

① UNESCO and COMMONWEALTH OF LEARNIN. Guidelines on the development of open educational resources policies. (2019 - 12 - 30)[2023 - 04 - 12]. https：//unesdoc. unesco. org/ark：/48223/pf0000371129? s_trans＝2255725271_&s_channel＝4.

②③④ UNESCO. Certified Copy of the Recommendation on Open Educational Resources (OER). (2020 - 05 - 20)[2023 - 04 - 16]. https：//unesdoc. unesco. org/ark：/48223/pf0000373755? posInSet＝1&queryId＝4a4db21c-559e-4231-8a89-a28a5af62697.

识传播和文化发展;二是"公共领域保留"(the Preservation of the Public Do-main),即知识产权被限制在一定时间和范围之内;三是"保护创作者"(the Protection of the Author),即赋予创造者对其智力成果以专有权。公共领域理论是著作权法中的一个重要理论,认为著作权保护的真正领域是被私人所占有的专有领域而不被保护的则是公共领域。教育领域的主体是公共领域,这为教育资源的开放带来更多可能。

关于免费获取,契合了《建议书》建设"有效、包容和公平的优质开放式教育资源"的目标和行动,但"免费"不等于"非商业性"。免费获取是开放教育资源定义中一项必不可少的内容,2019 年《建议书》比 2017 年的《卢布尔雅那行动计划》更进一步,没有了限定。如果获取开放教育资源需要付费,无疑会成为部分人特别是弱势群体使用这些资源的障碍,不符合开放教育资源包容性、公平性的价值追求。但是,《建议书》并没有建议禁止开放教育资源的商业用途。虽然开放教育资源定义中有明确的"开放许可授权的形式",但没有具体列明依据哪一个许可协议发布开放教育资源。

关于开放适用,《建议书》赋予了使用者"五项适用权利"。开放教育资源可以被"免费获取、再利用、转用、改编和重新发布",这"五项权利"在《开普宣言》《巴黎宣言》等诸多声明和宣言中被强调,在此次《建议书》中也得到重申:"将开放许可应用于教育材料,为以更具成本效益的方式创建、获取、再利用、转用、改编、重新发布和管理这些资料以及保证其质量创造了重要契机,包括但不限于翻译、根据不同学习和文化背景进行改编、开发对性别问题有敏感认识的材料,以及为有特殊教育需求的学习者创建替代格式和无障碍格式的材料"[①]。使用者再利用、转用、改编和重新发布的权利,能使开放教育资源更好地满足更广泛的教育需要。

4.1.3 如何支持开放教育资源发展

把开放教育资源融入国家政策框架。开放教育资源与开放科学关系密切,关于开放科学前文已有论述。《建议书》将其定义为"一个集各种运动和实践于一体的包容性架构,旨在实现人人皆可公开、获取和重复使用科学知识,为了科学和社会的利益增进科学协作和信息共享,并向传统科学界以外的社会行为者开放科学知识的创造、评估和传播进程",其中"开放式科学知识"是开放科学的四项核心要素之一。而"开放式教育资源"作为"开放式科学知识"项下的重要内

---

① UNESCO. Certified Copy of the Recommendation on Open Educational Resources (OER). (2020 - 05 - 20)[2023 - 04 - 16]. https: //unesdoc. unesco. org/ark: /48223/pf0000373755? posInSet=1&queryId= 4a4db21c-559e-4231-8a89-a28a5af62697.

容，并将其定义为"以任何媒介为载体且已进入公有领域或已根据开放许可发
布，从而允许他人在无限制或有限限制的情况下免费获取、使用、改编和重新发
行的学习、教学和研究资料，特别是那些与理解和使用其他可开放获取的科学知
识有关的资料"。在开放科学视角下，开放教育资源是开放科学的一部分。《关于
开放式教育资源建议书》支持"将开放式教育资源政策纳入国家政策框架和战
略，并使之与其他开放政策和指导原则协调一致，例如开放存取、开放数据、开
放源码软件和开放科学"，鼓励制定支持政策"政府、教育主管部门和教育机构
建立监管框架，支持采用公共资金的教育和研究材料开放许可授权，在该领域相
关研究的辅助下制定战略，使用和改编开放式教育资源，以支持实现包容的全民
优质教育和终身学习"①。不少国家政府支持对公共资金资助的材料实行强制性
开放获取政策，"开放获取"与"开放政府""开放科学""开放数据"等重大的
举措联系在一起。

　　增强开放教育资源利益攸关方的能力建设。《建议书》中描绘的能力至少包
括两个方面：一是具有合法合规创建、获取、改编和重新发布等适用开放式教育
资源的能力，"为教育领域的所有重要利益攸关方开展能力建设，使其能够创建、
获取、再利用、转用、改编和重新发布开放式教育资源，并且能够以符合国家版
权法和国际义务的方式使用和应用开放许可"②。二是具有使用相关技术获取、
再利用、改编和重新发布开放式教育资源的能力，"利用开放许可工具、采用元
数据互操作技术的平台以及（国内和国际等）标准，协助确保人们可以通过安
全、稳妥和保护隐私的方式，轻松找到、获取、再利用、改编和重新发布开放式
教育资源"③。利益攸关方的能力是促成任何开放教育资源策略得以实施的关键
环节，《建议书》从教育的角度提到能力建设，建议通过"宣传""培训"等各种
措施旨在增强认识、提升能力。

　　建设开放教育资源全球教育材料库（a global pool of educational materials）。
数字化的公共教育资源通常被集中到同一个数据资源库中，方便使用者检索、提
取和使用，建设公共教育资源库也是《建议书》所提倡的方法。《建议书》建议
各成员国推动并促进国际合作，开发全球教育材料库，"支持利益攸关方开展国
际合作，最大限度地减少在开放式教育资源开发方面不必要的重复投资，开发具
备文化多样性、地方相关性且对性别问题有敏感认识的全球无障碍、多语言、多
格式教育材料库"④。至于这个"全球教育材料库"如何建设、是一个什么性质
的资源库，《建议书》并未给予具体说明。但是，《建议书》也提出支持创建"同
行网络"（peer network），"支持创建并维护有效的同行网络，在地方、地区和全

　　①②③④　UNESCO. Certified Copy of the Recommendation on Open Educational Resources（OER）.
（2020-05-20）[2023-04-16]. https：//unesdoc. unesco. org/ark：/48223/pf0000373755？posInSet＝
1&.queryId＝4a4db21c-559e-4231-8a89-a28a5af62697.

球层面共享不同主题、语言、机构、地区和教育水平的开放式教育资源"①。把全球教育资源集中供给，还是由众多成员点对点连接成分布式网络，哪一种方式更有利于开放教育资源未来发展、更具可持续性，需要联合国教科文组织进一步深入研判。

制订开放教育资源质量保证机制。教育质量是教育的永恒话题，教育资源的质量必须得到保证。《建议书》中多处提到开放教育资源的质量保障问题。一是为开放教育资源建立新的法规框架，"鼓励并支持机构制定或更新法律或政策框架，促进教育工作者和学习者以符合本国版权法规和国际义务的方式创建、获取、再利用、转用、改编和重新发布优质开放式教育资源"。二是建设有效、包容和公平的优质开放教育资源，《建议书》支持"采取各种战略和计划，包括通过相关的技术解决方案，确保以任何媒介为载体的开放式教育资源都可以开放格式和标准共享，从而最大限度地实现公平获取、共同创造、管理和可查询性，包括针对弱势群体成员和残疾人"②，支持"开放式教育资源利益攸关方开发对性别问题有敏感认识、在文化和语言方面具有相关性的开放式教育资源，采用当地语言，特别是使用频率较低、资源不足和濒危的土著语言来创建开放式教育资源"③。三是实现常规教育资源质量保障机制与开放式教育资源质量保障机制的统一，"建立开放式教育资源质量保证机制，并将其纳入现有的教学和学习材料质量保证战略"④，"为开放式教育资源酌情制定并调整现有的循证标准、基准和质量保证标准，着重在常规质量保证机制下审查教育资源（公开许可和非公开许可）"⑤。也有专家对《建议书》中开放教育资源质量保证机制的建设建议提出顾虑，认为《建议书》常常假定开放教育资源由教育场所的教师所使用，《建议书》中的"质量"适合在学校使用，而开放教育资源的数量和种类数庞大，以同一标准衡量在学校之外使用的资源是行不通的。因此，《建议书》有关质量保障的建议对开放教育资源制作设置限制条件，也限制了开放教育资源的多元化发展。⑥

4.2　开放教育资源平台的资源聚合效应

麻省理工学院 2002 年发起的开放式课程计划，引发了一场开放教育的全球

---

①②③④⑤　UNESCO. Certified Copy of the Recommendation on Open Educational Resources (OER). (2020 - 05 - 20) [2023 - 04 - 16]. https：//unesdoc. unesco. org/ark：/48223/pf0000373755? posInSet = 1&queryId=4a4db21c-559e-4231-8a89-a28a5af62697.

⑥　史蒂芬•道恩斯. 联合国教科文组织《开放教育资源建议书》述评 [J]. 中国远程教育. 2020 (10)：47 - 59.

运动，现在看来这也是创建开放教育资源平台的最初萌芽。随着技术的快速发展，开放教育资源形式越来越多样，开放资源量越来越庞大，开放教育资源平台也日益强大。

4.2.1　开放教育资源平台的典型类型

从《建议书》中列出的利益攸关者看，开放教育资源涉及的范围越来越广，《建议书》"涉及正规、非正规和非正式部门的以下利益攸关方：教师、教育工作者、学习者、政府机构、家长、教育提供方和教育机构、教育辅助人员、师资培训人员、教育政策制定者、文化机构（例如图书馆、档案馆和博物馆）及其用户、信息和通信技术（信通技术）基础设施提供方、研究人员、研究机构、民间组织（包括专业协会和学生协会）、出版商、公共部门和私营部门、政府间组织、版权所有者和著作者、媒体和广播组织，以及供资机构"。经过 20 多年的发展，开放教育资源从内容类型、数量规模到用户范围都有了很大的扩展。内容类型上，也从最初的开放课件发展到慕课（MOOC）、开放教科书以及涵盖内容、平台和软件等在内的开放教育资源门户。开放教育资源平台大多采用开源内容管理系统，开放课件、慕课、开放教科书等不同的开放教育资源领域形成了不同的专业平台（见表 4-2）。

表 4-2　典型的开放教育资源平台①

	开放课件平台	慕课平台	开放教科书平台
代表性平台	MIT OCW；Open Learn；国家精品开放课程。	Coursera；edx；Udacity；FutureLearn；中国大学MOOC。	Open Textbook Library；OpenStax Textbooks；Global Text Project；College Open Textbooks。
内容形式	课件讲稿讲义、项目和案例、图表资料库、多媒体资源、作业和答案、考题和答案、课件视频等。	开设普通课程、培训课程、职业教育、学位课程、大学先修课程等，可根据学习情况发放学位、学分、结业等课程认证证书。	根据开放版权许可授权，在线提供给学生、教师和公众免费使用的教科书，以印刷版、电子书或音频格式发布。根据授权许可，任何人可以自由地使用、改编或重新发布教科书的内容。

开放教育资源平台的发展受益于开放教育资源，同时为开放教育服务，并成为开放教育资源的重要组成部分。开放教育资源的开放特性，能为社会学习者提

①　赵艳，肖曼，张晓林，等.开放教育资源的可持续发展：现状、问题与挑战［J］.图书馆论坛，2019（3）：42-50.

供课程资料,为教师提供开放的备课素材。例如,慕课教师在准备课程的过程中,需要大量无版权限制的资源,包括图像、开放教科书、试卷等为课程服务。教育资源的开放为慕课平台的快速发展提供了基础资源,如,宾夕法尼亚大学图书馆指定馆员为慕课制作者整理可供免费利用的图像、音视频、图书等目录,为学习者提供资源指引;澳大利亚新英格兰大学图书馆利用 Libguides 为慕课收集可用的图像、音视频、音乐、书刊等。[①] 开放教育资源平台没有时间与地域的限制,世界各地的学习者均能随时随地在平台上参加学习,平台发挥其强大的资源聚合与分发能力,为推动开放教育资源的发展作出重要贡献。

4.2.2 三大慕课平台的全球化扩张

正如阿里、京东对于网购中资源的整合,脸书、微信对于网络社交资源的整合,开放教育资源平台也正在对教育资源进行不同程度的整合,其中慕课平台就发挥着越来越重要的作用。有研究在"Web of Science"中提取关于开放教育资源领域的论文中涉及的关键词,其中出现次数最多的三个关键词依次为"open educational resources""OER"和"MOOC";在中国选取中文期刊全文数据库(CNKI)为检索源,频次最高的关键词是"开放教育资源",排名靠前的关键词分别是 MOOC、精品课程、开放课件、开放课程等。[②] 由此可见,慕课是一段时间以来开放教育资源领域的最重要研究对象之一。2011 年至 2012 年,Coursera、Udacity 和 edX 三大慕课平台在美国几乎同时创立,因此,2012 年又被世界称为慕课元年。虽然高等教育机构长期以来一直提供远程和在线教育内容,但慕课的出现与快速发展被一些专家视为一场"教育革命"。慕课是数字在线技术与开放教育融合创新的成果,能以大大降低接受优质高等教育的成本,增加接受优质高等教育的机会。下面以美国三大慕课平台的全球扩张为例,来说明开放教育资源平台对教育资源的聚合能力。

1. Coursera 的发展与扩张史[③]

2012 年,斯坦福大学的两名计算机科学教授创立 Coursera,并将"致力于让世界上最好的教育免费提供给任何寻求它的人"作为其使命宣言(见图 4-1)。

快速增长阶段(2012—2015 年):Coursera 在成立后的几年内迅速增长,与

---

① 胡永生. 慕课背景下图书馆在开放教育资源建设与服务中的角色与策略 [J]. 图书馆学研究,2018 (12):51-54.

② 北京师范大学"一带一路"国家教育发展研究课题组. 国际开放教育资源发展研究报告 [R]. 2018.

③ Dhawal Shah. Coursera's Monetization Journey:From Zero to IPO. (202-11-16)[2023-04-25]. https://www.classcentral.com/report/coursera-monetization-revenues/.

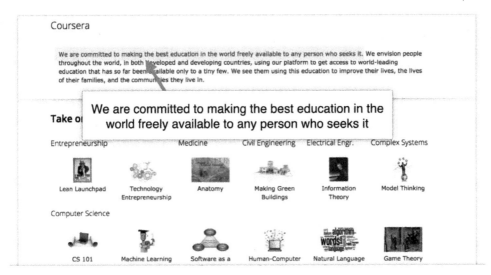

图 4-1　Coursera 的使命宣言

超过 140 所大学和机构合作，提供超过 2 000 门课程，吸引了超过 1 000 万注册用户。2013 年，Coursera 宣布推出 Signature Track 付费服务，学生可以通过支付 30 美元至 100 美元的不等费用来获取课程证书，推出九个月后，Coursera 累计向 470 万学生发出 25 000 份课程证书。根据报道，2014 年初累计收入约为 400 万美元。Signature Track 的推出是 Coursera 实现盈利的第一步。2014 年，Coursera 进一步扩大了付费证书的范围。2014 年 10 月，Coursera 的月收入达到 100 万美元。2014 年 11 月，Coursera 停止提供免费证书，并重建其平台来满足自定进度课程学习。2015 年 5 月，Coursera 宣布与伊利诺伊大学厄巴纳-香槟分校达成其首个学位合作伙伴关系。MBA 的费用预计为 2 万美元，不到大多数其他在线和校园 MBA 课程费用的一半。并从下半年开始，大学不再决定课程制作和发布，Coursera 列出专项课程，并邀请大学竞标来创建它们。获胜的竞标者将获得 10 万美元的预付款，该款项将通过课程的收入进行支付。10 月，Coursera 宣布，只有证书付费的学习者才能访问课程作业。通过这一变化，Coursera 开始有效地对内容收费。

转型期（2016 年）：Coursera 在 2016 年进行了转型，不再仅仅提供免费课程，开始推出 B2B 企业培训课程，以及学习者月订阅收费模式。2016 年 2 月，Coursera 开始尝试导师指导课程，这项计划允许学习者支付额外费用以获得导师支持。10 门课程被选中进行试点，每门课程设有 50 个导师指导名额。试点项目在推出后不久被停止。同年 8 月，Coursera 推出了 Coursera for Business。企业可以为其员工购买 Coursera 内容。同年 10 月，Coursera 改变了课程收费方式。此前，学习者需要逐门购买专项课程，并支付每门课程的固定价格。在新的定价模式下，用户将支付每月 39~89 美元的订阅费用来解锁作业以及获得证书。

大幅拓展市场阶段（2017 年至今）： Coursera 逐渐进入新的市场，包括企业培训和在线高中课程。Coursera for Business 计划为企业提供员工培训，而 Coursera for High School 则为学生提供高中课程。到 2017 年底，Coursera 已经有超过 500 家公司注册了此项服务。2018 年 3 月，首个基于慕课的学士学位——由伦敦金史密斯大学提供的计算机科学学士学位。2019 年 9 月，推出专业证书，这种微证书，如数据分析、项目管理、UX 设计，帮助学习者获得热门技能，并为特定行业岗位做准备。同年 10 月，Coursera 宣布了 Coursera for Campus 计划，大学教师能够发布仅适用于其学生和校友的私人课程。2019 年底，Coursera 获得 E 轮 1.03 亿美元融资后，公司估值超过了 10 亿美元。2020 年，推出 Coursera Project Network 应对新冠疫情[①]，推出免费证书课程，校园免费课程，政府免费课程。疫情期间，Coursera 的学习者总数从 2019 年的 4 500 万增加到 2020 年的 7 600 万，2020 年成为创立以来最重要的一年，2021 年 3 月，平台完成上市。

Coursera 的全球扩张可以追溯到 2013 年，当时该公司开始与美国的顶尖大学合作，提供在线课程。在随后的几年里，Coursera 继续扩大其合作伙伴网络，并将目光投向国际市场，与世界各地的大学和教育机构合作，推出了各种在线学位、证书和课程。

在 2017 年，Coursera 与印度、中国、俄罗斯和法国等多个国家的机构合作，推出了本地化的课程和证书，加大了对国际市场的扩张力度。这些合作包括与印度在线教育公司 Manipal Global Education 合作，在印度提供在线课程；与中国最大的慕课平台网易云课堂合作，在中国提供在线课程；与俄罗斯最大的在线教育平台 National Platform of Open Education 合作，在俄罗斯提供在线课程；以及与法国在线教育平台 Open Classrooms 合作，在法国提供在线课程。通过本地化的课程和证书，Coursera 可以更好地满足不同国家和地区的学习需求，加速在国际市场的扩张。

2019 年，Coursera 的全球扩张达到了新的高度，因为新冠疫情的爆发，Coursera 迎来了一个前所未有的增长期，成为许多人在线学习的首选平台。截至 2022 年，Coursera 注册学习者达 1.89 亿。[②]

---

① Dhawal Shah. Coursera's 2020：Year in Review. (2020 - 11 - 07)[2023 - 04 - 25]. https：//www. classcentral. com/report/coursera-2020-year-review/.

② Coursera. 2021 Impact Report. (2021 - 11 - 30)[2023 - 04 - 25]. https：//about. coursera. org/press/wp-content/uploads/2021/11/2021-Coursera-Impact-Report. pdf.

为了扩大在中国的使用范围，Coursera 与许多中国公司和大学建立了合作伙伴关系。本地合作通常围绕两件事开展工作：翻译和发行。① 为了本地化网站并翻译其内容，Coursera 与中国社交网站果壳网和翻译社区译眼网合作。为了分发，Coursera 与网易合作在 163.com 上创建了一个 Coursera 专区，这是一个网易托管的 Coursera.org 中文门户网站。为了提高中国用户使用体验，Coursera 还将其视频的本地副本存储在网易服务器上。Coursera 还与复旦大学、上海交通大学、北京大学、西安交通大学和南京大学合作，提供课程，大部分以中文授课。目前，Coursera 的平台上有超过 125 门中文（母语＋翻译）课程。

2. Udacity 的发展与扩张史

2011 年，以"为世界各地的劳动力提供未来职业培训"为使命，Udacity 由斯坦福大学教授塞巴斯蒂安·梅尔·特伦（Sebastian Thrun）和 Google 高管大卫·斯蒂文斯（David Stavens）创立，作为在线学习的一个实验项目，最初只提供人工智能和机器学习两门免费在线课程。

2012 年，Udacity 获得由 Andreessen Horowitz 领投的 1 500 万美元融资，将其课程内容扩展到计算机科学、数学和物理等主题，并开始提供带付费认证证书的课程。

2013 年，Udacity 宣布将推出纳米学位（Nano Degree）计划，一系列旨在教授数据科学、Web 开发和软件工程等领域就业所需技能的在线课程。Udacity 先后与 AT&T 合作推出 iOS 应用程序开发的纳米学位；与 Google 合作推出 Google 开发者纳米学位计划，教授如何使用 Google 技术构建 Android 应用程序；与梅赛德斯-奔驰、英伟达和博世等领先的汽车制造商合作，教授自动驾驶工程师纳米学位；推出 Android Basics 纳米学位计划，教授初学者如何构建 Android 应用程序。

"纳米学位"可谓是市场发展应运而生的产物。纳米学位专门与企业合作，为其发展专业定制的人才更符合企业需求，还能实现快速就业，不仅减轻了企业的人才需求压力，还为经济条件受限的学生提供了崭新的快速就业通道。

Udacity 纳米学位②是一种在线学位项目与合作企业和高校合作开发，由

---

① How Courser Cracked the Chinese Market. (2015 - 08 - 21)[2023 - 04 - 25]. https：//techcrunch. com/2015/08/21/how-coursera-cracked-the-chinese-market/♯：～: text ＝ To％ 20increase％ 20their％ 20China％20footprint，two％20things％3A％20translations％20and％20distribution.

② Udacity. What is a Nanodegree Program? (2021 - 07 - 21)[2023 - 04 - 25]. https：//www. udacity. com/blog/2016/07/nanodegree-101. html. Rebecca Salter. Udacity Pricing and Nanodegree Cost. (2022 - 12 - 28)[2023 - 04 - 25]. https：//learnopoly. com/udacity-nanodegree-cost/♯How _ much _ are _ Udacity _ Nanodegrees.

Udacity 平台提供。它通过在线学习和实践项目的结合，为学员提供了一种灵活、实践性的学习机会，以培养他们在特定领域的职业技能。这种学习模式使学员能够根据自己的兴趣和需求进行学习，并从导师和专家的指导中获得支持，最终获得相关学位证书。

Udacity 纳米学位的运行机制如下所述：

关于课程设置：每个纳米学位通常由多个初级到高级课程组成，涵盖特定领域的相关知识和技能，其中包括尖端新兴科技，如自动驾驶汽车。课程内容通常是通过在线视频、小测验、编程练习、项目任务等方式呈现的。

关于学习进度：学员可以根据自己的时间安排和学习进度自主学习。学员可以在自己的节奏下完成每个课程，没有时间限制。他们可以随时访问学习资料和课程内容。

关于项目任务：在每个纳米学位中，通常有一个或多个项目任务，要求学员应用他们在课程中学到的知识和技能。这些项目任务是实践性的，旨在帮助学员将理论应用到实际情境中。

关于导师和反馈：学员在学习过程中可以得到导师和专家的指导和反馈。他们可以通过在线讨论论坛、一对一的指导会议、代码审查等方式与导师和同学互动。这样的反馈机制保障学员在学习过程中获得足够的支持和指导。

关于学位证书：完成纳米学位的要求后，学员将获得由 Udacity 颁发的学位证书。这些证书可作为学员在相关领域的技能证明，提升他们在职业发展中的竞争优势。平均而言，对于 3～4 个月的纳米学位课程，每月需要支付 399 美元。

2014 年，Udacity 宣布新的企业培训重点，并推出其 Udacity for Business 平台。2015 年，与圣何塞州立大学合作，提供学分认证的在线课程。2016 年，推出 Udacity Blitz 平台，将企业与 Udacity 的自由职业者和校友网络连接起来，进行短期项目工作。[①] 2017 年，与 Facebook 合作推出 PyTorch 奖学金挑战赛，旨在教授学生使用 Facebook 的 PyTorch 框架进行深度学习技能。[②] 2018 年，宣布开设 AI 学院，这是一个专注于向所有级别的学习者教授 AI 技能的新部门。与 Lyft 合作推出 Lyft Perception Challenge，旨在开发先进的自主车辆感知算法。

2019 年，Udacity 宣布将新兴技术领域作为新的发展重点，帮助企业提高员工在新兴技术领域技能。2020 年，Udacity 与微软合作推出 Azure 数据科学家认

---

① Christopher Watkins. Introducing Udacity Blitz. (2016 - 11 - 17)［2023 - 05 - 05］. https：//www.udacity.com/blog/2016/11/introducing-udacity-blitz.html.

② Stuart Frye. Introducing the PyTorch Scholarship Challenge from Facebook. (2018 - 12 - 02)［2023 - 05 - 05］. https：//www.udacity.com/blog/2018/10/introducing-the-pytorch-scholarship-challenge-from-facebook.html.

证课程①；与 BMW group 合作，推出"AI 商业领袖"的新项目，向商业领袖和经理们教授人工智能的基础知识。②

2021 年，Udacity 开始为公共部门员工培训提供系统服务。和美国政府 IT 解决方案提供商 Carahsoft Technology Corp 建立合作伙伴关系。根据协议，Carahsoft 将作为 Udacity 的 Master Government Aggregator，通过 Carahsoft 的合同向公共部门提供讲师指导的在线培训计划。Udacity 首席执行官 Gabe Dalporto 表示："我们很高兴与 Carahsoft 合作，通过加强公共部门员工的技能提升，来推动我们的国家走向未来"③。

近年来，Udacity 通过加强与政府、当地企业、区域组织等合作，加快其全球化布局。2015 年 9 月，Udacity 与 Tata Trusts 合作在印度推出纳米学位证书④，并与 Google 一起为印度的 Android Developer 纳米学位提供 1 000 份奖学金，印度成为 Udacity 学生参与度和兴趣增长最快的国家之一。2016 年 4 月，Udacity 以优达学本地品牌和域名 yudaxue. com 向中国开放服务并提供纳米学位课程。⑤ 2016 年 8 月，Udacity 开始扩张德语市场，德国、奥地利和瑞士成为同年增长最快的地区。2017 年 12 月，Udacity 正式启动中东和北非（MENA）业务⑥，在开罗、迪拜和利雅得开设了办事处，积极与当地政府及机构建立战略伙伴关系，增强课程的阿拉伯语支持能力。Udacity 与迪拜政府合作推出"百万阿拉伯程序员"计划，该计划由迪拜未来基金会牵头，目标让 100 万阿拉伯青年参加编码入门课程；与沙特阿拉伯 MiSK 基金会合作，为 Android 开发、Web 开发和数据科学领域提供 2 650 个奖学金名额；与埃及信息通信技术部建立合作伙伴关系，面向埃及高中生推介编程纳米学位。2021 年 1 月，Udacity 加入欧盟数字技能和工作联盟（European Comission Digital Skills & Jobs Coaliation），开始为联盟成员提供技能培训。

① Julia White. Announcing advanced Azure Machine Learning Nanodegree program with Udacity. (2020 - 10 - 13)[2023 - 05 - 05]. https：//azure. microsoft. com/en-us/blog/announcing-advanced-azure-machine-learning-nanodegree-program-with-udacity/.

② Matt Hui. Introducing Udacity's First Executive Program：AI for Business Leaders. (2020 - 02 - 20)[2023 - 05 - 05]. https：//www. udacity. com/blog/2020/02/introducing-udacitys-first-executive-program-ai-for-business-leaders. html.

③ Udacity. Udacity and Carahsoft Partner to Bring Powerful Talent Transformation Solutions to Public Sector Agencies. (2021 - 08 - 12)[2023 - 05 - 05]. https：//www. prnewswire. com/news-releases/udacity-and-carahsoft-partner-to-bring-powerful-talent-transformation-solutions-to-public-sector-agencies-301354075. html.

④ Clarissa Shen. Hello，World! Hello，India! (2015 - 09 - 21)[2023 - 05 - 07]. https：//www. udacity. com/blog/2015/09/hello-udacity-india-nanodegree. html.

⑤ Clarissa Shen. Hello，China! (2016 - 04 - 17)[2023 - 05 - 07]. https：//www. udacity. com/blog/2016/04/hello-china. html.

⑥ Clarissa Shen. Udacity Launches in MENA. (2017 - 12 - 06)[2023 - 05 - 07]. https：//www. udacity. com/blog/2017/12/udacity-launches-in-mena. html.

3. edX 的发展与扩张史

2012 年，edX 由麻省理工学院和哈佛大学科学家联合创办，旨在推广慕课，并为全球范围学习者提供免费的在线教育资源。首批课程由麻省理工学院和哈佛大学的教授提供，涵盖多个学科领域。edX 是非营利性开源慕课平台，提供来自世界各地著名大学与企业的免费课程。

edX 最初专注于提供个别课程，现在已扩大到包括各种专业证书和学位课程，并与政府和组织如美国国际开发署建立合作伙伴关系，为贫困社区的学习者提供教育和培训。

2013 年，edX 推出 XSeries 证书课程，当年学生注册人数就突破 100 万。2014 年，与乔治华盛顿大学合作提供在线的微硕士学位项目。[1] edX 与 Linux 基金会合作，推出了开放云计算课程，提供关于云计算的基础知识和技能，满足不断增长的云计算领域的需求。[2] 2015 年，edX 与亚利桑那州立大学合作推出全球新生学院，学员可以选择支付一定费用，获得 edX 颁发的课程证书，以证明他们完成了课程学习。2016 年，与微软合作推出"微软专业课程"（Microsoft Professional Program）。这些课程涵盖了各种技术主题，旨在为学习者提供在科技行业就业所需的技能。2017 年，edX 加强与全球各地的大学、高等教育机构和非营利组织合作，推出 16 个研究生水平的 MicroMaster 课程项目，为学习者提供获得专业证书或加快获得硕士学位的途径。2018 年，edX 与印度 IT 巨头 Tech Mahindra 合作，以促进其 11.7 万员工在物联网、数据分析、人工智能和网络安全等新兴领域的再培训。同年 10 月 edX 平台新增 9 个在线硕士学位课程，课程由佐治亚理工学院和加州大学圣地亚哥分校等大学提供。2020 年，新冠疫情对全球教育产生重大影响，edX 推出 2 个 MicroBachelors 项目[3]和 edX for Campus 计划，为高校提供定制化的在线学习解决方案，帮助学校在校园内部署和管理在线学习资源。

2021 年 11 月，2U（一家总部位于美国的在线教育技术和服务提供商。该公司成立于 2008 年，主要为高等教育机构提供技术支持服务。）以 8 亿美元现金收购 edX，有分析认为，edX 和 2U 的合并将进一步扩大其在线教育服务范围和慕课领域的影响力。

---

① Jordan Friedman. Online Courses Experiment with Digital Badges. (2014 – 12 – 10)[2023 – 05 – 07]. https：//online. gwu. edu/node/97.

② The Linux Foundation. Linux Foundation to Build Massive Open Online Course Program with edX, Increase Access to Linux Training for All. (2014 – 03 – 06)[2023 – 05 – 07]. https：//www. linuxfoundation. org/press/press-release/linux-foundation-to-build-massive-open-online-course-program-with-edx-increase-access-to-linux-training-for-all.

③ Rebecca Koenig. With "MicroBachelors" Program，EdX Tries Again to Sell MOOCs For Undergraduate Credit. (2020 – 01 – 08)[2023 – 05 – 07]. https：//www. edsurge. com/news/2020-01-08-with-microbachelors-program-edx-tries-again-to-sell-moocs-for-undergraduate-credit.

　　edX 作为非营利性开源慕课平台，吸引了众多大学、企业甚至政府加入其平台系统，开源性帮助 edX 建立起了围绕其平台的教育资源的聚合与分发的自身生态，加强了其全球影响力。早在 2013 年，edX 开放了自身平台，edx.org 作为开源发布，创建并推广 Open edX 平台使其他大学或组织机构能够在其平台上提供在线课程，创建自己的在线课程和学习环境。edX 不断改进平台功能，提供更好的学习体验，其中包括在线编程环境、虚拟实验室和在线讨论社区等工具。也是在 2013 年，法国政府就投资 1 000 万欧元，依托 edX 开发法语慕课平台，该投资是法国政府扩大高等教育和推广教育数字技术项目一部分，与 edX 的合作促进了法国 France Université Numérique（FUN）平台的开发，现已成为法国及其他法语国家的主要在线课程学习平台。① 截至 2022 年底，Open edX 为 2 400 个平台提供支持，edX 全球注册使用者超过 1 亿。②

4.3　开放教育平台的可持续发展与商业手段

　　《建议书》提出要"促进创建可持续的开放式教育资源模式"，并给出了 7 条可持续发展的建议。这 7 条建议集中起来体现在三个方面，一是提高管理和服务能力；二是推进共建共享；三是财务上的保障。

4.3.1　在提高管理和服务能力方面

　　《建议书》指出："审查现行规定、采购政策和法规，扩大并简化优质产品和服务的采购程序，以便视情为开放式教育资源的创建、所有权、翻译、改编、管理、分享、归档和保存提供便利，并增强开放式教育资源所有利益攸关方参与这些工作的能力"，"制定监管框架，支持开发符合国家和国际标准并与利益攸关方的兴趣和价值观保持一致的开放式教育资源产品和相关服务"，"有效优化现有教育和研究预算和资金，以便通过机构间、国家、地区和国际合作获取、开发并不断改进开放式教育资源模式"③。从《建议书》看，突出强调了完善政策法规、制定监管框架、

――――――――――

　　① edX. edX to Work with French Ministry of Higher Education to Create National Online Learning Portal. (2013 - 10 - 03)[2023 - 05 - 07]. https：//www. newswire. ca/news-releases/edx-to-work-with-french-ministry-of-higher-education-to-create-national-online-learning-portal-513055611. html.

　　② edX 2022 Impact Report. (2023 - 01 - 16)[2023 - 05 - 07]. https：//impact. edx. org/hubfs/impact-report-2022. pdf? hsCtaTracking = 8366bf42-9765-4a38-8d85-2e7a0829016d％7C7fbba536-5150-4ee1-8e51-f11c889f44f2.

　　③ UNESCO. Certified Copy of the Recommendation on Open Educational Resources (OER). (2020 - 05 - 20)[2023 - 04 - 16]. https：//unesdo c. unesco. org/ark：/48223/pf0000373755? posInSet＝1&queryId＝4a4db21c-559e-4231-8a89-a28a5af62697.

创新开发与获取模式，来增强管理和服务能力，增进开放教育平台的可持续发展。

4.3.2　在推进共建共享方面

《建议书》建议"向各机构和各国宣传关于使用开放式教育资源的其他增值模式，重点是参与、共同创造、合作创造增值、社区伙伴关系、激励创新和号召民众为一项共同事业团结起来"①。如"实践社区"（Community of Practice），由同类（如相同学科或语言等背景）人士组成的社交网络，实现教育资源的共建共享，或许在某种程度上代表着开放教育资源未来发展方向。② 开放教育资源需要以资源服务平台作为有效载体，以实现教育资源的自我进化、联通共享及教学创新应用。需要支持协同创建、互动联通、反馈评价、优化、收藏、推荐等，需要实现资源板块与个人网络学习空间的无缝整合，发布式资源区与共创式资源区的分离与转换。为了促进开放教育资源平台的建设和提升，通过对典型开放教育平台功能及模块划分的分析，北京师范大学"一带一路"国家教育发展研究课题组将开放教育资源平台共创共享的建设机制加以总结，具体内容如图 4-2 所示。其中，保障机制是为了支持共创共享模式顺利进行而提供的基础性条件，包括政策、资金、技术、人力条件等；激励机制是为了促进共创共享模式持续发展而实施的策略、方法和活动等；制约机制是为了确保共创共享模式产出优质教育资源而实施的策略、方法和活动等。③

4.3.3　在财务上的保障方面

《建议书》建议通过多种方式与途径获取稳定、持久的平台运营经费保障，"通过传统资金来源方式以及非传统互惠式筹资方法、伙伴关系与联网以及捐赠、会员制、'随意付'、众筹等可以为开放式教育资源带来收益和可持续性的创收方法，促进具有可持续性的模式，同时确保获取重要教学和学习材料的成本不转移到教育工作者或学生个人身上"④。从《建议书》的上述表述看，"可持续性的创收方法"可以理解为开放教育资源平台除了依靠慈善基金、公共或政府支持外，商业模式也是重要选项。

---

①④　UNESCO. Certified Copy of the Recommendation on Open Educational Resources（OER）.（2020 - 05 - 20）[2023 - 04 - 16]. https：//unesdoc. unesco. org/ark：/48223/pf0000373755？posInSet＝1&queryId＝4a4db21c-559e-4231-8a89-a28a5af62697.

②　史蒂芬·道恩斯. 联合国教科文组织《开放教育资源建议书》述评 [J]. 中国远程教育. 2020（10）：47-59.

③　北京师范大学"一带一路"国家教育发展研究课题组. 国际开放教育资源发展研究报告 [R]. 2018.

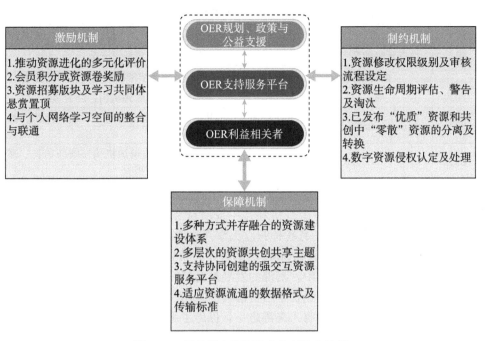

图 4-2 开放教育资源平台共创共享机制

成立于 2003 年的欧洲学术出版和学术资源联盟（Scholarly Publishing and Academic Resources Coalition of Europe）是欧洲开放教育的重要推动力量，其以最大限度地开放欧洲学术研究和教育资源为愿景，在倡导图书馆支持开放教育发展与推广开放教育理念方面发挥着重要作用。其发表的《欧洲高等教育图书馆开放教育》调查报告中，图书馆开放教育可持续性建设是重点考察内容。分别从有无"开放教育专职馆员"和"种子资金"两个指标，考察欧洲高等教育图书馆支持开放教育发展的可持续性情况，从中可以看出，经费保障对于开放教育资源可持续发展的重要性。2022 年获得开放教育种子资金的图书馆比例较前两年大幅提升，由 2020 年的 6.9% 猛增至 77.0%，资金来源渠道和种类也日益多样，这与开放教育相关政策的制定、社会对开放教育意识的提升以及图书馆开放教育支持服务的创新有密切关系。① 具体调查结果见表 4-3。由此，从开放教育资源的种子资金来看，欧洲学术图书馆支持开放教育发展的可持续性都得到了较为充分的保障。

---

① 尚晓倩. SPARC Europe《欧洲高等教育图书馆开放教育》系列报告解读及启示 [J]. 图书馆学研究，2023（4）：80-87.

表 4-3　欧洲高等教育图书馆开放教育可持续性建设

年份	可持续性指标		
	设有开放教育专职馆员	获得开放教育种子资金	
	图书馆占比	图书馆占比	来源渠道（按来源比例由高到低排序）
2020	63.1%	6.9%	图书馆、高级管理机构、IT组织
2021	75.8%	22.2%	其他组织机构、图书馆、政府组织、其他外部项目
2022	68.6%	77.0%	图书馆、其他组织机构、欧洲项目、国家项目、地方项目

免费获取是开放教育资源的重要特征，但开放教育资源平台建设及运营需要成本，如果缺乏可持续经济运行机制，一旦项目经费花完，很可能导致建设停滞、团队解散，如2009年6月犹他州立大学开放课程项目宣布终止；2016年底，开放教科书平台 Global Text Project 在基金停止资助后，也陷入停滞状态。[①] 在三类典型开放教育资源平台中，慕课的发展最为持续稳定，慕课平台在起初获得可观的资助之后，便从提供免费学习资源转而采用一种商业性付费模式，将课程和证书服务的收费作为主要收入来源之一，保障了平台的可持续运行。

前面论述的美国三大慕课平台，20年来获得了长足发展，从它们发展的历程看，商业模式的成功是提供更多免费教育的重要保障。edX 是非营利性开源慕课平台，创立之初就提供来自世界各地著名大学的免费课程，并逐步扩大到包括各种专业证书和学位课程。虽然大部分课程是免费的，但企业培训、专业认证和学位项目是收费的。同时，也通过其开源系统赚取收入，如前面提到的法国政府投资1 000万欧元，依托 edX 开发国家法语慕课平台等。2021年11月，2U以8亿美元现金收购 edX，这对 edX 保持持久发展势头或许有利。虽然 Coursera 的宣言是致力于让世界上最好的教育免费提供给任何寻求它的人，也向社会提供大量免费课程，但 Coursera 采用营利性商业模式，主要为企业员工提供收费培训，与大学和机构合作提供课程和认证，并收取认证和学位项目的费用。Udacity 也采用营利性模式，通过销售其"纳米学位"计划和企业培训计划获得收入。

4.4　开放教育资源建设的国家行动

4.4.1　美国的"♯GoOpen 计划"

麻省理工学院推出开放课件开启了开放教育资源事业，紧随其后，卡耐基-

---

① 赵艳，肖曼，张晓林，等.开放教育资源的可持续发展：现状、问题与挑战 [J].图书馆论坛，2019（3）：42-50.

梅隆大学启动"开放学习"（Open Learning）项目，莱斯大学推出"纽带"（Conne-xions）开放项目，加州大学推出"在线教学多媒体教育资源"（Multi-media Educational Resources for Learning and Online Teaching）项目，之后斯坦福大学、哈佛大学等美国名校也先后加入开放教育资源的开发，确立了研究型大学在开放教育资源运动中所扮演的关键角色。2005 年 9 月，麻省理工学院宣布成立开放教育协会（Open Education Consortium）。该协会由麻省理工学院担任管理与拨款职责，同时由威廉与弗洛拉·休利特基金会提供资金援助。协会的使命在于"通过开放课程促进教育，并赋予全世界人民力量"。开放教育协会成立之后，美国研究型大学与各方教育组织机构联合行动，在全球范围内积极推进开放教育资源改革。其中，威廉与弗洛拉·休利特基金会多次对美国境内有意发展开放教育资源的高校进行资金协助，帮助其进行开放教育资源的研发与推广。[①]

2015 年 10 月 29 日，在白宫科学和技术政策办公室主持的开放教育论坛上，美国联邦教育部发布"开放运动"（♯GoOpen）计划。这项运动旨在鼓励州、学区和教育工作者使用经过许可的开放教育资源，同时提议实行一项新规，即要求所有拥有教育部资金版权保护的知识产权获得开放许可。联邦教育部前部长阿恩·邓肯（Arne Duncan）表示，为了让所有地区的学生都能获得高质量的学习资源，鼓励各州和学区从传统教材逐步过渡到免费、获得开放许可的资源。通过使用可持续更新的材料，满足学生的需求。美国教育部任命了首位开放教育顾问，与学区负责人、教育工具提供者、非营利组织以及开放教育联盟成员一起，提高从幼儿园到高中使用开放许可教育资源的意识。教育技术办公室主任理查德指出："开放许可教育资源在不违背版权保护法的前提下，让教师可以创造性地调整、定制学习资源，以满足学生需求。"在该论坛上，来自各州和学区的负责人、教育工作者承诺采用开放教育资源，教育技术公司和非营利组织也承诺将与这些学区一起努力，创造新的教育工具帮助教育工作者发现、适应、创造并分享资源。亚马逊、微软等公司或组织也积极响应♯GoOpen 计划，并将提供相应的资源、工具等。[②] ♯GoOpen 计划的实施标志着美国开放教育资源运动进入新发展阶段，在美国政府的推动下，由高等教育领域的自发运动，延伸到基础教育领域。

♯GoOpen 计划得到了美国各州的积极响应，到 2016 年初，很快发展到 14 个州和 40 个学区，随着各州各地区陆续加入♯GoOpen 计划，美国教育技术办公室于 2016 年 6 月发布了《♯GoOpen 计划地方启动指南》（♯GoOpen Dis-

---

① 周琴，赵丹，徐蕊玥，文欣月.公开许可与众筹众创：美国开放教育资源运动新趋势 ［J］.重庆第二师范学院学报，2020（3）：83-88.

② 姚萍.美国"开放运动"鼓励学校使用开放教育资源 ［J］.世界教育信息，2016（1）：77.

trict Launch Packet），为有意成为教育资源开放型的学区提供系统化方法和相应工作帮助。美国教育部希望♯GoOpen计划成为推进美国教育资源开放的加速器，需要充分利用教师的创造力和专业能力，开创资源、再利用资源，并使得各州、各地区与非营利组织和创新平台提供商等进行合作、创建和共享。在这样的总体思路的指导之下，♯GoOpen计划致力于支持各学区及其教育工作者使用高质量、公开授权的教育资源，以实现学校层面的资源过渡。该计划在教育公平、教育内容、教师权利、资金投入四个方面发挥作用，参与计划的各州将主要实施五项策略[①]，具体内容见表4-4。

表4-4 ♯GoOpen计划的实施目的与实施策略

实施目的	促进教育公平	通过开放许可的优质资源，让所有的学生能获得最新的相关学习材料，学习者将拥有更多的个性化学习机会，扩展资源的获取途径，增强选择资源的自由度。
	更新教育内容	快速、轻松地更新资源的能力可以保持学习材料的质量和内容相关性。教学材料通过教育者不断更新，保持材料的质量和与时俱进。
	赋予教师权利	教师可以创造性地利用开放许可教育资源，自定义适合的学习材料，以满足学生的需求，不用担心违反版权法。
	节约资金成本	改用开放许可的教育材料可以使各学区的资金得以重新分配，例如，将在教科书上节省资金投向数字化学习，以实现学习模式的变革。
实施策略	战略方向	在全州范围内采用或实施"以开放许可资源为核心"的技术战略。
	解决存储问题	形成系统的存储解决方案，来发展和维护该州的开放许可资源。
	定向发布	开发相关技术，并将开放许可教育资源发布到 Learning Registry（电子分类数据库），可以搜索、连接和共享在线学习资源数据，在不断扩大的数字世界中更轻松地访问各类丰富的教育资源。
	共建共享	与其他参与♯GoOpen计划的各州和各学区共建实践共同体（Community of Practice），以分享学习资源和专业开发资源。
	记录监督	创建网页记录该州的实施进度，并分享♯GoOpen计划的承诺目标。

---

① 胡盈澄，金慧. ♯GoOpen计划：推进美国开放教育资源建设的国家行动 [J]. 远程教育杂志，2017（4）：58-65.

　　此外，美国联邦政府通过制定面向各州的州共同核心标准（Common Core State Standards，CCSS），推动美国 K-12 基础教育资源建设与共享。K-12 开放教育资源服务对象既包括普通学生又包括特殊学生，资源涵盖学前教育到高中教育阶段课程资源，还包括大众百科。在政府的大力推动下，美国航空航天局、美国国会图书馆、美国国家历史博物馆和肯尼迪表演艺术中心等众多机构跨界合作丰富开放教育资源，服务于美国各阶段的教育社会需求。[①]

4.4.2　欧洲国家开放教育资源战略

　　席卷全球的新冠疫情提高了大众对开放教育资源的认识，以及对开放教育资源的强烈需求。为了更好地构建开放教育资源体系，应对未来的社会危机和挑战，2021 年，欧洲学术出版与资源联盟发布《欧洲高等教育图书馆的开放教育》（Open Education in European Libraries of Higher Education）调研报告，报告主要探讨了高校图书馆如何围绕联合国教科文组织开放教育资源的建议开展工作，以实现一个更加开放的社会，并有助于进一步改变学习者的思维方式。欧洲学术出版与资源联盟对 28 个欧洲国家的 233 个的图书馆进行了调研，在被调研的 28 个国家中，英国、克罗地亚、荷兰、芬兰、瑞士、波兰、西班牙、斯洛文尼亚和葡萄牙已制定国家层面的开放教育政策，奥地利、塞浦路斯、爱沙尼亚、希腊、德国、爱尔兰和乌克兰正在制定相关政策。制度政策的类型一方面包括制度法规，另一方面包括战略、路线图和计划。在高校层面，27 所高校有针对开放教育资源的政策（其中 17 所高校的政策包含在学校总体教育政策中，10 所出台了专门的开放教育资源政策），另有 27 所高校正在开发相关政策，25 所高校正在考虑开发。[②]

　　为了进一步促进开放式教育资源的创建和使用，2022 年 7 月，德国联邦教育及科研部发布启动开放教育资源战略（Strategiezu Open Educational Resources），旨在通过开放式教育资源（即数字化、开放式及免费的教育资源）逐步推进教育系统的现代化。该战略明确了三大行动目标：其一，建立扩大创建和使用开放式教育资源的激励制度，并改善现有的技术、教学和组织框架条件。其二，加强开放、合作和共享的文化，并改善教师及学习者的态度，提供最新的技术解决方案、社区管理形式等。其三，通过促进开放式教育资源领域的核心技术和开放式教育实践，加强教育机构的变革管理。

　　为实现这些目标，确定以下六个行动领域，并将其与具体的主题联系：一是

① 郭绍青，张进良，贺相春.美国 K-12 开放教育资源：政策、项目与启示［J］.电化教育研究，2016（7）：122 - 128.

② 庄瑜，裴祎颖.欧洲高校图书馆开放教育资源的实践与启示［J］.世界教育信息，2023（1）：34 - 40.

巩固和建立教学专家的开放式教育资源能力；二是发展新的合作模式：从开放式教育资源到开放式教育实践；三是建立开放式教育资源供给和提高开放式教育效率的技术基础与结构；四是通过开放式教育资源支持创新教育和交叉学习；五是为配合开放式教育资源而进行以用户为中心、以应用为导向的网络化研究；六是具体实施方面：将数字支持的开放式教育资源实践的倡议者和参与者聚集在一起。①

---

① 黄旖旎. 德国：启动开放教育资源战略 [J]. 人民教育，2022 (17)：21.

第 **5** 章
跨境教育

　　相对于"教育服务贸易","跨境教育"是一个涵盖范围更广的概念,既包括公立教育和私立教育,也包括以公益性或营利性为目的而进行的各种教育活动。"跨境教育"产生于在教育服务贸易谈判之中,通过广大教育输入国与教育输出国之间的磨合,不同教育利益群体之间的相互妥协,"跨境教育"跳脱出了教育服务贸易的单一经济属性,形成了多元价值共识。进入数字时代,全球服务贸易加速数字化转型,在线教育平台成为跨境教育的重要载体,跨境教育服务越来越多地体现为数据的跨境流动。

5.1 从"教育服务贸易"到"跨境教育"

根据《服务贸易总协定》(GATS) 对服务的定义，教育服务贸易首先是跨越边境的教育服务，其次，并非所有的跨境教育都能纳入教育服务贸易的范畴，只有具有商业性质的跨境教育服务贸易才属于其规制范围，非营利的跨境教育则不受 GATS 约束。"跨境教育"(Cross-border Education) 是一个无经济导向的涵盖范围更广的概念，既包括公立教育和私立教育，也包括以公益性或营利性为目的而进行的各种教育活动，即教育服务贸易是跨境教育的一部分。

5.1.1 关于教育服务贸易的争论

1986 年，"乌拉圭谈判"首次将服务贸易纳入谈判议题。1995 年 1 月，GATS 正式生效，其宗旨是在透明度和逐步自由化的条件下扩大服务贸易，并促进各成员的经济增长和发展中国家服务业的发展，并正式将教育纳入服务贸易范畴。在 GATS 形成之前，教育服务贸易就已经存在，在 GATS 生效后，教育服务贸易在多边贸易法律体系下得到规制，教育服务贸易作为服务贸易的一种形式得到更广泛的承认。GATS 将服务贸易分为跨境提供 (Cross-border supply)、境外消费 (Consumption abroad)、商业存在 (Commercial presence)、自然人流动 (Presence of natural persons) 四种服务提供模式，由于翻译的不同，跨境提供又被称为跨境支付或跨境交付，自然人流动又称为自然人移动等。

跨境提供是指服务提供者在其境内向其他成员提供服务，而服务的提供者和消费者均未流动，跨境流动的只是服务内容。境外消费是指服务的提供者在其境内向其他成员的服务消费者提供服务，服务消费者移动，而服务提供者在其境内。商业存在是指服务提供者在另一成员境内建立商业实体以提供服务，服务的消费者不需要移动，服务的提供者到消费者境内提供服务。自然人流动是指服务者以自然人的身份而不是以机构的形式在另一成员境内提供服务。根据自然人流动的形式，自然人的流动分为两类：一类是服务提供者独立地到境外提供服务，另一类是服务提供者收到境外机构的雇佣而到境外提供服务。

按照 GATS 的服务贸易分类，教育服务贸易的跨境提供、境外消费、商业存在、自然人流动的具体内涵与形式可总结为表 5-1。

表 5 - 1　教育服务贸易的内涵与形式

服务类型	内涵	具体形式
教育跨境提供	教育服务提供者在其境内向其他成员提供教育服务，而教育服务的提供者和消费者均未流动，跨境流动的只是教育服务内容。	主要表现为通过邮件、广播电视、卫星通信、互联网等方式进行，主要形式有函授、远程教育和培训、网络在线教育等。
教育境外消费	教育服务的提供者在提供者境内向其他成员的教育服务消费者提供服务，只有教育服务消费者进行跨境移动。	主要表现为教育服务消费者到另一成员境内留学、进修、合作研究及学术访问等。
教育商业存在	教育服务提供者在另一成员境内建立学校等商业实体以提供教育服务，教育服务的提供者在消费者境内提供服务。	主要表现为境外办学，如在消费国开办独资、合资学校等，可以采用联合课程项目、海外办分校、特许办学等多种形式。
教育自然人流动	教育服务者以自然人的身份在另一成员境内提供教育服务。	主要表现为教师或专家的跨境流动，到境外从事教学、科研等工作。

　　国际组织和专家学者对教育服务贸易的理解多种多样。联合国教科文组织（UNESCO）与经济合作与发展组织（OECD）2004 年制定的《关于跨境高等教育质量保障指南》指出，教育服务贸易是指"在一个国家实施的一种部分或全部源自另一个国家的教育"；简·奈特（Jane Knight）认为是人员、教育项目、教育提供者、政策、知识、观点以及服务等要素的跨越国境的自由流动；靳希斌认为，教育服务贸易是指国际贸易即世界各国（地区）之间进行的商品交换活动以服务的形式在教育领域中的反映，也可看作是国家（地区）之间相互提供作为教育服务的特殊作用的价值。① 也有学者认为这种贸易在实践中表现为以留学生为主要标志的兼有教育产品或教育物资进口与出口的服务贸易的一种。② 各国和部分国际组织对教育服务贸易内涵的理解存在分歧，UNESCO 反对将教育划为贸易范畴③，WTO 成员对开放教育服务态度和立场也存在较大差异。

　　GATS 虽已正式生效，但由于教育服务贸易本身的复杂性，以及发达国家与发展中国家存在着利益冲突等原因，谈判进展缓慢。将教育服务纳入 GATS 磋商，各成员国反应强烈，意见不一，许多国家对是否参加教育服务贸易磋商徘徊不定。教育出口大国支持教育服务贸易，而有些国家则认为教育不应列入服务贸

---

　　① 靳希斌.国际教育服务贸易研究——规则解读与我国的承诺［J］.北京师范大学学报（社会科学版），2004（1）：15.

　　② 庞守兴，李淑俊.现代国际教育贸易的形成与理论探源［J］.教育发展研究，2002（12）：17.

　　③ 周满生."教育跨境提供"研究——国际教育服务贸易的最新进展及相关政策解析［J］.教育发展研究，2005（5）：28-31.

易范畴。许多国家担心外国教育服务机构进入本国享受国民待遇，私立教育机构将获得巨大的力量，从而破坏公共部门对教育服务的提供，因此必须予以控制。发达国家教育产业发达，教育水平较高，在国际上具有竞争力，加之西方发达国家由于人口出生率下降，教育资源尤其是高等教育资源出现过剩现象，因此积极开放教育市场，同时也希望其他国家开放，以便输出其教育产业。而发展中国家，由于经济条件和教育水平落后，以及要保护自己的民族教育服务业，对教育产业的开放持谨慎观望的态度，开放的国家数目较少。① 因此，将教育服务纳入贸易范畴进行谈判陷入僵局，甚至在对教育服务贸易的认识上更是存在巨大分歧。

5.1.2　约定俗成的"跨境教育"

教育国际化趋势不可避免，需要换一种方式和角度来解决教育国际化的问题，推动国际教育的发展。当教育服务开放问题在谈判桌上无法取得突破时，论坛成了沟通交流进而形成共识的最佳途径。2002 年到 2004 年，OECD 和 UNESCO 先后主持召开三次关于教育服务贸易的重要国际论坛，参加论坛的国家覆盖面逐渐提高，无论是发达国家还是发展中国家，以论坛的形式聚集在一起，开放式讨论教育服务中存在的种种问题，各成员国对教育服务贸易的认识逐渐成熟。从三次论坛的举办者来看，第一次的主办方是 OECD，第二次仍由 OECD 主办，但 UNESCO 列席参加，而到了第三次，主办方则由 OECD 和 UNESCO 共同担任。从参加者来看，第一次论坛的与会成员主要是发达国家，后两次论坛相继有发展中国家加入。特别值得一提的是中国，第一次仅以观察员身份列席，后来两次论坛则逐渐开始成为重要演讲者和分会场主持者。② 三次论坛的成功举办，对教育服务贸易的发展，对跨境教育形成国际共识，起到了十分重要的推动作用。

围绕教育纳入《服务贸易总协定》，对规则的质疑与澄清。2002 年 5 月在美国华盛顿召开第一次大规模的教育服务贸易国际论坛，会议并没有邀请发展中国家参加，只有中国和巴西以观察员身份列席。论坛从宏观角度探讨了教育服务贸易四种方式的发展现状，强调了教育的跨境提供对发达国家具有的意义，以及对满足全球高等教育需要的重要性。由于教育的特殊性，各个国家都对此十分敏感，教育服务贸易自由化问题引发激烈辩论。以美国为首的教育出口大国支持教育服务贸易，而比利时等一些国家担心破坏公共部门对教育服务的提供，认为教

①② 高云，闫温乐，张民选. 从"教育服务贸易"到"跨境教育"——三次国际教育服务贸易论坛精要解析 [J]. 全球教育展望，2006，35（7）：56-59.

育不应列入服务贸易范畴。最终，除了在教育质量保证和认证这一点上达成共识之外，并没有产生明确的结果。尽管这次论坛没有取得预期的成果，但必须承认，这次论坛在教育服务贸易发展的初期，起到了相当大的促进作用，不仅使得各成员国对国际教育服务贸易有了宏观的整体认识，而且促使各成员国开始勇敢面对并积极解决发展过程中已经出现或可能出现的若干问题。[①]

2003 年 11 月，在挪威召开"第二届教育服务贸易论坛"，此次论坛具有更广泛的代表性，来自 OECD、WTO 和 UNESCO 等国际组织的官员，OECD 国家和一些发展中国家的教育与贸易官员、欧洲大学联合会等非政府机构、教育与培训机构以及教师与学生组织等 200 多名代表出席了会议。挪威论坛召开的背景仍然与服务贸易总协定的谈判僵局紧密相连，很少有新的国家对教育服务贸易做出承诺，对澳大利亚、新西兰、美国等国提出召开新一轮磋商谈判的目标缺少回应，发展中国家对教育服务贸易自由化提出了更多的批评等。大会讨论的主要议题有跨境教育的主要形式与发展趋势及其国家政策、跨境教育与教育服务贸易的关系、跨境教育的资格认证与质量保证等。特别关注是发展中国家如何加强自身能力建设、保持自身教育传统，以营利为目的的私人资本投资教育对教育公益性原则提出的新挑战等。

在挪威论坛上"跨境教育"（Cross-border Education）一词被正式提出并高频使用，此成果是挪威论坛相对于华盛顿论坛的重要跨越。为了区别于 GATS 所提出的服务贸易的四种方式，会议将跨境教育活动归纳为三种主要形式：人员跨境流动，包括学生跨境学习和教师跨境进修两个方面；项目跨境流动，主要是指跨境教育合作项目、通过网络提供的学习项目和向国外机构出售或特许教育培训课程等；教育机构跨境流动，主要是在国外设立教育培训机构或开展合作办学等。[②]"跨境教育"的提出，使本次论坛讨论气氛更加热烈，大家发言更加踊跃，论坛进程更加顺利。"跨境教育"从概念上大大减少了教育的商业色彩，缓和了贸易与教育联结所带来的矛盾。追求商业利益仅仅是各国发展"跨境教育"的政策目标之一而不是全部，加强本国人力资源建设和增进国与国之间的联系也是不可忽视和无可替代的重要目的。[③]对一些发展中国家，特别是经济发展较快的新兴经济体来说，为了实现高质量发展，正加大投入，努力提高本国教育水平；对外也希望通过加大教育开放力度，引进国际优质教育资源，促进国与国之间的"跨境教育"发展，发挥教育在经济发展、文化交流、文明互鉴等方面的作用，所以片面性的教育服务贸易不能等同于"跨境教育"和教育

①③　高云，闫温乐，张民选.从"教育服务贸易"到"跨境教育"——三次国际教育服务贸易论坛精要解析［J］.全球教育展望，2006，35（7）：56－59.
②　周满生.从教育服务贸易到跨境教育——第二届教育服务贸易论坛侧记［J］.教育研究，2004（6）：91－95.

国际化发展趋势。

2004 年 10 月在澳大利亚悉尼举办的第三次教育服务贸易国际论坛聚焦"跨境教育与能力建设",会议由澳大利亚教育部与 UNESCO、OECD 共同举办,发展中国家进一步重视并参与论坛,质量保障成为各国关注的焦点。各国在四个方面达成共识,一是实施跨境高等教育是高等教育机构能力建设的重要途径与方法;二是增进相互理解、消除彼此分歧是高等教育通过实施跨境教育实现机构能力建设目标的基础和前提;三是增进对《服务贸易总协定》和服务贸易谈判过程的理解是利用跨境教育提高高等教育机构能力建设的重要环节;四是加强质量保障和认证能力建设是亚太地区通过实施跨境教育实现高等教育机构能力建设的根本。在此次论坛上,"跨境教育"成为论坛的核心主题词,表明"跨境教育"已成为国际约定俗成的概念用语。

5.2 "跨境教育"的多元价值共识

5.2.1 跳脱出教育服务贸易的经济性

OECD 在 2002 年发布的报告中指出,支持将教育纳入贸易范畴进行消费交易的主体主要是出口导向型政府、知识型跨国企业以及其他营利性教育机构。支持将教育服务纳入 GATS 者认为,随着现代经济社会的发展,教育的经济属性日益明显,意识形态功能逐渐减弱;教育能带来经济收益的同时,还能提高人力资本质量,增加了人员流动,促进了社会的经济增长和国际贸易的发展。市场竞争有利于高校提高竞争意识和创新意识,为商业人士提供更多的教育服务产品,从而为社会提供更多的高等教育机会。随着 WTO 的建立和运行,以及世界经济全球一体化步伐的加快,教育已经被纳入包含商业目的的服务贸易范围。

反对将教育服务纳入 GATS 者认为,过分追逐教育的经济属性,将削弱教育的公共产品属性和多元价值。Rohini Sahni 和 Sumita Kale(2004)认为,教育可以是一种服务形式,但不能把它看作以盈利为主要目的可交易性服务,因为教育的基本功能是建设人力资源、传授知识、建立社会和人类价值观。Jandhyala Tilak(2005)认为,把高等教育当作私人产品而不是公共产品来对待,将会产生很大的危害性,主要表现在:高等教育私有化进程将加快、加剧教育不平等现象(这种不平等不仅体现在国内,也包括国际间的不平等)、出现"知识资本主义"现象,损害现有的人权协定。Winston Gordon(1999)认为,不能将高等教育服务当作产品来对待,人不是商品,高等教育机构也不是生产商品的企业。

Beteille Andre（2005）也指出，高校不仅是学习知识、传播文化的场所，也是青年男女相互接触、了解、互相学习的社会平台，这些因素使得高等教育与其他商品和服务截然不同。Altbach 认为，许多高校是非营利性的，它们的动机与企业的动机是不一样的，简单将教育商业化是不合适的。①

　　"跨境教育"产生于教育服务贸易谈判中，广大教育输入国与教育输出国之间的磨合，不同教育利益群体之间的相互妥协，通过华盛顿、挪威、悉尼的三次教育服务贸易论坛，"跨境教育"跳脱出了教育服务贸易的单一商业和经济性，形成了提升教育能力、发展人力资源、增强文明互鉴等多元价值共识。

5.2.2　提高本国教育能力

　　对于广大发展中国家，通过"跨境教育"能快速解决本国紧迫的教育需求，丰富教育有效供给，补充本国教育短板，"跨境教育"成为加强国家教育能力建设、提高教育质量的重要手段。跨境教育可以提高教育的多样性，为学生提供更加广泛的学习机会。跨境教育能够帮助发展中国家、新兴国家和转型中国家通过境外学生流动以及境内项目和院校流动来扩大国民获得中学后教育的机会，最终的结果是受过良好教育的人口将促进社会的进步和发展。1978 年，中国开启改革开放之路，派遣大量出国留学人员到国外学习先进的科学技术，截至 20 世纪 90 年代中期，共派出"国家公费"留学人员（本科生、研究生、进修人员或访问学者）约 5 万人②，对我国社会主义现代化建设事业起到了积极的推动作用。2001 年，中国加入 WTO，中外合作办学进入快速发展期。2003 年，中国颁布《中外合作办学条例》，逐步实现由"引进国外优质资源"向"引进国外特色资源"转变。总体而言，中国本科及以上的中外合作办学，加速了中国高等教育国际化进程，拓宽了中国高等教育筹资渠道，培养了一大批国际化专业技术人才。从 20 世纪 90 年代开始，马来西亚政府积极输入国外高等教育资源，通过国内传统与非传统的高等教育路径提升高等教育的参与率。传统的路径是接受中学后学生进入高等教育公立与私立学院、外国大学分校区等，非传统路径以马来西亚外国大学特许经营计划等多种形式出现。输入跨境高等教育切实帮助马来西亚提升了高等教育入学率。③ 跨境教育有助于建设一个更好的国内教育体系。充分利用国际优质教育资源，通过国内外院校之间的合作，可以促进国内高等教育体系发展与成熟，许多国家都把引进跨境高等教育作为建设一个更好的高等教育体系的

---

　　① 李航敏. 中国高等教育服务贸易发展研究［D］. 对外经济贸易大学，2014.
　　② 国家公费出国留学工作重大改革回顾——纪念国家留学基金委成立 20 周年［J］. 世界教育信息，2017（2）.
　　③ 强海燕. 东南亚教育改革与发展（2000—2010）［M］. 广州：广东高等教育出版社，2010：37.

重要手段。新加坡政府就意识到要办出高质量的大学，必须积极引进世界一流大学教育资源，以壮大自己的学术体系。新加坡国立大学作为新兴的世界一流大学，主要依靠与海外顶级大学如荷兰的艾恩德霍芬理工大学，美国的哈佛大学、麻省理工学院、约翰霍普金斯大学、杜克大学和中国的清华大学等建立广泛战略联盟而实现快速发展。新加坡通过引进国外高等教育培育了一批在亚洲乃至世界都享有盛誉的高校。

5.2.3 发展充实人力资源

跨境高等教育对培养具有国际化视角和能力的高素质人才有着积极的意义。人是生产力中最活跃的因素，人力资源是第一资源。高等教育在促进人力资源发展中发挥着关键作用，承担着提高国民素质的重任。在全球化格局下，综合国力的竞争主要取决于人才的素质。为应对全球化所带来的种种挑战，各国为了增强自身的竞争力，纷纷对其高等教育制度进行全面检讨。特别是当知识经济成为21世纪社会发展的主导力量时，大学更成为各国围绕知识创新与人力资源开发开竞争的制高点。鉴于各国人力资本禀赋和知识积累条件的差异，只有开放高等教育才能不断吸收和借鉴其他国家先进高等教育资源与经验，才能提高国家人力资本储量，充分发挥知识的外溢效应。因而，通过跨境高等教育培养优质的人力资源自然成为各国发展跨境高等教育的主要价值诉求。随着世界经济的迅速发展，产业结构的不断调整，外向型经济所占的比重越来越大，这便要求高等教育也需要相应地培养出一大批适应全球化环境的高素质人力资源，所以各国非常重视通过跨境高等教育培养具有国际素养的复合型人才。国际化的学习环境，更有利于培养具有开阔国际视野、具有跨文化能力的高素质涉外人才，这是各国面向国际市场、参与国际竞争的人才保障。

跨境教育有助于获取它国人力资源。随着学生和学者的流动，一些国家通过跨境教育方式获得了其所需要的人才，尤其是高技术人才。1997年，德国开始实施一项学术交流服务综合项目，包括旨在增加德国高等教育和研究吸引力的30项措施。2000年，德国大学国际学生的数量增加了一倍。美国是从国际学生中获得高素质科技人员的最大受益者。博士的数量是一个国家知识创新的重要指标，美国国家科学基金会（NSF）自1957年就开始进行博士学位调查，迄今已有60多年。2022年12月，最新一期《美国博士学位调查》（SED）发布。2021年，持临时签证的 S&E 博士学位获得者有 15 216 人，占美国 S&E 博士学位获得者总数的 39%。2021 年，临时签证持有者在获取博士学位后留美的比例高达80%，其中计算机与信息科学、工程学和生物与生物医学领域的分别高达87.2%、85.2%和84.7%，而社会科学和非 S&E 领域的留美比例则为 54% 和

57.5%。在 2021 年的博士学位获得者中，临时签证持有者在计算机与信息科学、工程学和数学与统计学中占比分别高达 65%、58% 和 54%。[①] 从某种意义上讲，高质量的国际学生成为不断补充美国高端人力资源，保持科技创新力，维持科技霸权的重要支柱之一。

5.2.4　获得经济收益

世界上任何一个国家的高等教育制度都是本国经济制度的反映，都要为本国的经济发展服务，跨境教育制度同样如此。跨境高等教育是一种新型的高等教育，正如高等教育在发展经济方面所具有的重要性与日俱增，跨境高等教育也具有越来越多的教育外部经济学意义。跨境教育看重人、资本、知识的流动所带来的商机。

跨境教育有助于增加教育出口。跨境教育每年涉及数百万国际人口和数千亿美元资金的国际流动，通过跨境教育输出，可以增加国家经济收入。一些经合组织成员国，已经将跨境高等教育作为一种重要的出口创收资源，尤其是澳大利亚、新西兰和英国。澳大利亚和新西兰的高等教育国际化政策已经出现转变，通过政府主导的策略促进教育成为重要出口的行业。在澳大利亚和新西兰政府看来，教育服务贸易有助于提高收入，改善国际贸易收支。新西兰教育部认为，高等教育产业出口是一种高附加值的知识产业，已成为新西兰未来教育发展的关键。澳大利亚 1998 年就取消了援助国际学生的基本补贴，对国际学生开始收取学费。澳大利亚政府规定的费用水平，能完全满足国际学生接受高等教育的开销。澳大利亚已经建立了整合性的国际化政策，以促进国际学生的流入。英国是为数不多的明确把跨境高等教育出口收入作为其发展战略愿景的几个欧洲国家之一。自 20 世纪 80 年代起，英国政府允许高等教育机构全额收取非欧洲地区的学生费用，作为高等教育出口收入和大学经费的补充。与澳大利亚、新西兰和英国相比，美国采取更加分权化的政策。美国高等教育国际化创收的两个重要特征是：学生全额收费和机构层面的市场策略。作为世界留学大国，美国的各种教育交流计划与 20 世纪 90 年代将国际教育视为经济竞争范式与出口商品的政策，为美国带来了大量的留学生和丰厚的经济利润。对教育输出国而言，跨境高等教育所创造的利益特别是经济利益日渐凸显。

跨境教育有助于教育输入国减少资金流失。随着大量学生出国留学，大量的资金也流向了海外。而引进项目和机构流动形式的跨境高等教育，满足了一部分学生在国内接受国外先进教育的需求，提供了不出国门留学的有效途径，

---

① National Center for Science and Engineering Statistics. Doctorate Recipients from U. S. Universities 2021. (2022 - 10 - 18)[2023 - 04 - 02]. https：//ncses. nsf. gov/pubs/nsf23300/.

可以吸引学生不出国接受外国教育，从而减少资金流失。与到外国深造相比，在国内接受完整的外国大学课程和在国内领取有关外国大学的学位，费用相对低廉，可以帮助输入国政府减少资金外流。以马来西亚为例，意识到教育服务重要性的马来西亚关注"进口替代"，抑制货币外流。从 20 世纪 90 年代起，马来西亚高校就积极与外国高校合作开办跨境高等教育，通过远程教育模式采取双联学位课程，以减少资金流失。跨境高等教育在吸引学生不出国接受外国教育、减少资金流失方面取得了显著成效。马来西亚学生出国留学的人数由 1995 年的 49 413 人下降到 2001 年的 32 929 人。[①] 在国内接受跨境高等教育学生人数的快速增长，反映了跨境高等教育对教育输入国发展并维持长期的经济和社会活力的战略意义。

5.2.5 增进国际理解

跨境教育具有文化交流层面的重要意义。21 世纪被认为是相互依存的世纪，增进和深化国家和人民间的交流、了解及相互理解，教育特别是高等教育是最主要和最有效的途径和手段之一。人类文化作为一个整体，实现文明互鉴是人类文化发展的必然选择，文化的传播需要教育的传递、保存、创新和发展，尤其需要借助大学在促进民族优秀文化与世界先进文明成果交流过程中所发挥的桥梁与纽带作用。费德李科·梅奥（Federico Mayor）认为："欧洲大学的文化功能不仅把人文主义的研究结合起来，而且把它的国际层面结合起来。在当今世界，提高社会和人们相互依赖的意识，必须成为大学的基本功能之一。"各国高等学校不仅要传递和发扬本国优秀传统文化，而且还要借鉴和吸收外国先进文化，以进一步发展本国文化，文化的向外传递和对别国优秀文化的吸收，使人类文化交流在互为主体、平等的模式中进行，跨境教育则是实现这种模式的有效途径。

跨境教育通过促进国际文化交流与融合，增进国际理解。合理的学生流动和学术合作项目有利于发展中国家和发达国家建立起良好的关系，促进相互理解成为各国跨境教育政策的基础。资本、商品和服务的跨境流动增加了经合组织成员国对新型教育的需求，政府和个人都越来越希望通过到境外接受教育开阔学生视野和深入理解全世界的多种语言、多元文化和多元商业模式。发达国家鼓励本国学生向发展中国家流动，美国鼓励学生出国学习以提高美国公民的国际视野和多元文化知识，日本非常强调国际化进程中的相互理解背后的基本原理，积极派遣学生出国留学，以丰富学生的国际阅历，扩大视野，增强对他国文化的包容性，

---

① 张进清. 跨境高等教育研究 [D]. 西南大学，2012.

增强对世界各国文化的相互认可和理解，从而促进相互友好关系的发展。与此同时，各国也积极接收外国留学生，重视跨境高等教育输出所产生的文化与政治价值。许多国家都存在接收外国留学生是为发扬本国的文化、价值和确保、增进政治影响力的看法。大量优秀外国留学生的加盟，不仅有助于提升学生的学术水平，而且在多元文化的交流中还可以提高学习的质量。正如英国皮特·斯科特所认为的那样，英国大学对留学生的教育或许有助于英国的社会发展，甚至能为全球的政治与经济稳定作出贡献。从长远考虑，本地学生和外国留学生的私人往来将对国家的长远发展大有裨益。

跨境教育是提升区域认同的重要工具。区域教育合作与交流，不仅是区域联系的基本要求，是相互依存关系渐增的必然结果，也是区域经济圈内各成员国发展到一定程度的客观要求。随着区域经济一体化步伐的加快，区域跨境教育成为区域发展战略的重要组成部分。欧盟对成员国的学生给予留学国国民待遇是欧盟跨境高等教育的一个主要特征，欧盟各国国内学生与其他成员国的学生学费是相同的，主要由公共财政资助。欧盟支持高等教育合作和学生流动的根本目的是为了提升"欧洲意识"、促进合作，欧盟项目（如"苏格拉底"计划）试图增进欧盟各国在文化、政治、经济和社会方面的相互理解，以便凸现"欧洲维度"。东盟各国也重视开展东盟区域内的跨境高等教育活动，通过高等教育交流与合作培养和增强东盟公民的"东盟意识"。自 1992 年在新加坡举办的东盟首脑会议后，东盟逐渐认识到在区域一体化过程中大学、国际教育交流的作用是非常重要的。特别是 2003 年东盟领导人会议签署的《第二巴厘协约》提出 2020 年建成东盟社会文化共同体以来，东盟加强了成员国间的跨境高等教育合作，跨境高等教育呈现出显著的区域化态势。如向"区域合作高等教育"迈进是马来西亚高等教育未来的发展方向之一。2010 年，东盟实施了马来西亚—印度尼西亚—泰国学生流动计划（即"MIT"计划），该计划的宗旨是最终将学生流动扩大到东亚（10＋6）国家中去，通过学生流动促进东亚青年相互了解。

5.3　数字时代的跨境教育

全球治理困境和地缘冲突加剧，加速了全球化结构的深层变革。一方面，世界各地的边界壁垒越来越高，自由贸易的理念日趋淡薄，造成商品贸易全球化的逆流；另一方面，数字经济的加速进化激发了服务贸易全球化的发展。

5.3.1 数据要素推动服务贸易全球化发展

2008年金融危机后，全球商品贸易的全球化进程就已经放缓。这一点从美国、中国、日本和印度四国的进出口总额占GDP的比重可以看出。这种变化背后反映了后金融危机时代全球垂直化协作分工模式因全球经济要素的结构性变化（如人口老龄化，自然利率下沉，全球贫富差距加剧等）开始逐渐瓦解，全球治理困境和地缘政治冲击进一步实质性地加剧了这一过程。有研究者把当前全球货物贸易市场的新变化描述为"低速全球化"向"加速区域化"的贸易格局演进。原来通过各个国家的要素比较优势对商品进行不同国家间的分工协作已经演变成了各区域（以中、美、欧为核心）发展各自独立且相互竞争的价值链体系。新的全球商品贸易格局势必造成商品贸易在全球价值链上的交易成本整体抬升。[①]2022年8月，美国通过了《通胀削减法案》（IRA），该法案通过设置抬高进口商品价格的陷阱，实现在美国销售就来美国制造的国家战略。欧盟的碳边境调节机制（CBAM）也有类似的功能，以"去碳化"为名迫使外国企业在欧盟进行生产。

尽管从技术层面来看服务贸易的壁垒相比商品贸易更为复杂，但数据在不同空间状态下的可传输、可共享、可保存打破了服务贸易的空间壁垒，摆脱了具体商品的物理限制。因此，相比货物商品，在数字技术支持下，服务贸易在理论上具备了大规模自由扩张的可能。服务贸易取代货物贸易在2008年金融危机后快速扩张，2020年，商业服务在服务和商品贸易中的占比已经攀升至20%。从服务贸易所涵盖的范围来看，除了传统的交通运输和观光旅游外，计算机、通信和信息服务占据的比例最大，其次为管理咨询服务、研发服务、广告设计等。从服务贸易的主要输出国来看，美国、英国、爱尔兰、德国、荷兰、法国及日本7国服务出口总值合计占全球服务贸易总出口比重约50%。新兴市场国家中，印度及东南亚国家等在全球服务贸易中的占比也在不断扩大，印度或巴基斯坦利用其在软件及通信技术领域中的优势为英国通信及金融业提供了大量线上劳动服务。2020年中国服务贸易占全球服务贸易出口额的比重已经攀升至5%（排在全球第6位）。[②]

数据要素推动经济社会数字化转型，数字经济正成为重塑全球要素资源、重塑全球经济结构的关键力量。根据2022年世界互联网大会发布的《世界互联网发展报告2022》蓝皮书数据，2021年，全球47个国家的数字经济增加值规模达

---

①② 程实，张弘顼. 全球化的逆流与顺流.（2022-08-18）[2023-04-03]. https://baijiahao.baidu.com/s?id=1741509657632640710&wfr=spider&for=pc.

到 38.1 万亿美元，同比名义增长 15.6％，占 GDP 的比重达到 45.0％。随着数字经济的蓬勃发展，数据跨境活动日益频繁，数据跨境需求快速增长。据美国布鲁金斯学会的研究，2009 年至 2018 年数据跨境对全球经济增长贡献度达到 10％以上，到 2025 年预计对全球经济增长的价值贡献有望突破 11 万亿美元。[①] 然而，由于地域、政策和技术等诸多差别，各国对数据跨境流动的规则尚未形成共识。如何促进数据跨境安全、自由流动，带动全球服务贸易创新发展，受到国际社会广泛关注和各国高度重视。

5.3.2　数字技术拓展跨境教育发展空间

金融、教育、医疗等传统服务贸易加速数字化转型，跨境教育服务越来越多地表现为跨境数据流动。在线教育平台蓬勃发展，成为跨境教育服务的重要载体。

在开放性在线教育领域，学习美国三大慕课平台在线课程的学生，2/3 以上的学生并不在美国境内。截至 2022 年底，Coursera 注册学习者达 1.89 亿，学习者来自世界各地（见图 5 - 1），其中增长前 10 的国家基本是发展中国家[②]（见图 5 - 2）。

图 5 - 1　Coursera 学习者的数量与地域分布

① 卓子寒. 中国数据跨境流动政策与实践.（2023 - 03 - 31）［2023 - 04 - 02］. https：//www. thepaper. cn/newsDetail _ forward _ 22536102.

② Coursera. 2021 Impact Report.（2021 - 11 - 30）［2023 - 04 - 25］. https：//about. coursera. org/press/wp-content/uploads/2021/11/2021-Coursera-Impact-Report. pdf.

1.巴拉圭	2.黎巴嫩	3.菲律宾	4.圭亚那	5.印度尼西亚
98%	97%	85%	74%	69%
110k learners	158k learners	1.3M learners	60k learners	789k learners

6.肯尼亚	7.埃塞俄比亚	8.卢旺达	9.越南	10.哈萨克斯坦
61%	60%	57%	55%	54%
303k learners	103k learners	50k learners	718k learners	323k learners

图 5-2　Coursera 学习者数量增长最快的 10 个国家

截至 2022 年底，Open edX 以 46 种语言为 2 400 个平台提供支持；edX 自身平台拥有超过 250 家业界头部机构（leading institutions）作为会员（Charter Members & Members），其中包括哈佛大学、牛津大学、北京大学、早稻田大学、谷歌、微软、IBM 等，提供 2 800 多种课程；edX 服务近 200 个国家或地区，全球超过 1 亿注册使用者，80% 的使用者居于美国以外的国家和地区[1]，如图 5-3 所示。近年来，欧洲也涌现了如英国 FutureLearn、法国的 FUN 等国际化在线教育平台。跨境教育服务具有经济与政治动因的双重考量，发展国际化在线教育平台日益受到各国重视。

Schools and Partners

edX offers the highest quality online courses from institutions who share our commitment to excellence in teaching and learning.

2,800 +	44 Million +	100 Million +
courses in subjects such as humanities, math, computer science	learners worldwide, representing every country	enrollments across edX courses

图 5-3　edX 的会员机构与学习者情况

图片来源：https：//www.edx.org/schools-partners#membership。

在线教育平台成为数字时代的跨境教育的重要载体，跨境教育服务更多表现为跨境数据流动，并呈快速增长态势。欧盟意识到中美占据了数字技术的主导地位，自身数据的掌控能力渐弱，欧盟率先通过立法树立起"数字边境"，希望利用自身数字市场引领相关规则的制定。继《通用数据保护条例》（GDPR）之后，欧盟进一步完善数字空间立法，《数字服务法》和《数字市场法》也接近完成，

———————

[1]　edX 2022 Impact Report.（2023-01-16）[2023-05-07]. https：//impact.edx.org/hubfs/impact-report-2022.pdf？hsCtaTracking = 8366bf42-9765-4a38-8d85-2e7a0829016d%7C7fbba536-5150-4ee1-8e51-f11c889f44f2.

以维护"数字主权",实现"在数字世界中独立行动"的愿景。在线教育平台所进行的数据处理适用 GDPR(见表 5-2),不遵守相应规则将承担法律后果。

表 5-2　在线教育是否适用 GDPR 的案例

案例	在线教育机构所处理数据是否适用 GDPR
意大利大学在意大利提供课程,也向欧盟和非欧盟学生提供在线课程。	是
英国大学在法国当地一家教学机构的场所向欧盟和非欧盟学生提供暑期课程。	是
中国大学在其中国的校址向欧盟学生提供课程。	否
中国大学向居住在欧盟的学生提供在线课程。	是
中国学校在德国的教学场地为德国和其他欧盟国家学生提供语言课程。	是
美国大学向居住在欧盟的欧盟学生提供在线硕士学位课程。	是
澳大利亚商学院为中国学生提供在线 MBA 课程。	否
美国在线教育平台出于创建画像的目的处理欧盟学生的数据。	是

资料来源:金杜研究院报告。

第 6 章
数据跨境流动的"路"与"墙"

海量数据的跨境传输已成为贸易逆全球化以来推动全球化的新型重要力量，亦是数据作为新型生产要素后重构新型国际贸易规则的直接动因。世界各主要经济体都在"数字红利"与"数据安全"的平衡中积极"修路"或"建墙"，既要保障自身在数字浪潮中获得利益优势，又要确保自身在数字博弈中国家安全不被侵犯，路必须修，墙也需要建。关贸总协定曾建立了一条全球统一贸易规则的"高速公路"，如能及早修通这样一条畅行数据世界的高速公路，世界经贸和科技进步或将会借助数字引擎迎来新境界。

6.1　跨境数据博弈的经典案例

通过剖析欧盟与美国关于 Twitter 与 Facebook 两个跨境数据经典案例所聚焦的问题，从实操层面观察国家之间为促进数字经济发展和维护自身数字主权如何展开博弈。

6.1.1　Twitter 案例[①]与合规义务

2023 年初，Twitter 宣布计划关闭研究人员的数据免费访问权限，消息一经发布就震惊了欧洲监管机构和使用该平台数据的全球科研人员。

2018 年，欧盟发布了《反虚假信息行为准则》（以下简称"准则"），这是一个行业自律框架协议。发布后，Twitter、Google、Facebook 等国际互联网巨头都已先后自愿签约加入该协议，承诺采取措施应对在线虚假信息传播。其中一项义务是：每隔六个月须向欧盟监管机构提交一份报告，详细说明自身如何努力减少虚假信息传播（以下简称"报告义务"）。此外，欧盟《数字服务法案》（Digital Services Act，以下简称"DSA"）于 2023 年 8 月 25 日生效。该法案生效后，签署了"准则"的互联网企业打击虚假信息的义务也将由合同义务上升为法律义务。

倘若 Twitter 现在即停止研究人员数据免费访问权限，其将违背"准则"有关"数据访问必须对获得批准的研究人员免费"的承诺，须承担违约责任。倘若 Twitter 在 DSA 生效后停止研究人员数据免费访问权限，其将违反法律义务，须承担更为严苛的法律责任。虽然 Twitter 在发布上述消息之前还是按照"准则"要求履行了"报告义务"，但报告内容却被欧盟认定为"处理虚假信息不力，不及其他社交媒体平台"。接下来，Twitter 或将因此面临巨额罚单。

2023 年 6 月 5 日，情势进一步加剧。据法国欧洲时报社报道，欧盟负责价值观和透明度的副主席维拉·朱罗娃（Vera Jourova）表示：Twitter 退出了"准则"，是一种"选择对抗"的做法。她警告：将密切审查 Twitter 这家美国社交媒体平台接下来是否遵守 DSA。如果 Twitter 想在欧洲市场上运营并赚钱，就必须遵守 DSA。

Twitter 是总部位于美国的跨国企业，其在美国境外的运营必须遵守东道国法律。如 Twitter 不打算纠正其违约行为，甚至不打算遵守欧盟法律规定，

① 数据信任与治理. Twitter 拟关闭研究人员的数据免费访问权限. (2023 - 03 - 29)[2023 - 05 - 06]. https：//mp. weixin. qq. com/s/lRU4FedKcaQLbzPzOPwbUg.

那么这场发生在数据治理日益收紧的欧盟和一直高举自由主义大旗的美国企业之间的冲突，势必会演变升级：或者 Twitter 主动撤出欧盟市场，或者欧盟对 Twitter 课以罚款、暂停营业，甚至禁止其在欧盟境内存续、运营。

Twitter 案例的结局尚不可知，但已隐约透露出这样的信息：一直引领数字技术发展的美国数字巨擘们，已将人类文明带入到数字时代，并在人类文明现实空间之外扩展出一个独立的数字空间。对于人类而言，任何科技，作为手段都有其双刃剑属性。用好了，可促进人类发展，用拧了，则令影响人类发展，甚至威胁人类存续。当前，面对数字技术的快速发展，数字空间呈几何倍数增长，但各国都还处于探索、认识和适应的初级阶段。

数字空间是无形的，这使得各国间的国境不再明显，使得数据的跨境流动也不及贸易跨境那么直观。如何规范治理数据活动和数据跨境传输，对各国而言都是一个崭新的治理课题。欧盟作为数字治理的优秀生也只是刚刚完成了数字治理的基本系统搭建。这个系统一体两面，A 面是内部宽松的数字治理模式，是内政；B 面是日渐趋紧的数字跨境流动规范，是外交。面对优秀生先发主导的全球数字治理模式，为了确保数字技术成为人类发展的助力，各国应从人类命运共同体的高度出发，在重构全球贸易规则中妥善处理分歧，谋求一个有利于数字经济良性发展的国际大环境。在这样良性的国际大环境下，数字主体不应再肆意扩张，数字空间也将不会再野蛮生长。

6.1.2 Maximilian Schrems 案与数据跨境流动

数据跨境流动能否由数据控制者和数据处理者任意而为，Maximilian Schrems 案给出了答案。

原告 Maximilian Schrems 是 Facebook 的长期用户，案发时是一名就读于美国圣塔克拉拉大学法律专业的奥地利留学生。被告 Facebook 是一家总部设于美国，在美国、欧盟等国家和地区运营的互联网跨国企业。根据其内部规定，Facebook 一直将包括但不限于欧盟的境外客户数据传输到美国总部服务器管理。

发起控诉前，Schrems 和其他用户一样，对于 Facebook 跨境向其总部回传数据的做法并没有意识到有何不妥。直到斯诺登曝光了美国"棱镜计划"后，Schrems 才了解到：美国政府利用 Facebook 等众多美国跨国企业针对境内、外用户进行了大规模情报监听；直到他在大学课程中学到一个保护个人隐私权的重要原则——访问权①，Schrems 才意识到：对于 Facebook 等美国企业服务的众多

---

① 《欧盟基本权利宪章》第 8 条：任何人，可出于任何原因，向拥有自己信息数据的欧盟公司或政府机构，了解和自己信息数据有关的一些事项，欧盟公司或政府机构必须遵守配合之。

欧盟用户而言，之前支撑美欧间跨境数据传输平稳运行的《安全港协议》（Safe Harbor Decision，2000/520、EC 号）并未能充分保护用户们的个人数据安全和隐私权。

知悉自己和广大欧盟用户的数据安全和隐私权受到侵犯后，Schrems 于 2013 年在爱尔兰（Facebook 欧洲总部所在地）掀起了一场旷日持久、改写了欧美数据治理规则的诉讼纠纷。

1. 案件第一阶段：Schrems 案与《安全港协议》

Schrems 向爱尔兰数据保护机构（Data Protection Authority，以下简称 "DPA"）提出控诉，要求禁止 Facebook Ireland 向其美国总部跨境传输欧盟境内用户个人数据的行为。DPA 认为：欧美《安全港协议》已认定美国一方为个人数据的安全和隐私提供了充分保护，驳回了 Schrems 的控诉。Schrems 不服，起诉至爱尔兰高等法院，认为"棱镜计划"丑闻所披露的事实证明美国政府未能通过《安全港协议》为个人数据提供充分保护。爱尔兰高等法院对于美国监控全球的做法首次给出了否定评价，并就《安全港协议》的合法性问题一并提交欧盟法院裁决。

2015 年 10 月 6 日，以爱尔兰高等法院裁决为基础，欧盟法院认定[①]：美国全球监控行为已构成《安全港协议》充分性保护不足的事实证据，裁定欧盟委员会对《安全港协议》项下的充分保护认定无效（EU：C：2015：650），美国没有适当的立法措施规制其"以国家安全"为目的无节制收集个人数据的行为。

在 Schrems 案 I 阶段，Schrems 不仅赢得了针对 Facebook 的个案诉讼，禁止了其将欧盟用户的个人数据跨境回传美国总部的行为，还推翻了支撑欧美跨境数据传输活动所依据的双边法律文件《安全港协议》。

---

① The Court（Grand Chamber）hereby rules：Article 25（6）of Directive 95/46/EC of the European Parliament and of the Council of 24 October 1995 on the protection of individuals with regard to the processing of personal data and on the free movement of such data as amended by Regulation（EC）No 1882/2003 of the European Parliament and of the Council of 29 September 2003，read in the light of Articles 7，8 and 47 of the Charter of Fundamental Rights of the European Union，must be interpreted as meaning that a decision adopted pursuant to that provision，such as Commission Decision 2000/520/EC of 26 July 2000 pursuant to Directive 95/46 on the adequacy of the protection provided by the safe harbor privacy principles and related frequently asked questions issued by the US Department of Commerce，by which the European Commission finds that a third country ensures an adequate level of protection，does not prevent a supervisory authority of a Member State，within the meaning of Article 28 of that directive as amended，from examining the claim of a person concerning the protection of his rights and freedoms in regard to the processing of personal data relating to him which has been transferred from a Member State to that third country when that person contends that the law and practices in force in the third country do not ensure an adequate level of protection.

2. 案件第二阶段：Schrems 案与《隐私盾协议》

对于在欧盟境内运营的美国企业而言，《安全港协议》被裁定无效意味着支撑欧美之间数据跨境传输的常规机制停止，只余一条临时通道用于日常数据跨境传输。临时通道是欧盟数据保护监管部门第 29 条工作组[①]于 2003 年提出的数据转移机制，即有约束力的公司规则（Binding Corporate Rules，以下简称"BCRs"）和标准合同条款（Standard Contractual Clauses，以下简称"SCCs"）。

在《安全港协议》失效后，Facebook Ireland 采用 SCCs 继续将其爱尔兰的数据传输到美国总部。同时，美欧就构建新的数据跨境传输常规机制进行磋商谈判，并于 2016 年达成《隐私盾协议》（the Privacy Shield Decision）。《隐私盾协议》以《安全港协议》为基础，就如何达到"充分性保护"标准进行了一系列修订和加强：包括美国政府关于确保《隐私盾协议》得到良好执行的书面担保，增加了诸如加强欧美双方的监管力度，为欧洲公民提供多种救济方式，建立欧美联合年度审核机制和增强透明度原则等内容。[②] 在欧美签订《隐私盾协议》前夕，Schrems 案进入第二阶段。Schrems 此次主张：美国通过 Facebook 等跨国企业全球监听用户数据，侵犯了用户的隐私权、数据保护权，而且 SCCs 也并不能解释 Facebook 将用户个人数据传输到美国管理的合理性。因《隐私盾协议》也于此时签订，所以欧盟法院还需要对《隐私盾协议》的有效性予以裁决。[③]

最终欧盟法院针对 SCCs 和《隐私盾协议》分别做出了裁决：第一，SCCs 仍有效。[④] 鉴于 SCCs 为欧洲经济区（European Economic Area，以下简称"EEA"）内的个人数据提供了充分保护，仍是向 EEA 外传输个人数据的有效机

[①] ARTICLE29 DATA PROTECTION WORKING PARTY，该工作组是欧盟议会和理事会依据 95 指令第 29 条成立的专门机构，是有关数据和隐私保护的主要监管机构，具体职责见 95 指令第 30 条和 2002 年指令第 15 条。

[②] 刘耀华. 欧美个人数据跨境流动《隐私盾协议》介绍及分析. (2016－08－26)[2022－08－03]. https：//mp. weixin. qq. com/s/8wRVhrmIorvCfhU19qAvvw.

[③] 巩海璐. 欧盟法院之"Schrems 二号"判决：欧美《隐私盾协议》失效，标准合同条款仍然有效. 中美法律评论. (2023－05－26)[2023－05－31]. https：//mp. weixin. qq. com/s/6W5awyYQyZGGbpgNno838A.

[④] The CJEU held that SCCs remain a valid mechanism to transfer personal data outside the EEA since they provide sufficient protection for EEA personal data. However, the court held that it is for the data exporter (i. e., the EEA-based party) to ensure that, in practice, an adequate level of data protection is provided in the country where the data importer is based："it is therefore, above all, for that controller or processor to verify, on a case-by-case basis and, where appropriate, in collaboration with the recipient of the data, whether the law of the third country of destination ensures adequate protection, under EU law, of personal data transferred pursuant to standard data protection clauses." Where a country falls short, the CJEU also encouraged parties to enter into "additional safeguards" to those offered by the SCCs, but it did not elaborate on the form such safeguards could take.

制。第二，《隐私盾协议》不符合"基本等同"标准，无效。[①]

　　鉴于美国政府通过 Facebook 等跨国企业对 EEA 用户的个人数据过渡访问和使用，且未提供隐私权被侵犯时有效的救济手段，《隐私盾协议》不可作为将个人数据从 EEA 跨境传输到美国的有效机制。至此，Schrems 案尘埃落定，《安全港协议》和《隐私盾协议》相继被裁定无效，欧美数据跨境传输规则一再改写。2023 年 5 月，已更名为 Meta 的被告 Facebook 最终被欧盟课以 12 亿欧元（约 13 亿美元）的罚款。除巨额罚款外，Meta 还被要求：5 个月内，"暂停向美国转移任何个人数据"；6 个月内，停止"非法处理（包括存储）在美国的"已被传输的欧盟个人数据。

　　Schrems 案的里程碑意义在于其改写了欧美数据传输规则，使欧盟意识到：为促进数据跨境流动，数据治理应当"修路搭桥"，然而数字空间亦存在主权冲突问题，数据治理还应当"修关筑墙"，如此才能保护自身数据主权利益不受侵害。

6.2　数据跨境流动的法律问题

　　数据要实现健康有序流动需要建立一套统一、协调的治理机制，而治理机制最为重要的一部分就是法律体系。一个逻辑合理、原则（边界）鲜明、透明宽松的法律体系对于规范对象的有序发展无疑是有力的保障。

6.2.1　数据所有权标的问题

　　数据流动如同其他生产要素的流动，或者发生在不同权属主体之间，或者发生在同一权属主体内部。此两种情形所不同的是，前者伴有权属的转移。不同权属主体之间的生产要素的转移，在传统市场中称为商品的流转，而商品在市场中的有效和安全流转都以商品的所有权明确为前提。然而目前各国法律体系尚未就数据所有权进行明确、有效的规范。

---

　　① 　The CJEU held that the Privacy Shield is not a valid mechanism for transferring personal data from the EEA to the U. S. The CJEU's decision was based on (ⅰ) the limitations on the protection of personal data under U. S. law, and (ⅱ) the disproportionate access and use of EEA personal data by U. S. authorities with no effective redress mechanism for data subjects. In particular, the access to personal data under U. S. surveillance programs could not be regarded as being limited to what is "strictly necessary," and the Privacy Shield also does not grant individuals based in the EEA actionable rights before U. S. courts against U. S. authorities. According to the CJEU, the Privacy Shield therefore cannot ensure a level of protection essentially equivalent to that arising from the GDPR as supplemented by national data protection laws across EEA countries.

2015 年欧盟在《欧洲数字化单一市场战略——分析与证据》的文件中①，重申了几个数据治理涉及的法律问题，其中首要的法律问题就是数据的所有权问题。目前无论是欧盟还是其成员国，对于原始机器生成的数据等非个人数据的经济层面开发和可交易性条件等方面，均不存在全面政策框架，相关问题在很大程度上通过遵守法律框架下的具体合同方案解决。对于个人数据，欧盟将其视为人的基本权利范畴，属于需要特别考虑、重点保护的人身权利范畴，但赋予其财产权的可能性不大。

欧盟多数成员国在司法实践中没有承认数据所有权这一概念。德国某家法院的判决认为：数据缺乏必要的实质性特征，而且根据《德国民法典》，数据不被视为"事物（thing）"，不能成为所有权的标的。英国某家法院的判决认为：数据不是财产，不能被窃取，不符合普通法留置权的主体。但法国最高法院 2015年的一份裁决认可了数据所有权，该裁决认为：（远程）下载计算机数据可能构成盗窃罪，间接承认此类独立数据可能为其所有。

正如德国某家法院所做的分析，传统法律框架下权利标的有实质性特征，所有权是有表征可证明的。比如，对于实物而言，主体对其无异议的实际占有和处置等事实就是拥有所有权的直接证据。对于不能表现出实际占有和处置的大宗资产，比如土地、房屋、船舶、车辆等，权利人通常都持有政府发给的权利凭证和公示登记等证明其拥有相关资产的所有权。对于票据等，票据所载的权利人就是权利人对票据和票据所代表的权利拥有所有权的证据。对于知识产权等早期无形权利，也是通过政府专门机构出具的权利凭证表明权利人的所有权。

数据以下问题，使其尚不具备成为所有权标的的条件：一是特定化。传统法律框架下能够成为所有权权利标的的，都能实现特定化。或者物理外形本身具备特定化，或者通过物理和法律分割实现特定化，或者虽然无形但可以通过凭证、登记公示实现特定化。数据如同票据、知识产权等所有权标的一样都是无形的，但因为目前数据的海量规模，以及数据难以被简化描述，所以以对象、范围和结构等维度登记公示使其特定化尚不可行。二是独立性。传统法律框架下的上述权利标的都具有独立性。独立性和特定化有一定关联。特定化是为了使权利标的自身明确化，独立性强调的是使权利标的区分于其他标的，是为了框定权利标的的范围。有形标的的独立性通过其物理外形即可实现，无形标的的独立性是观念上的独立性，但可以通过定义其界限实现其独立性。数据的独立性，如同其特定化问题，有关对象、范围和结构等定义要素尚不能有效、明确地被描述和定义。

---

① C Cuesta，P Urbiola. A Digital Single Market Strategy for Europe-Analysis and Evidence［R］. 2016.

目前数据所有权的理论研究尚不成熟，立法条件也尚不具备，但如欧盟一般，认可数据相关主体在遵循相关法律框架下所缔结的合同权利是目前最为现实和有效的治理方式。

6.2.2　数据管辖权问题

在各国法律框架下，管辖权是国家主权的重要体现。管辖权原则的"领土""居民"两个主权要素分别对应"属地原则（国土原则）"和"属人原则（国籍原则）"两个管辖原则。此二原则之外，在民事和商事领域，还有两个普遍适用的原则。一个是"意思自治原则"，即当事人可自由选择准据法、争议解决方式及地点。另一个是"最密切联系原则"，该原则通常是在当事人未明确选择准据法、争议解决方式及地点时，一国法院根据案件实质、相关因素综合衡量后为实现公平正义做出的最优选择。法官自由衡量时，确立管辖的基础事实因素不再是"人"和"地"等单一因素，而可能是行为发生地、争议发生地、当事人长期生活地、当事人意愿等诸多考量要素。

投射到数据法律关系中，上述传统管辖原则是否适用呢？数据没有国籍，不能适用属人法原则，但是否可以根据数据主体国籍来确定管辖权呢？数据无形，不能像土地、房产等不动产实物一样具有明确的地理位置，也不能适用属地法原则，但是否可以根据数据所存服务器的所在地来确定管辖权呢？抑或是否可适用"意思自治原则"，由数据流动涉及的相关主体约定相关数据流动关系的管辖？抑或是待数据流动发生纠纷时，根据"最密切联系原则"综合考量数据服务器所在地、数据交易发生地、数据流动涉及地、数据主体国籍、数据主体居住地、数据主体意愿等因素来裁定管辖？

投射到跨国流动的数据法律关系中，在没有形成全球统一或协调的数据规范体系之前，在各国不同管辖原则冲突或重叠时，又应如何解决管辖问题呢？数据的跨国流动可能是基于不同法域之间主体的交易，也可能是跨国企业等同一主体内部却跨境的流动，因牵涉了不同法域，因交织了不同管辖原则，不可避免都有管辖权冲突的问题。在数据的跨境流动中，在数据治理的全球博弈中，对数据的有效管辖是一国数据主权的直接体现。各国在构建治理机制之初，就需要根据数据的特点明确既能捍卫主权又能被其他国家接受的数据管辖原则，并在非单一因素管辖情形下，确立具体的、合理的、可操作的连接点。

6.2.3　个人数据隐私权保护

随着计算机的诞生，在纸张之外，信息有了另外一种载体之上的"书面形式"。随着网络的诞生，在印刷出版之外，信息有了另外一种独立于有形物理世界的"传播方式"，即数据。最初的数据，如同纸张，仅是因为技术革命而作为一个技术概念存在的，与信息这一内容相对，是内容所呈现的形式和所附着的载体。

互联网高速发展后，数字时代之前，个人信息中的隐私权、安全等保护问题已面临着网络传播的巨大挑战。传统法律框架下，个人隐私权是通过侵权法等私法体系进行保护的，前提条件是侵权人易于判定，侵权事实易于举证，被侵权人通过相应司法途径可以就被侵权事实获得救济。传统法律框架设置了实体法和程序法分别对应信息内容和信息形式的保护和规范。实体法规范的客体指向个人信息内容本身，而个人信息的载体和形式则是为实现权利和履行义务之目的的必要条件，属于程序法规范范畴。

进入数字时代后，个人信息越来越多地呈现为数字形态，个人信息也成为个人数据，并且越来越多地呈现在数字空间，数据脱离了纸张类载体的物理有形限制。无形的数据与其表达的无形内容逐渐融合，不再受以往信息与载体因无形和有形而各自独立的隔离限制，合并为一种数字空间的通行语言，传播速度几何倍率提升，传播方式复杂多变，且无限辐射，侵权主体不再单一，不再容易被认定，被侵权人面对强大的网络运营方也难以完成侵权举证。针对个人数据侵权的上述特点，各国在设置个人数据保护机制时，引入了公法手段进行主动干预、强制执行。

在法律治理语境中，"数据权益"也逐渐取代"信息权益"，法律框架也由信息规范向数据规范前进。各国传统法律框架下针对个人"信息权益"所含的内容和形式的二元治理结构，已不能匹配数据特性和巨大规模，已难以满足保护个人"数据权益"的立法初衷，个人数据保护立法亟待启动。

合成数据可以最大限度地减少侵犯隐私问题。尝试匿名化数据可能是无效的，因为即使从数据集中删除敏感、可识别数据，再于其他数据组合后，数据也可以被识别。但合成数据不存在这类问题，因为它自始至终都不是基于真人或真实事件生成的。合成生成的数据由全新的人工数据点组成，与原始数据没有一对一的关系。因此，没有一个合成数据点可以追溯到或反向追溯到原始数据。合成数据比真实数据最重要的好处是，它避免了对真实数据的监管限制。合成数据可以复制真实数据的所有重要统计属性，消除了对隐私法规的担忧。合成数据不受GDPR等隐私法规的约束，可作为如何保护数据隐私等问题的解决方案。

有关个人数据的跨境目前有两种模式。[①] 一种是以欧盟为代表的"本地主义"模式：除非获得明确许可，个人数据不得跨境流动。在本地主义范式下，数

---

① 沈伟，冯硕.全球主义抑或本地主义：全球数据治理规则的分歧、博弈与协调 [J].苏州大学学报（法学版），2022（09）.

据的商业属性不断弱化，留下了人格尊严与国家利益的烙印，过渡保护将影响数据的跨境流动。一种是美国的"全球主义"模式：原则上允许个人数据跨境流动，但监管机构在满足相关条件时有权禁止或限制。在全球主义范式下，数据的商业属性被充分显现，但如若没有适当限制，势必影响相关国家公民个人数据的保护和国家网络主权的捍卫。

6.3　欧盟数字治理概述

6.3.1　欧盟数字治理的立法体系概述

欧盟的立法分为一级（Primary）和二级（Secondary）。一级立法为条约（Treaties），二级立法为基于条约规定的其他法律。二级立法体系中，按照效力层级又具体分为条例（Regulations）和指令（Directives），两者对于成员国都具有约束力。区别在于，条例具有直接适用性，其一旦生效，不需要转换为成员国法律就可以直接适用。指令却需要通过成员国转换为本国法律方能适用。比如，影响深远的 GDPR 就属于二级立法的条例，可以直接适用于各成员国。为早日实现"单一数据市场"战略，为减少成员国在数据治理方面的差距，欧盟近年来的大量立法都采用了条例方式。

1. 数字主权立法

根据欧盟发布的《数字指南针》报告，全球主要数字技术是在非欧盟地区开发的，90％的欧盟数据由美国公司管理，只有不到 4％的主流在线平台来自欧盟，而欧盟地区制造的芯片也只占欧盟市场的 10％。欧盟对于在全球数字市场竞争中所处的劣势早有意识，他们选择了从加强数字立法强化数字治理去扭转这样的局面。从 Twitter 案例来讲，欧盟在涉外数字治理中是从严的，这是各国意识到"数字主权"重要性后的一个全球趋势，目的在于通过严格的条件抑制外国数字企业在本法域内的发展，确保本法域的数字经济在全球竞争中获得先机。"数字主权"是欧盟追求自主性和参与全球数字竞争的核心原则，但欧盟在"单一数字市场"的战略实施中，也同时强调开放的重要性，遵循"开放性战略自主"思路。

随着 Twitter、Facebook、Google、TikTok 等非欧盟跨国企业进驻欧盟数字市场，给欧盟监管机构带来了一系列数据平台治理的挑战：内容监管、数据保护、数字市场公平竞争等。数字平台是数字市场最直观的载体形式，是数据交易和流转的"场所"。为了有效规范这个数据"市场"，2022 年 11 月，欧盟发布了数字服务法案包（the Digital Service Act package），提出两部里程碑式的平台治理法规，分别是《数字市场法案》（Digital Market Act，以下简称"DMA"）与

《数字服务法案》(Digital Service Act，以下简称"DSA")。随着这两部法案出台，欧洲数字主权长城逐渐垒砌成型。

DMA 主要规制"守门人"等大型在线企业，旨在通过加强对"守门人"的规制与监管，防止其对企业和消费者施加不公平条件。

DSA 在更新《2000 年欧盟电子商务指令》(Directive 2000/31/EC) 的基础上，侧重平台空间的治理，从非法内容、透明广告和虚假信息等方面为平台方设置了一系列义务。比如要求平台采取措施处理非法内容和监管机构认为有害的其他内容，并为用户提供渠道，登记他们对内容审核的投诉。[①] 针对大型互联网企业提供在线服务做出更加明确和严格的规制，通过事前合规、事中监管和事后惩罚等全流程监管规则的构建，明确了大型互联网企业对用户数据保护的责任。

此外，欧盟在数字基础设施、数字技术、数字规则等领域也都推出了重磅的立法与政策措施。2019 年，欧盟还部署建设了网络云设施 Gaia-X（"盖亚 X"计划）。2020 年，欧盟发布最新数字化战略，包括《欧盟数字化总体规划》《欧洲数据战略》以及《人工智能白皮书》三个文件，即"欧盟数字新政"。2022 年，欧盟批准通过《数据治理法案》(Digital Governance Act，以下简称"DGA")，以搭建数据共享、流通和利用的生态系统为目标，旨在解决三方面的问题：政府手中公共数据的重复利用；公司因为担心共享数据失去竞争优势或数据被滥用的风险而不共享数据；个人担心数据安全而不共享数据。

2. 数据保护立法

欧盟数字治理内外有别，对于内部统一市场，欧盟一直鼓励内部市场统一、共享发展。

2016 年，欧盟颁布了《通用数据保护条例》(General Data Protection Regulation，以下简称"GDPR")。GDPR 管理的领域是个人数据处理、保护自然人数据和此类数据的自由流动，而 1995 年欧盟颁布的《数据保护执法指令》(The Data Protection Law Enforcement Directive) 则是针对处理与刑事犯罪相关的个人数据。因此对于一般数据的跨境传输而言，只需要遵守 GDPR 即可。为落实 GDPR，欧盟议会先后出台了《网络安全法》《电子隐私条例》等一系列法律。下文笔者也主要是针对 GDPR 就个人数据治理进行讨论。

2018 年，欧洲议会通过了《非个人数据自由流动框架条例》(Regulation（EU）2018/1807—on a Framework for the Free Flow of Non-personal Data in the European Union，以下称"《非个人数据自由流动条例》")，这是为非个人数据的流转所制定的规则，与规制个人数据的 GDPR 相互补充，搭建数据治理的完整体系。

① Sam Schechner, Kim Mackrael. 欧盟批准全面数字监管新规，成为数字空间的第一个标准制定者. 道琼斯风险合规，2022 - 07 - 06.

6.3.2　GDPR 概述

GDPR 是欧盟在数据领域的重要立法举措，是目前世界上最全面的数据保护法，是数据保护立法领域的先进模板。GDPR 被多国立法所效仿，欧盟凭此进一步巩固了其在数据保护和治理领域的全球领先地位。

在欧盟法律体系中，GDPR 属于二级立法中的条例，与它的前身、1995 年制订的《数据保护执法指令》相比，在立法层级上更高，效力更强、更加直接，不需要转换为成员国法律就可以直接适用。GDPR 的核心内容就是规范数据处理的行为，并赋予数据主体一系列的权利，以促进数据保护和隐私保护的实现。GDPR 明确规定了数据处理者在收集、适用、处理和存储个人数据时需要遵守的原则和规定。例如，个人数据需要被处理为特定、明确的目的，需要获得明确的、自由的、具有可撤销性的同意，需要采取适当的安全措施等。

GDPR 的适用范围：（1）由欧盟内的数据控制者或处理者进行的个人数据处理。第 3 条第 1 款规定，GDPR 适用于在欧盟内部设立的数据控制者或处理者对个人数据的处理，不论其实际数据处理行为是否在欧盟内进行。（2）由欧盟外的数据控制者或处理者处理欧盟内的个人数据。第 3 条第 2 款规定，GDPR 适用于如下相关活动中的个人数据处理，即使数据控制者或处理者不在欧盟设立：（a）为欧盟内的数据主体提供商品或服务——不论此项商品或服务是否要求数据主体支付对价；（b）对发生在欧洲范围内的数据主体的活动进行监控。GDPR 的适用范围，从一定程度上讲，采用了美国广被诟病的长臂管辖原则。无论相关组织或机构在欧盟境内是否存在，只要其收集、使用、处理和存储的个人数据来自欧盟境内，该组织和机构都必须遵守 GDPR。

GDPR 的重要概念有：（1）个人数据（Personal Data）[1]，指的是与任何已识别或可识别的自然人（"数据主体"）相关的信息；一个可识别的自然人是一个能够被直接或间接识别的个体，特别是通过诸如姓名、身份编号、地址数据、网上标识或者自然人所特有的一项或多项的身体性、生理性、遗传性、精神性、经济性、文化性或社会性身份而识别个体。如果个人数据经过假名或者匿名化处理不能识别到个人，那么则不认为是个人数据，例如合成数据。（2）数据主体（Data Subject）为自然人，一般指被收集数据的目标。例如用户、客户、商业

---

[1]　GDPR A4（1）"personal data" means any information relating to an identified or identifiable natural person（"data subject"）; an identifiable natural person is one who can be identified, directly or indirectly, in particular by reference to an identifier such as a name, an identification number, location data, an online identifier or to one or more factors specific to the physical, physiological, genetic, mental, economic, cultural or social identity of that natural person.

联系人、雇员等。（3）数据控制者（Controller），决定处理数据的目的和方式，有义务确保它跟数据处理者之间的合同遵从 GDPR 要求。（4）数据处理者（Processor），代表控制者处理个人数据，只能根据数据控制者的指令（数据处理协议）处理个人数据，有维护数据处理记录的义务。GDPR 对数据处理者应当承担的义务做出了明确的规定，包括责任、透明度、安全等方面。数据处理者需要向数据主体明确自己的身份和数据处理方式，并采取适当的技术和组织措施保护个人数据。

数据主体的基本权利：（1）知情权（Information to be provided where personal data have not been obtained from the data subject）。指当数据主体的个人数据在被收集、处理或转移时，数据控制者有义务告知该数据主体以下信息：数据控制者的身份和联系方式、数据保护官的联系方式、数据处理所涉个人数据的使用目的、类型、接受者等。知情权是数据主体同意数据控制者收集、处理或转移自身数据的前提，倘有瑕疵则将是有效同意的最大障碍，是数据主体行使权利的前提和基础。（2）访问权（Right of access）。数据主体有权访问数据控制者对其个人数据处理的细节，包括该主体的个人数据是否被处理、处理的目的、个人数据的类型、数据接收者的信息（是否在第三国、是否是国际组织）、个人数据将被储存的时长、是否被用于进行个人画像等信息。访问权是知情权的延续和保障。（3）更正权（Right to rectification）。数据主体有权要求数据控制者更正与其相关的但不准确的个人数据，有权提供补充说明以补全不完整的个人数据。更正权以知情权、访问权为基础，体现数据主体对自身数据处置的权威性。（4）删除权/被遗忘权（Right to erasure/Right to be forgotten）。数据主体有权要求数据控制者在合理期限内删除与其有关的个人数据，除非有其他必要情形。该权利体现的是数据主体对自身数据的处置权，是数据主体要求个人数据退出数据控制者的控制，对于数据主体的个人数据保护而言，至为关键。（5）限制处理权（Right to restriction of processing）。数据主体有权限制数据控制者处理其个人数据。比如当个人数据的准确性受到数据主体的质疑，在一段时间内该数据的处理将被限制，直到数据控制者确认该数据的准确性。再比如当个人数据不必要继续被数据控制者控制时，但法律规定数据主体不得行使删除权时，数据主体可以限制数据控制者处理这些个人数据。所以，在特定情况下，限制处理权是数据主体不能行使删除权/被遗忘权时，保护自身数据权益的处置权，是对删除权/被遗忘权的补充。（6）可携权（Right to data portability）。数据主体有权从数据控制者处获得与其有关的个人数据，并且该数据应以一种常用的、可读的方式展现。当数据主体面临多个数据控制者时，数据主体有权要求数据控制者将其个人数据转移给其他控制者，控制者应当予以配合且不得进行任何阻碍。（7）拒绝权/反对权（Right to object）。数据主体有权在任何时刻反对数据控制者对其个人数据进行处理。数据主体反对后，数据控制者不得再处理其个人数据，除非数据控制者能够证明有压倒性的正当理由对该数据主体的个人数据进行处理，即该正当理由超过了数据主体的利益、权利和自由。拒绝权/反对权是数据主体对于个人数据之前做出的同意予以撤回的权利。（8）不受自动化处理约束的权利（Right not to be subject to a decision based solely on automated processing, including profiling）数据主体有权不受自动化处理决定的约束，除非该数据主体明确同意；或是该处理为履行数据主体与数据控制者之间的合同是必需的，或者数据控制者基于法律授权，并采取了保护数据主体权利的适当措施。

GDPR 基本原则：（1）合法、公正和透明原则（Lawfulness, Fairness and Transparency）。GDPR 第 5 条（a）规定，对涉及数据主体的个人数据，应当以合法的、合理的和透明的方式进行处理。合法不仅指符合 GDPR 的规定，还应当符合欧盟及其成员国现行、有效的法律规定。公正指不应对数据主体造成不公平的结果，如歧视，不应损害公共利益等。透明指不仅应告知数据主体相关信息，满足其知情权，还应当以简洁、易懂的方式提供。（2）限定目的原则（Purpose Limitation）。GDPR 第 5 条（b）规定，个人数据的收集应当具有具体的、明确的和合法的目的，对个人数据的处理不应当违反初始目的。目的限定原则是从 "范围" 的角度对个人数据的收集、利用进行限制。GDPR 规定了例外情形，出于公共利益、科学研究、历史研究或统计目的而进行存档的进一步处理，不应被视为与初始目的不符。在 GDPR 原则体系中，目的限定原则是后续数据最小化等原则的前提和基础。数据控制者必须在开始收集个人数据之前明白、清楚地告知数据主体收集个人数据的目的，这是数据主体知情权最为重要的一项内容。（3）数据最小化原则（Data Minimisation）。GDPR 第 5 条（c）规定，个人数据的处理应当是为了实现数据处理目的而适当的、相关的和必要的。数据最小化原则是从 "量" 的角度对个人数据的收集、利用进行限制。（4）准确性原则（Accuracy）。GDPR 第 5 条（d）规定，个人数据应当是准确的，如有必要，必须及时更新；必须采取合理措施确保不准确的个人数据，即违反初始目的的个人数据，及时得到擦除或更正。准确性原则是为了避免不准确数据的处理影响数据主体的合法权益。准确性包括收集数据的准确性和后续更新数据的准确性。（5）存储期限限制原则（Storage Limitation）。GDPR 第 5 条（e）规定，对于能够识别数据主体的个人数据，其存储时间不得超过实现其处理目的所必需的时间。存储期限限制原则是从 "时间" 的角度对个人数据的存储进行限制。（6）完整性和保密性原则（Integrity and Confidentiality）。GDPR 第 5 条（f）规定，处理过程中应确保个人数据的安全，采取合理的技术手段、组织措施，避免数据未经授权即被处理或遭到非法处理，避免数据发生意外毁损、泄露或灭失。

GDPR 对隐私权的保护：对于个人数据而言，跨境数据流动面对的一个重要法律问题就是隐私权保护。前面的 Maximilian Schrems 案就是 Facebook 将欧盟用户的个人数据跨境传输回美国总部而侵犯了欧盟用户的隐私权。欧盟对基本人权之一的隐私权的保护历史悠久。早在 1950 年签署、1953 年生效的《欧洲人权公约》第八条就规定：每个人的"私人及家庭生活、其家庭以及其通信隐私"的权利与自由必须得到尊重。有关隐私权保护，目前被广泛认可和援引的规则是GDPR。GDPR 赋予了各国政府较大的监管权力。这也根植于欧洲人的信念：政府应该积极主动地保护公民的权利。[①] 与美国政府相比，欧洲国家政府常常会更加主动地去保护民众的权益。譬如，当企业做出了对社会有害的事情时，是政府而不是个人来起诉企业，或是对其进行处罚。

GDPR 执法机构：为了使 GDPR 成为适用于全体欧盟成员国的法令，为了消除成员国数据保护规则的差异性，为了消除非个人数据在储存和处理方面的地域限制，推动欧盟范围的数据资源自由流动，GDPR 设置了双层机构保障。GDPR 的具体执法由欧盟各成员国负责，而欧盟层面则设立了欧洲数据保护委员会（European Data Protection Board，以下简称"EDPB"）作为监管机构，确保 GDPR 在整个欧盟范围内得到一致适用。EDPB 的职责包括：为 GDPR 的一些关键概念作出解释，就与个人数据保护和欧盟新立法提案相关的问题向欧盟委员会提供建议，在成员国监管机构之间发生争端时作出裁定等。[②]

欧盟内部的择地诉讼（Forum Shopping）问题：虽然 GDPR 直接适用于欧盟各成员国，但是不同成员国的执法力度不同，这就导致了不同成员国的数据保护程度有强有弱。在 2020 年，罚款最多的国家法国的总罚款金额是 1.38 亿欧元，而罚款最少的国家爱沙尼亚仅有 548 欧元。从罚款数量上来看，西班牙排名第一，在 2020年作出 128 项罚款，而立陶宛仅作出 1 项罚款。[③] 为了防止企业选择执法力度低的国家作为诉讼地，GDPR 禁止择地诉讼的行为。[④]2020 年，Google 有关法国数据保护局（CNIL）管辖权的争议案件就是择地诉讼的典型案例。

6.3.3　欧盟有关数据跨境流动的法律体系

数据跨境传输面临着一些问题和挑战，例如：数据隐私保护，数据安全，数据主权，数据监管，数据流量限制等。欧盟针对上述问题都给出了合理、可操作的解决措施，成为全球数据跨境流动治理的优等生和领跑者。这样亮眼成绩的取

---

①④　张乐雄，陈心蕙. 合规与赋能：欧美中三大法域数据保护制度的比较分析与评述. 浩天法律评论. (2021 - 09 - 01)[2022 - 04 - 26]. https：//mp. weixin. qq. com/s/OKjyPyHXRSWhK2hpvGt0SQ.

②　European Commission. Data Protection in the EU [R]. (2021 - 07 - 23)[2022 - 09 - 06]. https：// ec. europa. eu/info/law/law-topic/data-protection/data-protection-eu _ en.

③　The GDPR Fines 2020 Report-Finbold. Com. (2021 - 07 - 29)[2022 - 12 - 19]. https：//finbold. com/gdpr-fines-2020/.

得与欧盟得当的战略和长期的坚持是分不开的。回顾欧盟有关数字治理的立法历程，以下几份文件是具有里程碑意义的。

OECD 指南。1980 年 9 月 23 日，OECD 发布了《关于隐私保护和个人数据跨境流动指南》（以下简称"OECD 指南"）。"OECD 指南"创立了数据控制者在处理个人数据时必须遵守的原则：安全保障原则、公开原则、个人参与原则，这三项原则为世界各国后续立法所效仿。"OECD 指南"于 2013 年进行了一次修订。

108 公约。1981 年 1 月 28 日，欧洲理事会成员国签订了欧洲系列公约第 108 号《关于自动化处理的个人数据保护公约》（以下简称"108 公约"）。"108 公约"是世界上第一个关于保护个人数据的公约，它要求签约国在国内立法中履行必要的程序以遵守公约确立的处理个人数据的原则。

95 指令。1995 年 10 月 24 日，欧洲议会和欧盟理事会通过了《有关个人数据处理中的个人保护和所涉数据自由流通的第 95/46/EC 号指令》（以下简称"95 指令"）。"95 指令"以"108 公约"为基础，创立了：公正合法处理、目的明确和限制、信息准确、知情同意、特殊数据的处理、保障安全等原则。"95 指令"为之后欧盟成员国的通用数据保护立法提供了一个基本框架。

6.3.4　GDPR 项下跨境数据流动的有效机制[①]

SCCs。SCCs 是由欧盟"预先批准"的合同范本条款，是确保适当数据保护保障措施的合同条款可作为从欧盟向第三国传输数据的依据。2021 年 6 月 4 日，欧盟通过了两组 SCCs：一项适用于数据控制者与数据处理者之间的数据委托处理活动（以下简称"委托处理 SCCs"），是首个欧盟层面的数据处理协议模板；另一项适用于向第三国传输个人数据的情形（以下简称"个人数据跨境传输标准合同条款或跨境传输 SCCs"）。

BCRs。BCRs 是个人数据从欧盟出口到其他没有被欧盟确认满足充分性保护的国家，而提供的对个人数据足够保护的法律手段。跨国公司、集团公司如果遵守欧盟成员国数据管理机构认可的约束性企业规则，则可以直接进行集团内部的数据跨境传输，而无须再另行批准。约束性企业规则制定后需经欧盟成员国内的数据保护机构批准授权方可实施。

充分性认定。通过"充分性认定"，确定某一国家、地区对个人数据的保护水平已经达到欧盟的要求，其即可进入欧盟数据跨境自由流动白名单国家，欧盟成员国的个人数据就可以向此类国家、地区自由流动而无须特别授权。而是否具

---

① 张茉楠.跨境数据流动：全球态势与中国对策 [J].开放导报，2020（04）.

备"充分的"，主要通过第三国有关个人数据保护相关法律制度的完备情况、执行情况等因素判断。目前，通过"充分性认定"的国家、地区包括：安道尔、阿根廷、加拿大、法罗群岛、根西岛、以色列、马恩岛、日本、泽西岛、新西兰、瑞士、乌拉圭、韩国。

6.3.5　欧盟数字治理模式的渗透辐射

若论数字经济发展情势，作为网络发端的美国和网络和实体经济紧密结合的中国，都领先于欧盟。但论数据治理水平，欧盟却在学术研究、治理理念和立法实践等维度领先全球。欧盟数字治理领先之处主要在于创立了多项为各国立法所效仿的原则、标准和价值取向，逐步打造出确保欧盟内部建立单一数据市场（Digital Single Market）的法律体系。

从理念而言，欧盟代表的是倡导数据本地化存储和数据跨境审查为特征的本地主义。本地主义指以国家主权边界为界限，要求相关数据必须存储于本国境内，并且在数据跨境输出的过程中公权力有权介入和限制。本地主义和以美国为代表的倡导数据自由流动的全球主义相对。全球主义就是指主权国家不强制要求数据存储于本国境内，鼓励数据自由跨境流动。从影响力而言，因为各国对于数字主权愈加重视，在理念选择上，更多的国家选择了欧盟的本地主义。

在规则层面，无论是数据保护，还是跨境传输，欧盟凭借先发优势，已将自身理念贯彻到了规则系统中，基本形成了数字空间的法律治理框架。欧盟的数字治理规则还通过以下途径向外渗透辐射：

一是通过与他国签署双边协定，使得欧盟的数字治理规则内化为对方的国内法律，对于彼此之间的数据活动进行规范，对数据活动中的纠纷进行裁决。比如美欧之间的《安全港协议》和《隐私盾协议》因为欧盟对于个人数据保护的日益严格而相继被废除。

二是通过在欧盟运营或处理欧盟数据的跨国企业进行管理和约束，使得欧盟的数字治理规则转化为企业的内部合规约束，并影响到跨国企业包括母国总部在内的各国运营实体。跨国企业的合规管理已成为其竞争力的关键因素。比如，Twitter 案的最终解决将影响其是否可以在欧盟境内继续存续和运营。

三是基于本地主义立场参与多边条约、双边协定的谈判，通过多边条约将自身数据治理理念和规则向成员国或协约国渗透。例如，在《跨大西洋贸易与投资伙伴协议》（TTIP）、《加拿大—欧盟双边贸易协定》《欧盟与日本经济伙伴关系协定》的谈判中，欧盟始终立足于人权保护立场强调数据跨境流动必须满足欧盟标准，相关数据和具体行为必须受到欧盟的控制与监管。尤其是与日本签订《欧盟与日本经济伙伴关系协定》后，通过欧盟数据保护的充分性认定实现了欧日之间的双向互认，创建了世界上最大的数据流动安全区域。①

6.4　美国数字治理概述

美国作为互联网的发起者和全球第一大经济体，率先举起全球主义大旗，强调数据的跨境自由流动是现代商业的常态，应当在限制滥用的情况下鼓励跨境流动，创造更大的商业价值。

6.4.1　美国数字治理的法律体系

由于美国政治的复杂性，使得类似 GDPR 这样的数据保护法在美国出台几乎不可能。所以美国在联邦层面没有大一统的数据保护法，其数据保护的法律体系由不同领域、不同层级的法律零散组装，效力也不一致，无法像 GDPR 一样为个人数据提供全面的、系统性的保护。

1. 联邦层面的数据保护法②

在联邦层面，美国有一系列"拼凑式"的只针对特定行业、特定类型的数据进行保护的立法，其中较为有效、影响力较大的法律包括：《格拉姆·里奇·布莱利法案》（The Gramm Leach Bliley Act，以下简称"GLBA"），GLBA 管理金融服务行业的个人信息，要求一切提供金融服务的公司保护非公共的个人信息（Non-Public Personal Information，NPI），限制个人信息的揭露，同时规定在信息泄露发生时必须通知客户。《公平信用报告法》（The Fair Credit Reporting Act，以下简称"FCRA"），FCRA 限制对消费者个人信用信息的收集和使用，对信用信息收集的方式、时长和分享作出规定。消费者有权确认其信用报告的准确性和真实性，在其信用报告被用于信贷或其他交易时收到通知，在信用报告不准确时提出修改意见。《健康保险可携性及责任法案》（The Health Insurance Portability & Accountability Act，以下简称"HIPAA"），HIPAA 保护个人医疗保健数据。任何提供医疗保健服务的机构都必须服从 HIPAA 的规定。只要能够通过数据追踪到具体的个人，那么这个数据就受到 HIPAA 的管辖。《儿童线上隐私保护法》（Children's Online Privacy Protection Act，以下简称"COPPA"），COPPA 规定，收集 13 岁以下儿童的个人信息必须获得其法定监护人的同意。COPPA 规定

① 沈伟，冯硕. 全球主义抑或本地主义：全球数据治理规则的分歧、博弈与协调［J］.苏州大学学报（法学版），2022（09）.

② 张乐雄，陈心蕙. 合规与赋能：欧美中三大法域数据保护制度的比较分析与评述. 浩天法律评论.（2021 - 09 - 01）［2022 - 04 - 26］. https：//mp. weixin. qq. com/s/OKjyPyHXRSWhK2hpvGt0SQ.

了网站运营商必须在隐私政策中包含的内容：如何获得儿童法定监护人的同意、保护儿童在线隐私安全的责任、对儿童营销的限制。[①]《联邦贸易委员会法案》（The Federal Trade Commission Act，以下简称"FTC Act"），美国联邦贸易委员会是美国在隐私领域最重要的监管机构之一，监管范围涵盖了所有的商业实体。FTC Act 第五条规定：影响商业的不公平或者欺骗性的行为和做法被宣布为违法。FTC 对不公平的定义是：对消费者可能造成重大损害的、难以被消费者避免的、不会被其他利益所抵消的行为。FTC 对欺骗的定义是：可能误导消费者的陈述、遗漏或做法。根据定义，泄露消费者的数据属于不公平的行为，在合同中承诺保护消费者的隐私却没有做到属于欺骗性行为。因此，公司在合同中对保护消费者隐私的承诺必须是真实的，公司内的信息安全标准必须是完善而受到广泛认可的。FTC 的执法力度受到很大限制：不能对首次违反规定的企业罚款，只能与企业达成同意令，要求企业给出更全面的、符合规定的隐私保护计划。只有当企业再次违反时，才能够进行罚款。

2. 州层面立数据保护法

美国某些州制定了较为完善的数据保护法，从州立法层面填补了联邦层面立法的缺失。2018 年，加利福尼亚州通过了以 GDPR 为蓝本的《消费者隐私法案》（California Consumer Privacy Act，以下简称"CCPA"）。该法案要求企业向消费者透露企业搜集的个人信息的具体种类、来源和用途，规定消费者有权向企业要求删除其储存的个人信息，拒绝企业将其个人信息销售给第三者。[②] 2021 年，弗吉尼亚州制定了《消费者数据保护法》（Consumer Data Protection Act，以下简称"CDPA"），成为美国第二个拥有全面的数据保护法的州。

6.4.2　美国全球主义的数据政策

美国长期致力于树立数据跨境流动政策反数据本地化、维护自由贸易的形象。在对外签署的《美国—墨西哥—加拿大协议》（USMCA）和其他双边协定中，美国一直坚持反数据本地化政策。

美国倡导消除数据本地化政策与其拥有领先的数字技术、拥有众多数字巨擘密切相关。除了 Google 等一批其本土互联网巨头外，来自其他国家的互联网巨头也都会在美国设立分支机构。在这种拥有绝对市场优势的情况下，倡导数据全

---

① Federal Trade Commission. Complying with COPPA：Frequently Asked Questions. (2021 - 07 - 27) [2022 - 07 - 09]. https：//www. ftc. gov/tips-advice/business-center/guidance/complying-coppa-frequently-asked-questions-0.

② Global Legal Group. International Comparative Legal Guides. (2021 - 07 - 27)[2023 - 04 - 12]. https：//iclg. com/practice-areas/data-protection-laws-and-regulations/usa.

球自由流动，推行较低的数据安全保护要求，实际上是为数据向美国流动营造有利的规则条件。就如前面所讲到的 Maximilian Schrems 案，欧盟就拒绝了美国倡导的反数据本地化要求，将美国认定为"不充分保护国家"①。

2018 年 2 月，美国通过了《澄清域外合法使用数据法案》（Clarifying Lawful Overseas Use of Data Act，以下简称"《云法案》"），将反数据本地化的治理理念正式写入国内法律。之后，美国基于《云法案》对外签订的双边协议也都要求取消数据本地化政策。

美国在推广数据自由流动政策的同时，对于网络和电信领域的通信数据、交易数据、用户信息等要求仅存储于美国境内，对于军用、民用技术数据则实行出口许可管理。

6.5　其他国家数字治理概述

6.5.1　印度的数字治理

随着互联网的全球普及，以印度为代表的新兴国家在数字经济时代实现了崛起，积极参与全球数据治理的主张和诉求也深刻影响着规则的形成。相较于美欧的技术优势与规则主导权，新兴国家作为"后入场者"更需借助国际法的力量维护自身利益，"主权"恰恰为它们提供了有力的理论支持。印度的数据治理政策着眼于不同的数据类别，为个人数据、非个人数据、政府数据分别制定了不同的治理框架。针对个人数据也进行分级，对一般个人数据、敏感个人数据、关键个人数据实施不同的数据本地化和跨境流动限制。

印度目前没有专门的数据保护和数据跨境流动的法规。有关法律规范散布于以下几部法案和草案中：

《信息技术法案》（Information Technology Act，2000，以下简称"IT 法案"）和《信息技术（修正）法案》（Information Technology（Amendment）Act，2008，以下简称"修正案"）。IT 法案及其修正案是印度处理网络犯罪和电子商务相关事项的主要法律。虽然该法案及其修正案中的部分条款规定了针对网络上个人信息使用的保护，但主要侧重于信息安全，而不是数据保护。

《信息技术（合理的安全实践和程序及敏感个人数据或信息）规则》（Information Technology（Reasonable Security Practices and Procedures and Sensitive Personal Data or Information）Rules，2011，以下简称"SPDI 规则"）。SPDI 规

---

① 刘云. 中美欧数据跨境流动政策比较分析与国际趋势［J］. 中国信息安全，2020（11）.

则是 IT 法案项下的具体实施规则。该规则定义了个人信息和敏感个人数据或信息，规定了法人团体（或代表法人团体的个人）收集和处理敏感个人数据或信息时应遵守的具体要求，并界定了法人团体（或代表法人团体的个人）是否遵守合理的安全实践和程序的判定标准。SPDI 规则中没有规定非敏感个人信息跨境传输的具体限制，仅规定了敏感个人数据或信息的跨境传输规则。

《个人数据保护法（草案）》（Personal Data Protection Bill，2022，以下简称"PDP 草案"）。PDP 草案基于 2018 和 2019 年两个版本，以 GDPR 为蓝本，并根据印度国情在概念和合规方面作出调整。PDP 草案体现了印度有关个人数据的治理理念，既不想实施严格的"数据保护主义"，又不放任数据的自由流动，高度类似 GDPR 的治理理念。PDP 草案规定，敏感个人数据的跨境传输除需要数据主体的明确同意以外，还需要根据集团内部方案批准或取得中央政府或印度数据保护局的批准。PDP 草案于 2019 年 12 月 11 日提交印度议会，又于 2022 年 8 月 3 日撤回，或将进行重大修改和调整。

《2014 年公司（账户）规则》《2007 年支付和结算系统法案》和《IRDAI（保险记录保护）条例》等法律法规中都有数据本地化的要求。

印度于近期提出允许各国和国际公司在印度境内设立"数据大使馆"，为国家和商业数字数据（Digital Data）提供"外交豁免权"，使其免受当地法规的约束和不确定的地缘政治局势的影响。① 该数据大使馆方案面向寻求连续性解决方案的国家和公司，可帮助国家在不确定地缘政治局势中解决数据存储和跨境流动的问题，可帮助公司储存印度用户在印度境内的数据，减轻监管负担。

除提供外交豁免权外，数据大使馆还可以托管数据备份，并为财政信息、纳税人登记和电子法院系统等关键数据集提供额外的计算服务。数据大使馆貌似完美地解决了数据跨境流动的一切阻力因素，但这一奇思妙想并未引发理论界的热议，也少有数据主体作出响应。原因有三：一是截至目前，印度总体的数据保护政策框架仍在制定中。无论是国家还是公司，对此都持观望和回避态度。二是对于国家而言，在获取数据红利时，数字主权权益也越来越不容回避，各国对于本国数据的输出都是深有顾虑的。美欧之间的本地主义和全球主义的矛盾就是有关数据本地化的博弈，美国的全球主义完全建立在其在数据实践中的绝对优势之上。而印度数据大使馆提供的便捷和特权不可能解决各国有关数据输出汇集于印度而妨害自身数字主权的深层顾虑。三是对于有数据跨境的公司而言，在所涉国家对于印度数据大使馆的做法普遍认可之前，印度有关数据大使馆对于公司便利和监管压力减轻的许诺是没有保障的。

---

① 数据信任与治理. 印度拟在境内设立"数据大使馆"，为数据提供"外交豁免权". (2023 - 02 - 08)[2023 - 04 - 06]. https：//mp. weixin. qq. com/s/tV1nvyayNCCQnz1M3LjyJg.

6.5.2　日本的数字治理

日本数字治理法律体系^①包括国内法和对外协定两大部分。日本国内以《网络安全基本法》（Basic Act on Cybersecurity，2014）和《数字社会形成基本法》（Basic Act on Forming a Digital Society，2021）定义了"网络安全"和"数字社会"；以《数字社会形成整备法》（Act on the Arrangement of Related Laws for the Formation of a Digital Society，2021）将《行政机关个人信息保护法》《独立行政法人等个人信息保护法》与《个人信息保护法》整合为一部法律；以《个人信息保护法》（Act on the Protection of Personal Information，2005，以下简称"APPI"）设立了专门的监管机构——个人信息保护委员会（以下简称"PPC"）。此外，日本积极参与双边、多边合作机制，先后加入《亚太经合组织跨境隐私规则体系》（APEC Cross-Border Privacy Rules System，以下简称"CBPR"）、《全面与进步跨太平洋伙伴关系协定》（以下简称"CPTPP"）和《区域全面经济伙伴关系协定》（Regional Comprehensive Economic Partnership，以下简称"RCEP"），大力提倡"可信赖的数据自由流动"（DFFT）理念，促进在互信的基础上实现数据跨境自由流动。日本现行数据跨境治理的基本法律制度架构由APPI、CBPR、CPTPP、RCEP构成。

APPI原则上不允许个人信息跨境传输，除非获得信息主体本人的同意，或采取三种合规路径。此外，APPI目前统一适用于日本公共和私营部门，并对学术领域的排除适用进行了细化，为学术研究机构等公共部门进行欧盟GDPR充分性认定提供了制度基础。

CBPR体系包含自评估、合规审查、承认或接受跨境规则、争端解决和执行四部分内容。国外第三方获得CBPR体系的认证，是日本PPC允许个人数据跨境传输的合法路径之一。

CPTPP规定缔约方不得对数据跨境流动征收关税（但不足之处为缔约方征收国内税收或费用）；要求缔约方允许包括个人信息在内的跨境数据自由流动，同时给予缔约方在不构成对其他缔约方贸易歧视和变相限制的情况下基于"合法公共政策"的豁免；允许缔约方对计算机设施的使用根据安全保障和机密保护设有不同监管要求，同时不得将数据本地化作为市场准入条件的强制性要求以及相应的例外情形。

在金融服务信息传输部分，RCEP要求缔约方不能阻止金融服务提供者进行

---

①　数据跨境治理国别规则：日本.（2023－01－02）[2023－03－02]. https：//mp. weixin. qq. com/s/b86＿9fyXVTyKGll4PGfpYg.

其金融服务活动必需的相关信息传输；在电子商务章节中，RCEP要求缔约方不得将计算机设施必须置于境内的规定，作为进入该缔约方内部市场的前提条件，不得阻止正常经营活动中的信息跨境传输活动，同时为以上约束提供了实施"合法公共政策"和保护"基本安全利益"两种豁免情形。

经历了从自由放任到规则法治的发展历程，数字空间已逐渐成为人类新兴的活动空间。无论是欧盟、美国等发达经济体，还是印度等新兴市场国家，在此崭新空间内，根据本国或本地区实际情况都初步找到了适合自身的数据治理之路。采取本地主义范式的国家不可能放弃数据流动带来的巨大红利，采取全球主义范式的国家也不可能放弃国际主权利益。如同世界经贸全球化的融合，数字空间中不同范式之间的融合终将成为趋势。在数据流动的洪流中，各国终将抛却范式差异，在"数字红利"和"数据安全"之间找到平衡，就"路怎样修，墙垒多高"达成共识。

第7章
共建共享全球教育网络空间

　　网络空间伴随着互联网的诞生而诞生，伴随着互联网技术的发展而发展，其内涵与外延不断演进，形成互联互通、共享共治的自我个性。以互联网为基础，数据和信息在人类社会、物理空间和信息空间之间逐渐交叉融合、相互作用，网络空间渗透到人类生产生活和社会治理的方方面面。"构建网络空间命运共同体"是伟大的时代命题，教育网络空间也要实现全球的共建共享，服务人类未来的发展。

7.1 网络空间的形成与发展

7.1.1 互联网的诞生与发展

互联网的诞生可以追溯到 20 世纪 60 年代，互联网的前身是阿帕网（Advanced Research Projects Agency Network，ARPANET）。随着苏联多级远程弹道火箭发射成功，美苏冷战持续升级，美国国防部不得不考虑在核打击后仍能保有传输信息的能力，于是决定研究一种由无数节点组成的分散指挥系统——当若干节点被摧毁后，其他节点仍能相互通信。1969 年，美国国防部高级研究计划局（Advanced Research Projects Agency，ARPA）开发出世界上第一个计算机远距离封包交换网络——阿帕网，该网络由加州大学、麻省理工学院、斯坦福大学和犹他州大学四个节点构成，这四个节点是计算机网络建设的先驱机构。之后，阿帕网开始向非军用部门开放，许多大学和研究机构开始接入，并能通过卫星通信与欧洲用户连接。20 世纪 70 年代，大量新的网络开始出现，文顿·瑟夫（Vinton Cerf）和鲍勃·康（Bob Kahn）设计了支持多种不同类型的计算机和网络连接在一起的 TCP/IP 网络协议，实现了阿帕网与其他类计算机网络的交流。1982 年，阿帕网停用 NCP 交流协议，TCP/IP 网络协议成为网传输数据的基础性、通用性协议。

美国国家科学基金会（National Science Foundation，NSF）认识到阿帕网对大学研究工作的重大影响，利用阿帕网科学家可以不受地理限制共享数据，合作完成研究项目。1984 年，美国国家科学基金会决定组建 NSFNET 并与阿帕网连接，将其 6 个超级计算机中心连接起来，越来越多的高校与科研机构通过 NSFNET 实现资源共享，NSFNET 和阿帕网一起成为世界互联网的基础。当 NSFNET 成为互联网中枢后，民间阿帕网的重要性大大降低。阿帕网系统在 1989 年被关闭，1990 年正式退役。阿帕网和 NSFNET 为用户提供共享大型主机的宝贵资源，服务于信息传输与科研，接入主机的计算机数量逐渐增加。

为了更好地在全球高能物理研究领域交流科学论文和数据，20 世纪 80 年代末 90 年代初，欧洲粒子物理实验室的科学家想蒂姆·伯纳斯-李（Tim Berners-Lee）开发出了超文本服务器程序代码，并使之适用于互联网。超文本服务器是一种储存超文本标记语言（HTML）文件的计算机，其他计算机可以连这种服务器并读取这些 HTML 文件。今天在万维网（World Wide Web）上使用的超文本服务器通常被称为 WWW 服务器，它是一种用于在互联网上交换信息的超文本系统。① WWW 服务器通过 HTML 把信息组织为图文并茂的超文本，利用链接从一个站点跳到另个站点。这样一来就彻底摆脱了以前查询工具只能按特定路径一步步地查找信息的限制。②

万维网的应用大大推动了互联网的商业化和普及化，越来越多的公司在互联网上开展商业活动，互联网在通信、信息检索、客户服务等方面的巨大潜力被挖掘出来，并最终走向全球。1995 年，亚马逊和 eBay 成立，标志着电子商务开始崛起。21 世纪初，Web 2.0 时代开始，人们开始关注社交网络、博客、维基百科等新型互联网应用。2007 年，苹果公司发布了第一款 iPhone 智能手机，随后智能手机和平板电脑的普及加速了移动互联网的发展。2008 年，谷歌公司发布了安卓系统，成为手机操作系统市场上的主要竞争者之一。2010 年以来，人工智能与物联网技术开始快速发展，各种设备和传感器都可以通过互联网进行连接和通信，实现信息的自动化采集和处理。

互联网从最初四个节点的局部互联发展到亿万节点的全球互联，从军事与科研应用发展到社交、娱乐、购物、教育、医疗、金融等社会生活的方方面面，从计算机互联发展到移动互联、万物互联，互联网的发展是一个不断进化的过程，各时期不同的技术和应用驱动了互联网的发展。未来，随着新兴技术的涌现和社会需求的变化，互联网还将继续推陈出新，迎接更广泛的应用场景。

7.1.2　网络空间的内涵特质

有了互联网就有了网络空间，在互联网发展的每一历史阶段，随着互联网联结世界广度与深度的变化，基于互联网而生成的网络空间已覆盖人类社会的方方面面，通过网络空间数字技术与人类活动交织在一起，网络空间对于社会经济和地缘政治的影响日益深入，各国对于网络空间的认识也上升到国家战略层面。王舒毅的《网络安全国家战略研究》认为，目前西方国家对网络空间的界定可以划分为三大类型，一是以美国为代表的要素型；二是以德国、法国、日本等为代表的场域型；三是以英国、加拿大、意大利为代表的信息型。③

美国认为，"网络空间由千千万万相互连接的计算机、服务器、路由器、交换机和光纤电缆组成，是维持关键基础设施正常运转的神经系统和国家控制系统"；欧盟认为，"网络空间表示传输系统、交换设备、路由设备以及其他相关资源，允许通过电缆、无线电波光纤线路、卫星网络、固定通信网络、移动通信网络、电力电缆系统、无线电和电视广播网络、有线电视网络等来传输信号，与具

---

① 郗群. 电子商务新论 [M]. 兰州：甘肃民族出版社，2014：51.
② 徐梅，陈洁，宋亚岚. 大学计算机基础 [M]. 武汉：武汉大学出版社，2014：358.
③ 牛学利. 禁止使用武力原则在网络空间中的适用研究 [D]. 外交学院，2022.

体传输的信息类型无关"。

德国认为,"网络空间是在数据表面上相互连接的所有信息技术系统形成的覆盖全球的虚拟空间,它的基础是全球化的、面向大众的。作为能够被任意数量的信息网络所补充和拓展的传输网络的因特网,一个孤立的虚拟空间里的信息系统并不是网络空间的组成部分";法国认为,"网络空间是通过电子数据自动化处理设备在全世界范围内相互连接而形成的交流空间";日本认为,"网络空间是利用网络通信技术交换信息的,存在于因特网或其他计算机系统的虚拟空间";俄罗斯于2014年发布的《俄罗斯联邦网络安全战略构想》认为,"网络空间指信息空间中基于因特网和其他电子通信网络沟通渠道、保障其运行的技术基础设施以及直接使用这些渠道和设施的任何人类活动的领域"。

英国认为,"网络空间是涵盖所有联网形式的数字活动,包括通过数字网络实施的内容传递及其行为。网络空间的物理构建依靠计算机和通信系统,这些离散的技术元素支撑着人们的日常生活,也支撑着国家的基础设施和信息系统,是利用计算机进行通信的新领域,是发展国家经济,增强国防实力,提高人民生活质量,促进社会和政治稳步健康发展的基础";意大利认为,"网络空间是一个人为建造、由信息通信技术节点和网络组成的空间域";加拿大认为,"网络空间是由运用信息技术建立起来的相互连接的网络以及存储、传输于这些网络上的信息构成的电子世界"。

中国对于网络空间的界定更为宽泛,并不对互联网与网络空间进行区分,主要包括组成要素、存在场域和数据。2016年12月27日,国家互联网信息办公室发布的《国家网络空间安全战略》指出,"伴随信息革命的飞速发展,互联网、通信网、计算机系统、自动化控制系统、数字设备及其承载的应用、服务和数据等组成的网络空间,正在全面改变人们的生产生活方式,深刻影响人类社会历史发展进程",并进一步指出:网络已成为信息传播的新渠道、生产生活的新空间、经济发展的新引擎、文化繁荣的新载体、社会治理的新平台、交流合作的新纽带、国家主权的新疆域,"网络空间已经成为与陆地、海洋、天空、太空同等重要的人类活动新领域,国家主权拓展延伸到网络空间,网络空间主权成为国家主权的重要组成部分"[①]。2022年11月7日,国务院新闻办公室发布《携手构建网络空间命运共同体》白皮书,白皮书也未对互联网与网络空间进行区分,其前言部分指出,"中国全功能接入国际互联网以来,始终致力于推动互联网发展和治理。党的十八大以来,以习近平同志为核心的党中央,坚持以人民为中心的发展思想,高度重视互联网、大力发展互联网、积极运用互联网、有效治理互联网,中国网信事业取得历史性成就,亿万人民在共享互联网发展成果上拥有更多获得

---

① 国家网络空间安全战略. (2016 - 12 - 27)[2022 - 12 - 15]. http://www.xinhuanet.com/politics/2016 - 12/27/c_1120196479.htm.

感，为构建和平、安全、开放、合作、有序的网络空间作出积极贡献"①。

不同国家对网络空间的认识不同，反映出各国互联网科技发展水平的差异，从而从自身利益出发形成不同的政策倾向和网络空间战略。网络空间的内涵比互联网更加丰富，劳伦斯·莱斯格认为网络空间是"基于互联网产生的，但它所涵盖的内容却比互联网丰富得多。也许是亲密无间的即时聊天，也许是千丝万缕的大型多人在线网络游戏，它们引领你进入一个深陷其中、不能自拔的地方"②。网络空间的概念在不同领域和学科中有不同的理解。从计算机科学视角看，网络空间是由计算机网络构成的虚拟空间，包括互联网、局域网等。从信息技术视角看，网络空间是由数字化的信息资源、网络基础设施、物联网、云计算、人工智能、区块链等现代信息技术构成的虚拟和现实空间。从社会学视角看，网络空间是人们在网络上进行社交、交流和协作的空间，包括社交媒体、网络游戏等。从安全学视角看，网络空间是一个充满风险和挑战的空间，需要通过网络安全技术和管理来保障信息安全和个人隐私。从网络空间的基本特性把握，它具有以下基本特征：

一是全球性。网络空间不受地理限制，可以使人们在任何地方进行通信、交流和信息传播。随着互联网技术的发展，网络已经覆盖全球，人们可以通过计算机、手机、平板等终端设备联结世界各地。进入网络空间可以与世界各地的人沟通交流，美国的消费者可以在中国的淘宝上下单购物，欧洲的学生可以在线聆听美国教授的课程，北京的学者可以随时查阅欧盟的开放科研数据，享受网络摆脱现实中的空间限制所带来的漫游全球的自由。

二是开放性。网络空间是开放的，任何人都可以自由地加入和使用网络。"开放性是网络空间核心。开放性是网络空间最大的力量所在，也是其力量之源。它是令人惊奇的复杂系统能够运行如此之好的原因"③，网络空间对每一个行为体开放，不管是个人、商业组织还是政府，都可以在自主意识下进入网络空间获取信息。网络空间不似传统疆域一样存在固定的地理边界，国籍、性别、信仰等传统的个人身份特性均不会成为平等参与网络空间的阻碍。这种开放性消散了部分传统权力结构，将网络空间变得更加开放、多元、多中心。

三是信息性。网络空间是信息交流和传播的重要载体，承载着人类社会的各种信息资源，具有高度的信息性。网络上存在大量、广泛且多样化的信息资源。

---

① 携手构建网络空间命运共同体. (2022 - 11 - 07)[2023 - 04 - 13]. http：//www. scio. gov. cn/zfbps/32832/Document/1732898/1732898. htm.

② 劳伦斯·莱斯格. 代码 2.0：网络空间中的法律 [M]. 李旭，等，译. 北京：清华大学出版社，2009：93.

③ 约翰·诺顿. 网络空间：从神话到现实 [M]. 朱萍，等，译. 南京：江苏人民出版社，2001：271.

这些信息资源包括文字、图像、音频、视频等形式的内容，涉及各个领域的知识、文化、经验等。网络空间的信息性不仅表现在信息的数量和多样性上，还表现在信息的即时性、互动性、更新性等方面。网络空间的信息性为人们提供了广阔的信息渠道和资源，使得人们可以更加便捷地获取、传播和利用信息。同时，网络空间的信息性也给信息管理和治理带来了挑战，需要采取有效措施来保障信息的准确性、安全性和合法性。

四是互动性。网络空间的互动性是指人们在网络上可以进行双向、多向的交流和互动。人们可以在社交媒体上与他人建立联系、分享信息、评论，可以在在线论坛上发表文章、留言、讨论、提问和回答问题，可以使用即时通信工具如QQ、微信等实现实时聊天、语音和视频通话，在线游戏也是网络空间中的一种协作或竞争互动形式。人们通过网络空间的互动性，可以扩展社交，快速获得支持帮助，促进人与人之间的交流和相互了解。

五是虚拟实在性。网络空间是一种虚拟空间，它超越了物理空间的限制，构建了一个全新的数字世界，而网络空间的活动主体归根结底是每个人，网络空间有确切的终端设备地理落地点。因此，虚拟与实在在网络空间完美结合，虚拟性和现实性相辅相成，构成具有新特质的网络空间。虚拟现实技术可以让人们在虚拟场景中获得类似于真实世界的感受，同时也可以创造出真实世界并不存在的场景和体验。虚拟社交可以帮助人们在网络上扩大社交圈子，并且可以为现实生活提供更多的信息和支持。虚拟培训可以通过虚拟化技术提供更加便利和灵活的在线学习方式，同时也需要与真实世界的教育相结合。虚拟购物可以提供更加方便和快捷的购物方式，虚拟购物和真实消费结合紧密。网络空间的虚拟性和现实性相互交织，充分利用虚拟性和现实性优势，可以推动网络空间的良性发展。

六是可塑性。网络空间是一个虚拟的、无限的、不断变化的空间，具有极高的可塑性。网络空间中的各种元素、结构和规则都可以被改变和重组，以适应不同的需求和场景，即人们可以通过不断的创新和发展来改进网络环境。这一特性使得网络空间具有极高的灵活性和可扩展性，可以支持不断变化的需求和创新。人工智能、区块链、云计算等新的技术不断涌现，这些技术的不断更新和应用，使网络空间一直在不断发展和演变。各种网络应用程序可以根据用户需求进行定制性开发，创建出不同功能和形式的网络服务。这些应用程序的可塑性使得它们可以随着用户需求和技术发展不断更新和改进。网络用户可以通过创造、共享和交流内容，不断扩展和丰富网络空间的内涵和形式。网络空间的可塑性为人们提供了丰富的、多元化的网络体验，并推动着网络技术和互联网产业不断发展。

7.2　构建网络空间命运共同体

新一轮科技革命和产业变革不断向纵深演进，引领和推动人类进入数字时代。互联网让世界变成了"地球村"，国际社会越来越成为你中有我、我中有你的命运共同体。

7.2.1　构建网络空间命运共同体的提出

党的十八大以来，习近平总书记敏锐洞察全球互联网发展大势，深刻把握数字化、网络化、智能化的时代潮流，着眼数字时代人类的前途命运和共同福祉，深入思考构建什么样的网络空间、如何构建网络空间等重大课题，创造性地提出了构建网络空间命运共同体的理念。

人类是命运共同体。世界正经历百年未有之大变局，人类社会面临前所未有的挑战，和平、发展、安全、治理等方面赤字加重。全人类的前途命运，始终是习近平总书记关心的重大课题。2013 年 3 月 23 日，习近平主席在莫斯科国际关系学院发表重要演讲，第一次提出"人类命运共同体"的重要理念，指出"这个世界，各国相互联系、相互依存的程度空前加深，人类生活在同一个地球村里，生活在历史和现实交汇的同一个时空里，越来越成为你中有我、我中有你的命运共同体"，为携手建设更加美好的世界凝聚广泛国际共识，注入强大信心、勇气和力量。[1]

建设网络强国。2014 年，中国迎来全功能接入国际互联网 20 周年，中国已拥有 6.4 亿网民、5.3 亿移动宽带用户、近 13 亿手机用户，是举世瞩目的网络大国。网络对于国家社会经济的发展日益重要，国内外的网络空间环境也日益复杂。中央决定成立网络安全和信息化领导小组，在领导小组第一次会议上"努力把我国建设成为网络强国"首次被确立为重要战略目标，标志着我国将从网络大国向网络强国迈进。

直面挑战，构建网络空间命运共同体。中国作为一个负责任的大国，在努力迈向网络强国的同时，未忘记担负的国际责任，致力于把中国互联网发展置身于国际互联网发展全局下谋划，积极向世界贡献推进全球互联网治理体系变革的中国智慧。2014 年 7 月，习近平主席在巴西国会发表《弘扬传统友好 共谱合作新篇》演讲，首次就应该建立什么样的网络空间、构建什么样的国际互联网治理体

---

[1]　携手建设更加美好的世界——写在习近平主席提出构建人类命运共同体理念十周年之际. (2023 - 03 - 23)[2023 - 04 - 27]. https：//www. gov. cn/xinwen/2023 - 03/23/content _ 5747952. htm.

系提出中国主张："国际社会要本着相互尊重和相互信任的原则，通过积极有效的国际合作，共同构建和平、安全、开放、合作的网络空间，建立多边、民主、透明的国际互联网治理体系。"① 中国政府的开放姿态和鲜明立场，在海内外引起热烈反响。2015 年 12 月 16 日，在第二届世界互联网大会上，习近平主席深刻指出了全球互联网面临的共同挑战："互联网领域发展不平衡、规则不健全、秩序不合理等问题日益凸显。不同国家和地区信息鸿沟不断拉大，现有网络空间治理规则难以反映大多数国家意愿和利益；世界范围内侵害个人隐私、侵犯知识产权、网络犯罪等时有发生，网络监听、网络攻击、网络恐怖主义活动等成为全球公害"；并首次向世界发出"构建网络空间命运共同体"的倡议："网络空间是人类共同的活动空间，网络空间前途命运应由世界各国共同掌握。各国应该加强沟通、扩大共识、深化合作，共同构建网络空间命运共同体"②。

7.2.2　构建网络空间命运共同体的中国方案

习近平主席站在网络空间人类前途命运的战略高度，直面世界互联网发展的共同问题，提出了推进全球互联网治理体系变革的"四项原则"和构建网络空间命运共同体的"五点主张"，明确了构建网络空间命运共同体的基本原则和实践路径，为全球互联网发展治理提供了中国方案、贡献了中国智慧。

"四项原则"包括："尊重网络主权""维护和平安全""促进开放合作""构建良好秩序"。《联合国宪章》确立的主权平等的原则和精神也应该适用于网络空间，"应该尊重各国自主选择网络发展道路、网络管理模式、互联网公共政策和平等参与国际网络空间治理的权利，不搞网络霸权，不干涉他国内政，不从事、纵容或支持危害他国国家安全的网络活动"；各国应该共同努力，防范和反对利用网络空间进行犯罪活动，应该根据相关法律和国际公约对犯罪活动予以坚决打击，"维护网络安全不应有双重标准，不能一个国家安全而其他国家不安全，一部分国家安全而另一部分国家不安全，更不能以牺牲别国安全谋求自身所谓绝对安全"；"必须坚持同舟共济、互信互利的理念，摈弃零和博弈、赢者通吃的旧观念"，推进互联网领域开放合作，推动彼此在网络空间优势互补、共同发展，共享互联网发展成果；"网络空间同现实社会一样，既要提倡自由，也要保持秩序"，"网络空间不是'法外之地'"，要加强网络伦理、网络文明建设，用人类文明优秀成果滋养网络空间、修复网络。③

"五点主张"包括："加快全球网络基础设施建设，促进互联互通""打造网上文化交流共享平台，促进交流互鉴""推动网络经济创新发展，促进共同繁荣"

---

① 习近平主席：弘扬传统友好 共谱合作新篇［N］.人民日报，2014-07-18（03）.
②③ 习近平在第二届世界互联网大会开幕式上的讲话［N］.人民日报，2015-12-17（02）.

"保障网络安全，促进有序发展""构建互联网治理体系，促进公平正义"。"网络的本质在于互联，信息的价值在于互通。只有加强信息基础设施建设，铺就信息畅通之路，不断缩小不同国家、地区、人群间的信息鸿沟，才能让信息资源充分涌流"；"文化因交流而多彩，文明因互鉴而丰富。互联网是传播人类优秀文化、弘扬正能量的重要载体。中国愿通过互联网架设国际交流桥梁，推动世界优秀文化交流互鉴，推动各国人民情感交流、心灵沟通"；"中国正在实施'互联网＋'行动计划，推进'数字中国'建设，发展分享经济，支持基于互联网的各类创新，提高发展质量和效益。中国互联网蓬勃发展，为各国企业和创业者提供了广阔市场空间"，"中国开放的大门永远不会关上"，中国愿意同各国加强合作，推动全球数字经济发展；"网络安全是全球性挑战，没有哪个国家能够置身事外、独善其身"，"各国应该携手努力，共同遏制信息技术滥用，反对网络监听和网络攻击，反对网络空间军备竞赛"，共同维护网络空间和平安全；"国际网络空间治理，应该坚持多边参与、多方参与，由大家商量着办"，"不搞单边主义，不搞一方主导或由几方凑在一起说了算"，"各国应该加强沟通交流，完善网络空间对话协商机制，研究制定全球互联网治理规则，使全球互联网治理体系更加公正合理，更加平衡地反映大多数国家意愿和利益"①。

构建网络空间命运共同体为世界网络空间的未来擘画了美好愿景，指明了发展方向。构建网络空间命运共同体日益成为国际社会的广泛共识和积极行动，不断彰显出造福人类、影响世界、引领未来的强大力量。

7.3　教育网络空间

7.3.1　互联网与教育的融合发展

传统教育活动主要发生在学教室、实验室、实习车间等固定场所，教育发展史上，教育空间变革缓慢，没有发生过实质性改变。直到新型数字技术涌现，越来越多的数字基础设施嵌入教育场景，如交互式白板、智能传感器等，使学生能借助自己的终端参与教学活动，学校教育才开始从强化组织和中心的概念转变为强化场所与空间的概念。数字时代的物理空间和虚拟空间，都是教育活动发生的载体和教育空间的重要组成部分。② 随着围绕互联网的技术日益成熟，网络空间中教育活动的发生比例越来越高，网络化的教育空间正成为推动教育物理空间重塑的重要力量。

---

① 习近平在第二届世界互联网大会开幕式上的讲话［N］.人民日报，2015－12－17（02）.
② 王兴宇.数字化转型对教育空间的塑造逻辑［J］.高等工程教育研究，2023，200（3）：108－113.

　　有学者认为"教育＋互联网"与"互联网＋教育"之间有本质的区别，在推进"互联网＋教育"实践中，普遍存在对"教育＋互联网"与"互联网＋教育"混淆的误区。第一种误区是拒绝"互联网＋教育"，坚持采用"教育＋互联网"，理由是任何技术在教育中的应用都必须遵从教育规律，教育必须放在互联网前面。第二个方面的误区是将"互联网＋教育"理解为"把教育搬到网络上"，在实践中简单盲目追求技术应用，或者将任何运用互联网技术的实践都标以"互联网＋教育"[①]。这里不再讨论到底应该是"教育＋互联网"还是"互联网＋教育"，只从事实上陈述互联网与教育的融合发展。

　　回顾互联网与教育融合的历史，可以发现互联网技术对教育行业的影响呈渐进式。1982 年起步，1984 年之后稳步发展的美国传统异步在线课程（Asynchronous Online Course，AOC）是一种小班制在线教学，通常采用教科书作为主要的教学资源，不开发课件，依靠教师引导的在线教学活动和教学评价，来吸引学习者积极参与各项学习任务，异步在线课开启了互联网教育的先河。随后，世界各国以"开放教育""网络教育""远程教育""在线教育"等视角来记录互联网在教育中的运用和实践。2012 年，以慕课为代表的互联网在线课程迅猛兴起，开启了互联网教育的新篇章。可汗学院、大数据、微课堂、微学分、微学位、翻转式课堂、游戏化教学等新技术和新教育方式的出现，颠覆了互联网在"传统"教育中的运用。互联网、移动互联网对教育的重塑，不仅体现在拓展了教育资源，为教育提供了新的教学模式和教学方法，还表现在人类对教育思维方式的改变上，最重要的是互联网与教育的融合带来了更新的理念和动力：互联网教育正在参与未来教育变革，并成为教育变革的主要形态之一。[②]

　　互联网免费在线课程的发展加快了互联网教育助推教育改革发展的进程。2010 年，可汗学院的创始人萨尔曼·可汗（Salman Khan）在个人辅导中将讲课内容录制成视频传到网上，向世界各地的人们提供免费的高品质教育，引起了人们广泛关注，吸引了全球 5 600 万学生观看。2011 年，美国斯坦福大学的教授将"人工智能"的课程放在网上，受到了 190 多个国家 16 万名学生的追捧。2008 年，加拿大学者戴夫·科米尔和布莱恩·亚历山大提出并开设了第一门慕课课程，这一教学模式首先在北美地区扩散。2012 年 4 月，斯坦福大学的教授创立了 Coursera 慕课平台。2012 年 5 月，麻省理工学院创办了 EDX 慕课平台。2015 年以来，信息化发展进入以大数据、人工智能、云计算、移动互联网、智慧物联网为主要标志的智慧化时代，各种装备通过连接而智能增强，世界各国更是加快

　　① 陈丽. "互联网＋教育"的创新本质与变革趋势［J］. 远程教育杂志，2016（4）：3-8.
　　② 郭文革. 网络课程类别分析——基于互联网教育传播模型的分析视角［J］. 远程教育杂志，2014，32（5）：41-46.

了以移动互联网为代表的新技术在教育改革发展中的研究和实践。①

　　1994 年，中国正式接入国际互联网，互联网与中国教育的结合开始起步。1994 年底，在国家教委的主持下，"中国教育和科研计算机网（CERNET）示范工程"由清华大学等 10 所高校共同承建。这是国内第一个采用 TCP/IP 协议的公共计算机网。1996 年，依托于 101 中学的教学资源，101 远程教育网在北京成立，标志着中国首家中小学远程教育网开通。② 当时的 101 远程教育网又称 101 网校，最初定位于面向家庭的网上辅导产品。同年，在高等教育领域，清华大学率先提出发展现代远程教育，1998 年清华大学、北京邮电大学、浙江大学、湖南大学被教育部批准为进行国家现代远程教育第一批试点院校。2000 年 7 月，教育部颁布《教育网站和网校暂行管理办法》《关于支持若干所高等学校建设网络教育学院开展现代远程教育试点工作的几点意见》，将现代远程教育试点院校范围扩大到 31 所，31 所试点院校可以自己制定招生标准与招生名额，可以开设专业目录之外的专业，有权发放国家承认的学历文凭等，具有较大的自主权。2000 年后，网络教育平台开始涌现，实体培训机构开始尝试网络教育。伴随着中国互联网和计算机的普及，网络教育触及更多群体，互联网与教育的融合形成更广泛的影响力。2005 年前后，Web 2.0 技术的出现使得网络教育具有了强大的交互功能，网络教育的教育质量与用户体验有了大幅提升。互联网与教育融合已经涵盖了各种考试培训、技能培训等多个领域。2013 年，中国高校开始发展以慕课为代表的互联网教育，百度、阿里、腾讯、网易等互联网科技公司也纷纷进军网络教育，传统线下教育培训机构纷纷向线上转型，至今仍然方兴未艾。截至 2022 年 2 月底，我国上线慕课数量超过 5.25 万门，注册用户达 3.7 亿，已有超过 3.3 亿人次在校大学生获得慕课学分，慕课数量和应用规模世界第一。建成"国家高等教育智慧教育平台"，发起成立世界慕课与在线教育联盟，成为主动引领世界高等教育未来发展"变轨超车"战略一招、关键一招。③ 进入移动互联网时代，线上教育平台和载体开始多样化，定制 App 和微信成为重要的载体，手机开始成为主要学习工具，网络教育呈现快速增长态势。

　　德国远程教育学者托马斯·赫尔斯曼将互联网在远程教育中的应用分为两类，一类是把互联网作为教育教学内容传播的平台；另一类是把互联网作为教育参与者之间沟通与交流的平台。④ 在网络教育语境下，这意味着信息技术可以通

　　①　易凌云.互联网教育与教育变革［D］.华中师范大学，2017.

　　②　101 中率先开通远程教育［N］.北京日报，1997 - 04 - 14.

　　③　教育部高等教育司.历史性成就，格局性变化——高等教育十年改革发展成效.（2022 - 05 - 17）［2022 - 12 - 14］.http：//www.moe.gov.cn/fbh/live/2022/54453/sfcl/202205/t20220517_627973.html.

　　④　托马斯·赫尔斯曼.远程教育的变迁：新技术与成本结构变化［J］.开放教育研究，2006（6）：20 - 28.

过网页文本、电子书、授课视频、纪录片、微视频等方式，为学习者提供数字化的教育教学资源。在网络教育语境下，人与人之间建立了两层人际交互：一层是在"班"和"课"的层次上，营造师生、生生之间持续的"教学对话"；另一层是在教育机构（学院、大学等办学机构）的层次上，依托互联网建立注册、学籍管理、教材和考试咨询、学历学位管理、学生资助、心理咨询、职业咨询等完整的教学管理制度，属于虚拟教育组织的范畴。[①] 此外，互联网支持下的教育教学环境是以计算机网络为主的具备交互能力的网络环境，需要教育数字化基础设施支撑，比如庞大的数字教育资源库，有强大算力支持的云平台，稳定畅通的通信网络等。因此，以宽泛的数字化教育教学资源、依托于网络的教育教学管理系统、教育数字化基础设施为主轴，构成了教育网络空间，理想的教育网络空间环境为学习者提供了近乎无限的学习空间，为教育组织者提供了丰富的教育教学组织手段。

7.3.2　教育网络空间的脆弱性

网络空间教育语言的不平衡。目前，西方国家在国际网络空间依然占据着明显的优势地位，不仅表现为其对网络核心技术的垄断，而且体现在网络语言的使用和传播内容的控制上。英语是当今世界网络空间使用最广泛的语言，根据 w^3 Techs公司的网站内容语言使用统计2022年5月14日的即时数据，在所有互联网网站中，英语的使用率占62.4%，远远超过排名第二占5.7%的俄语，汉语仅占1.5%。可以说，整个网络空间几乎被英语所垄断。[②] 这与世界汉语、西班牙语、阿拉伯语等各母语人口的比例极不相符，阻碍了世界多样性文明的传播，不利于教育网络空间的共建共享。

网络空间的数字鸿沟。"数字革命"与过去的农业革命和工业革命等重大技术变革没有什么不同，在取得巨大集体收益的同时，新的不平等和排斥现象也在发生。根据联合国教科文组织统计研究所和国际电信联盟的数据，面对疫情等造成的停课，绝大多数国家使用数字化远程学习确保教育连续性。然而教育数字化基础设施建设差距很大，在停课学生中，约半数（约8.26亿人）家里没有电脑，43%（7.06亿）家中没有互联网连接。低收入国家的不平等问题尤其严重：在撒哈拉以南非洲，89%的学生家中没有电脑，82%的学生无法上网。此外，虽然学生可以用手机获取信息并与教师及他人保持联系，但是大约5 600万学生生活

---

① 郭文革.网络课程类别分析——基于互联网教育传播模型的分析视角 [J].远程教育杂志，2014，32（5）：41-46.

② 许开轶.论中国网络空间国际话语权的建构 [J].南京师大学报（社会科学版），2022，242（4）：116-127.

在没有移动网络服务的地方。① 除了硬件设施，教师的数字技能也面临挑战。对于信息和通信技术较为落后与远程学习方法不怎么了解的地区的教师来说，教师还需要接受培训，才能有效地提供数字化教育。在整个撒哈拉以南非洲，只有64％的小学教师和50％的中学教师接受过最基础的职业培训，但其中往往还不包含信息和通信技术技能相关内容。② 数字鸿沟或加剧教育不公平，必须加强为全人类提供互联网连接的努力，让人人享有教育网络空间。

网络空间的私人教育平台。教育是一项以共同利益为导向的事业，教育的关键决策应在公共领域中做出。随着数字领域的知识共享日益成为教育生态系统中的一部分，数字平台在过去几十年中为知识、教育和研究作出了贡献，但私人控制的教育平台的加入，对教育事业的公益性和教育网络空间的发展造成了一定的影响。例如，谷歌公司努力将触角延伸到公共数字生活的各个领域，已成为数字公共领域中一个重要机构。谷歌学术和谷歌教室是以公益方式建立的数字教育平台，目前已成为很多教育机构日益依赖的数字基础设施。谷歌学术需要投入大量成本，认为其符合自身的利益是谷歌继续支持这些项目的前提。谷歌学术上线多年来，几乎没有发生变化，也没有增加实质性的功能，这表明它在谷歌公司整体议程上的优先级较低。很多数字平台之所以能够保持对公众免费开放，在很大程度上依赖它们对用户数据的大规模、系统化的提取，这些数据本身就是一种利润丰厚的商品。这是一种警示，即私人经营的学习基础设施具有一定的脆弱性。③ 公共部门由于缺乏系统地组织和管理迅速增长的全球知识的可行公共方案，私人数字平台凭借其知识管理的算法模式，已经在教育网络生态系统中占据重要位置，导致很多个人和教育机构不得不依赖其提供的教育服务。因此，教育网络生态建设需要政府行动、民间组织支持和公众广泛参与，发展具有可持续性、公正性和包容性的教育网络空间。

7.3.3　教育网络空间的中国贡献

互联互通是网络空间的基本属性，共享共治是互联网发展的共同愿景。中国不断深化教育网络空间国际交流合作，加强双边、区域和国际对话与合作，积极推进全球数字化基础设施建设，推动互联网普及应用，积极参与全球互联网治理体系改革和建设，促进教育网络空间的共建共享。

1.共商共议增进国际共识

2015年5月23日，由联合国教科文组织与中国政府共同举办的首届国际教

---

①② 联合国教科文组织. 远程学习中令人担忧的数字鸿沟. (2020 - 04 - 21)[2022 - 08 - 12]. https：//www. unesco. org/zh/articles/yuanchengxuexizhonglingrendanyoudeshuzihonggou.

③ 联合国教科文组织. 一起重新构想我们的未来：为教育打造新的社会契约［M］.北京：教育科学出版社，2022：112 - 113.

育信息化大会在青岛召开，大会通过《青岛宣言》。《青岛宣言》是全球第一份针对教育领域信息通信技术的宣言，宣言指出"信息通信技术（ICT）的显著发展以及互联网络的快速扩张使得当今世界越来越互联互通"，并明确表示支持利用信息通信技术来加强教育资源的获取和促进公平的教育，以及倡导信息通信技术的有效教学使用，鼓励政府、行业合作者以及所有其他教育领域的利益攸关方齐心协力、共享资源，以创造公平、有活力、负有责任的以及可持续的以学生为中心的数字学习生态系统。^①《青岛宣言》在国际社会推动教育信息化方面发挥了重要作用。2019 年 5 月，中国政府与联合国教科文组织在北京合作举办国际人工智能与教育大会，会议以"规划人工智能时代的教育：引领与跨越"为主题，来自全球 100 多个国家、10 余个国际组织的约 500 位代表共同探讨智能时代教育发展大计，审议并通过成果文件《北京共识》，形成了国际社会对智能时代教育发展的共同愿景。会后联合国教科文组织发布《北京共识——人工智能与教育》，这是联合国教科文组织首个为利用人工智能技术实现 2030 年教育议程提供指导和建议的重要文件。^② 2020 年至 2021 年，双方继续合作举办国际人工智能与教育会议，为全球教育数字化贡献中国力量。

2. 推进全球数字基础设施建设

中国企业支持多国信息通信基础设施建设项目通过光纤和基站开展信息通信基础设施建设，提高相关国家光通信覆盖率，为发展中国家打开了数字化信息高速通道。开展国家顶级域名系统服务平台海外节点建设，覆盖全球五大洲，面向全球用户提供不间断的、稳定的国家域名解析服务，促进国际互联网普及应用。推广创新"IPv6＋"应用，"云间高速"项目在国际云互联目标网络使用 SRv6 技术，应用于欧亚非 10 多个国家和地区。推动北斗相关产品及服务惠及全球，北斗相关产品已出口至全球一半以上国家和地区。大力推进 5G 网络建设，积极开展 5G 技术创新及开发建设的国际合作，支持南非建成非洲首个 5G 商用网络和 5G 实验室。中国云计算积极为非洲、中东、东南亚国家以及"一带一路"国家提供云服务支持^③，助力提升全球数字互联互通水平。

3. 提供数字公共服务产品

中国充分利用网络信息技术建设国际合作教育"云上样板区"，联合日

---

① 《青岛宣言》倡导利用信息通信技术达成新可持续发展目标中的教育目标. (2015 - 06 - 04) [2023 - 01 - 23]. https：//www. unesco. org/zh/articles/qingdaoxuanyanchangdaoliyongxinxitongxinjishudachengxin kechixufazhanmubiaozhongdejiaoyumubiao.

② 联合国教科文组织正式发布国际人工智能与教育大会成果文件《北京共识——人工智能与教育》. (2019 - 08 - 28) [2023 - 01 - 26]. http：//www. moe. gov. cn/jyb ＿ xwfb/gzdt ＿ gzdt/s5987/201908/t20190828 ＿ 396185. html.

③ 携手构建网络空间命运共同体. (2022 - 11 - 07) [2023 - 04 - 13]. http：//www. scio. gov. cn/zfbps/32832/Document/1732898/1732898. htm.

本、英国、西班牙、泰国等国教育机构、社会团体，共同发起"中文联盟"，为国际中文教育事业搭建教学服务及信息交流平台。中阿电子图书馆项目以共建数字图书馆的形式，面向中国、阿盟各国提供中文和阿拉伯文自由切换浏览的数字资源和文化服务等。2020 年 6 月，"中国联合展台在线平台"上线，集信息发布、展览展示、版权交易、互动交流等于一体，成为各国视听机构、视听节目和技术设备展示交流平台。构建多语种的"丝绸之路数字遗产与旅游信息服务平台"，以图片、音视频等推介丝绸之路沿线国家 1 500处世界遗产与旅游资源，充分展现其科学、美学、历史、文化和艺术价值。[①]中国积极研发数字公共产品，提升数字教育公共服务合作水平，推动网络文化交流与文明互鉴。

7.4　推动构建全球智慧教育共同体

进入数字时代，推进教育数字化转型、探索智慧教育受到世界各国共同关注。

7.4.1　智慧教育作为数字时代的教育形态

2006 年，新加坡提出了智慧国家战略（2006 年 Intelligent Nation；2014 年 the Smart Nation initiative）[②]；2008 年，IBM 提出"智慧地球"（Smarter Planet）的概念。受语言差异以及译者习惯影响，英语中的 Smart、Intelligent、Wisdom 这三个词都曾经被翻译为"智慧"。IBM 认为，借助新一代信息技术带来的万物被感知化、互联化、智能化（Infused with Intelligence），各种系统、流程和基础设施将变得效率更高、产出更多、响应更快，地球将更加智能。[③] 2014 年，国家发改委等八部门发布《关于促进智慧城市健康发展的指导意见》；2017 年，党的十九大报告中首次提出"智慧社会"的理念。

世界各国都积极关注新一轮科技革命和产业变革对教育的影响。UNESCO 信息技术研究所和北京师范大学的研究团队对全球智慧教育的相关研究认为，国际上对于什么是智慧教育（Smart Education）尚未形成共识，关于智慧教育或智

---

①　携手构建网络空间命运共同体. (2022 - 11 - 07)[2023 - 04 - 13]. http：//www. scio. gov. cn/zfbps/32832/Document/1732898/1732898. htm.

②　新加坡"智慧国家"战略整体架构与主要愿景. (2021 - 06 - 24)[2023 - 03 - 15]. http：//www. e-gov. org. cn/article-177666. html.

③　Palmisano S J. A Smarter Planet：The Next Leadership Agenda [Z]. 2008.

慧学习相关政策主要涉及基础设施、课程和教学、数字教育资源、技能和能力、治理、数字化管理等方面。[①] 随着数字科技与教育的融合创新发展，学者对于智慧教育内涵也有了"新形态""新范式""新体系"等不同认识，智慧教育是"通过人机协同作用以优化教学过程与促进学习者美好发展的未来教育范式"[②]；智慧教育是在人工智能、大数据、"互联网＋"和虚拟仿真等信息技术的支持下所构建的，着重解决原有教育体系中由于没有更好的手段和环境，所导致的教育共性、本质问题的教育新体系[③]；"构建智慧的学习环境，创新教育学方式以及教育治理模式，形成智慧教育新生态，服务学习者的全面发展"[④]；等等。

2023 年 2 月，世界数字教育大会在北京召开。会议以"数字变革与教育未来"为主题，会上发布了《中国智慧教育发展报告（2022）：迈向智慧教育的中国教育数字化转型》（China Smart Education Bluebook 2022：Digital Transformation of Chinese Education towards Smart Education）。报告畅想了中国智慧教育的发展路径——"三部曲"：以全面推进实现教育数字化为先导，进而推动教育系统的现代化改造与升级；全面支撑"人人皆学、处处能学、时时可学"的终身学习体系与学习型社会建设，实现由工业时代到数字时代的教育形态变革；建设更加成熟、更加定型的智慧教育，智慧教育是数字时代的教育新形态，与工业时代的教育形态有着质的差别。[⑤] 报告将智慧教育定义为教育的"新形态"，有别于工业时代。以规模化、标准化、专业化、班级教学为特征的教育形态，数字时代的智慧教育是数智技术全面赋能，目的是建立起人人皆学、处处能学、时时可学的高质量个性化终身学习体系。[⑥]

---

① UNESCO IITE，COL，BNU. Smart Education Strategies for Teaching and Learning：Critical Analytical Framework and Case Studies［M/OL］.［2023 - 05 - 06］. https：//iite. unesco. org/wp-content/uploads/2022/09/Smart-education-strategies-publication. pdf.

② 祝智庭. 教育呼唤数据智慧［J］. 人民教育，2018（1）：29 - 33.

③ 钟绍春. 人工智能如何推动教育革命［J］. 中国电化教育，2020（3）：17 - 24.

④ 雷朝滋. 抓住数字转型机遇　构建智慧教育新生态［J］. 中国远程教育，2022（11）：1 - 5.

⑤ 中国教育科学研究院. 中国智慧教育发展报告（2022）：迈向智慧教育的中国教育数字化转型［M］. 北京：教育科学出版社，2023：2.

⑥ 《中国智慧教育发展报告（2022）：迈向智慧教育的中国教育数字化转型》对智慧教育的全面表述为："智慧教育是教育数字化转型的重要目标，是未来的教育发展方向。在遵循教育规律和人才成长规律基础上，智慧教育通过现代科技全面融入赋能、驱动引领，推动实现个人发展和社会发展的全面高度统一，为每个学习者提供适合的教育，为社会发展提供系统性人才支撑；致力于建设人人皆学、处处能学、时时可学的高质量个性化终身学习体系；重塑教育内容，围绕发展素质教育，培养学习者高阶思维能力、综合创新能力、终身学习能力；融合物理空间、社会空间和数字空间，创新教育教学场景，促进人技融合，建构教与学新范式；以数据治理为核心、数智技术为驱动，优化再造流程，推进教育治理体系和治理能力现代化，提升教育的效率、效果和效益。"

7.4.2　构建全球智慧教育共同体的中国倡议

人类是休戚与共的命运共同体，同处数字时代的全球教育网络空间，开创智慧教育新未来，需要全世界共同努力。北京世界数字教育大会发布的《中国智慧教育发展报告（2022）：迈向智慧教育的中国教育数字化转型》提出了"推动构建全球智慧教育共同体"的中国倡议。

服务数字社会、培养数字公民，智慧教育成为亟待深入研究的时代课题，发展报告倡议国际社会共同关注智慧教育与数字社会的协同，让智慧教育与数字社会携手并进；共同关注智慧教育与数字技术的融合，建设安全、包容、可持续健康发展的智慧教育新形态；共同关注智慧教育发展的新特征、新趋势，探索破解教育质量、公平、效率的三角难题。发展报告提出了推动构建全球智慧教育共同体的建设路径：一是建议通过设立常规性国际会议、成立专门国际学术组织、创办专业国际学术期刊等方式，持续深入探索智慧教育的根本特性与多元价值，形成对智慧教育的广泛共识。二是建议共同创建国际智慧教育联盟，推动智慧教育设施设备、标准规范、伦理等生态建设，不断优化智慧教育发展生态；协助欠发达国家和地区提升教育数字化基础设施水平，共建智慧教育相关通用标准，协调数字教育相关法规制定，完善智慧教育治理机制，推动实现国际智慧教育的互联互通。三是建议扩大国际合作，促进数字教育资源的共建共享，加强国际智慧教育的优势互补，让智慧教育造福全人类。[①]

经过多年持续努力，中国教育信息化实现跨越式发展，校园网络接入率达到100%，拥有多媒体教室的中小学校占比达 99.5%，大规模应用取得了重大突破，为中国教育发展注入强大动力。2022 年，中国启动国家教育数字化战略行动，建成国家智慧教育公共服务平台，截至 2023 年 2 月，平台连接 52.9 万所学校，面向 1 844 万教师、2.91 亿在校生及广大社会学习者，总浏览量超过 67 亿次，访客量超过 10 亿人次，建设起世界最大的教育资源中心，在支撑抗疫"停课不停学"、缩小数字鸿沟等方面发挥重要作用，率先开启了迈向智慧教育之路。[②] 中国超大规模的教育数字化应用实践，将为人类追求教育公平、发展高质量教育的探索作出历史性贡献，为数字时代的智慧教育建设贡献中国智慧与力量。

---

① 中国教育科学研究院.中国智慧教育发展报告（2022）：迈向智慧教育的中国教育数字化转型[M].北京：教育科学出版社，2023：121-123.

② 加快数字化转型 深入推进智慧教育.（2023-02-15）[2023-03-25]. http：//www. moe. gov. cn/jyb_xwfb/xw_zt/moe_357/2023/2023_zt01/mtbd/202302/t20230215_1044860. html.

参考文献

［1］雷通群. 西洋教育通史［M］. 长春：吉林人民出版社，2016.

［2］丽莎·吉特尔曼. 纸知识［M］. 王昀，译. 上海：复旦大学出版社，2022.

［3］杜泽逊. 文献学概要［M］. 北京：中华书局，2008.

［4］李约瑟. 文明的滴定［M］. 张卜天，译. 北京：商务印书馆，2016.

［5］吴基传，翟泰丰. 大数据与认识论［J］. 科技哲学，2015（11）.

［6］威廉·G.鲍恩. 数字时代的大学［M］. 欧阳淑铭，石雨晴，译. 北京：中信出版社，2022.

［7］中共中央文献研究室. 习近平关于科技创新论述摘编［M］. 北京：中央文献出版社，2016.

［8］中共中央党史和文献研究院. 习近平关于网络强国论述摘编［M］. 北京：中央文献出版社，2021.

［9］刘桂锋，钱锦琳，田丽丽. 开放科学：概念辨析、体系解析与理念探析［J］. 图书馆论坛，2018（11）.

［10］盛小平，杨智勇. 开放科学、开放共享、开放数据三者关系解析［J］. 图书情报工作，2019（17）.

［11］武学超. 开放科学的内涵、特质及发展模式［J］. 科技进步与对策，2016（20）.

［12］王一雪. 经济语境中开放科学价值基础的框架构建研究——从米洛斯基的观点谈起［J］. 自然辩证法研究，2021（2）.

［13］陈劲，阳镇. 数字化时代下的开放科学：伦理难题与推进路径［J］. 吉林大学社会科学学报，2021（3）.

［14］张学文. 面向创新型国家的开放科学技术政策——理论内涵及建构逻辑与社会效应［J］. 科学学研究，2013（10）.

［15］我国数字化阅读方式首次明显超过纸质阅读.（2017－05－22）［2022－05－01］. http：//world. people. com. cn/n1/2017/0522/c1002－29291871. html.

［16］2021 年度中国数字阅读报告.（2022－06－08）［2023－04－02］. http：//www. cadpa. org. cn/3277/202206/41513. html.

［17］弗里茨・马克卢普. 美国的知识生产与分配［M］. 孙耀君，译. 北京：中国人民大学出版社，2007.

［18］肖峰. 信息时代认识论研究的新走向［N］. 光明日报，2016－12－08.

［19］张伟，马陆亭. 美国科技封锁对"双一流"建设的影响与对策［J］. 中国高教研究，2020（8）.

［20］德勤人工智能研究院. 人工智能的新篇章生成式人工智能对企业的影响和意义［R］. 2023.

［21］托马斯・库恩. 科学革命的结构［M］. 4 版. 金吾伦，胡新和，译. 北京：北京大学出版社，2020.

［22］刘红. 数据革命：从数到大数据的历史考察［J］. 自然辩证法通讯，2013（6）.

［23］陈铭. 谷歌图书与 Hathitrust 的比较与启示［J］. 图书馆杂志，2016（12）.

［24］联合国教科文组织. 反思教育：向"全球共同利益"的理念转变？［M］. 联合国教科文组织总部中文科，译. 北京：教育科学出版社，2017.

［25］格莱夫斯. 中世教育史［M］. 吴康，译. 上海：华东师范大学出版社，2005.

［26］刘洢颖，姚长青，潘云涛. 中文社会科学期刊开放获取现状调查与分析［J］. 中国科技期刊研究，2014（9）.

［27］付中静. 开放获取对国际眼科学期刊文献计量学指标的影响［J］. 出版广角，2016（2）.

［28］顾明远. 课程改革的世纪回顾与瞻望［J］. 教育研究，2001（7）.

［29］毛祖桓. 论信息技术对传统教育模式的影响［J］. 北京科技大学学报（社会科学版），1999（2）.

［30］晋浩天. 当教育遇上区块链，会擦出什么火花［N］. 光明日报，2018－11－12.

［31］刘宝存，岑宇. 以数字素养框架推动数字化人才培养［N］. 中国教育报，2023－02－27.

［32］教育部关于印发《高等学校人工智能创新行动计划》的通知.（2018－04－02）［2023－04－03］. http：//www. moe. gov. cn/srcsite/A16/s7062/201804/t20180410_332722. html.

［33］艾瑞咨询．中国人工智能自适应教育行业研究报告 2018［R］．2018．

［34］紧急调整"千兆学校"计划　疫情加速日本教育信息化［N］．中国教育报，2020 - 09 - 18．

［35］兰国帅，张怡，魏家财，等．未来教育的四种图景——OECD《2020年未来学校教育图景》报告要点与思考［J］．开放教育研究，2020（6）．

［36］Digital Education Action Plan 2021—2027［R］．EUROPEAN COMMISSION，2020．

［37］中国驻德国使馆教育处．德国教育科研"数字化战略"及其各领域倡议简介［J］．教育调研材料汇编，2020（6）．

［38］联合国教科文组织．北京共识——人工智能与教育［R］．2019．

［39］周蕾，赵中建．美国 K-12 阶段在线教育质量全国标准评析［J］．开放教育研究，2020（2）．

［40］孙丽娜，陈晓慧．数据地图引领美国 K-12 数字教学资源的变革［J］．外国中小学教育，2018（8）．

［41］中国驻法国使馆教育处．法国基础教育信息化的发展、应用及启示［J］．教育调研材料汇编，2020（6）．

［42］李冬梅．日本精准数据对接教育信息化［N］．中国教育报，2021 - 01 - 15．

［43］中国教育科学研究院．重大教育政策要点摘编及综述（2020）［M］．北京：教育科学出版社，2022．

［44］安东尼·M. 阿里奥托．西方科学史［M］．鲁旭东，张敦敏，等，译．北京：商务印书馆，2011．

［45］安东尼·塞尔登，等．第四次教育革命［M］．吕晓志，译．北京：机械工业出版社，2019．

［46］祝智庭，胡姣．教育数字化转型的实践逻辑与发展机遇［J］．电化教育研究，2022（1）．

［47］联合国举行教育变革峰会　古特雷斯敦促五方面变革．（2022 - 09 - 20）［2023 - 03 - 02］．http：//www. news. cn/world/2022 - 09/20/c＿1129017392. htm.

［48］Thematic Action Track 4 on "Digital learning and transformation".（2022 - 07 - 10）［2023 - 05 - 05］．https：//transformingeducationsummit. sdg4education2030. org/system/files/2022 - 07/Digital％20AT4％20dicussion％20paper％20July％202022. pdf.

［49］张地珂，车伟民．欧盟教育数字化转型：政策演进、关键举措及启示研究［J］．国家教育行政学院学报，2022（12）．

［50］Digital Education Action Plan 2021—2027［R］．EUROPEAN COMMISSION，2020．

［51］秦顺，汪全莉，邢文明. 欧美科学数据开放存取出版平台服务调研及启示［J］. 图书情报工作，2019（13）.

［52］Reimagining the Role of Technologyin Education：2017 National Education Technology Plan Update［R］. U. S. DEPARTMENT OF EDUCATION，2017.

［53］牛学利. 禁止使用武力原则在网络空间中的适用研究［D］. 外交学院，2022.

［54］王姝莉，黄漫婷，胡小勇. 美国、欧盟、德国、法国和俄罗斯教育数字化转型分析［J］. 中国教育信息化，2022（6）：13－19.

［55］Let's use the pandemic as adress-rehearsal formuch-needed digital transformation. （2022－10－18）［2023－03－25］. https：//hechingerreport. org/opinion-lets-use-the-pandemic-as-a-dress-rehearsal-for-much-needed-digital-trans-formation.

［56］国家互联网信息办公室. 数字中国发展报告（2020 年）［R］. 2021.

［57］中国教育科学研究院. 中国智慧教育发展报告（2022）：迈向智慧教育的中国教育数字化转型［M］. 北京：教育科学出版社，2023.

［58］张轶斌. 开放教育资源（OER）国际比较研究［D］. 华东师范大学，2011.

［59］李金华. 学术期刊的历史使命与期刊人的社会责任. 光明日报［N］. 2021－06－02.

［60］北京师范大学"一带一路"国家教育发展研究课题组. 国际开放教育资源发展研究报告［R］. 2018.

［61］周满生. "教育跨境提供"研究——国际教育服务贸易的最新进展及相关政策解析［J］. 教育发展研究，2005（5）.

［62］中国科学技术协会，国际科学、技术与医学出版商协会. 中国开放获取出版发展报告［R］. 2022.

［63］赵艳枝，龚晓林. 从开放获取到开放科学：概念、关系、壁垒及对策［J］. 图书馆学研究. 2016（5）.

［64］高云，闫温乐，张民选. 从"教育服务贸易"到"跨境教育"——三次国际教育服务贸易论坛精要解析［J］. 全球教育展望，2006（7）.

［65］宋佳，温亮明，李洋. 科学数据共享 FAIR 原则：背景、内容及实践［J］. 情报资料工作，2021（1）.

［66］易凌云. 互联网教育与教育变革［D］. 华中师范大学，2017.

［67］Open science. （2022－09－25）［2023－03－28］. https：//ec. Europa. eu/digital-single-market/open-science.

［68］UNESCO. （2022－09－28）［2022－10－29］. https：//en. unesco. org/

science-sustainable-future/open-science/recommendation.

[69] 邓履翔，熊杨. 联合国教科文组织《开放科学建议书》及反馈意见对我国开放科学的启示 [J]. 数字出版研究，2023 (1).

[70] 杨卫. 中国开放科学的两大考验、三道门槛、四条途径 [N]. 中国科学报，2022 - 09 - 02.

[71] 李琦，李颂. 把握开放科学战略机遇共筑开放创新生态 [J]. 今日科苑，2023 (4).

[72] "开放科学实践北京倡议"发布. (2021 - 09 - 28) [2022 - 10 - 23]. https：//www. gov. cn/xinwen/2021 - 09/28/content _ 5639905. htm.

[73] 张学文. 开放科学的动机：基于两部门科学家的实证研究 [J]. 科学学研究，2014 (11).

[74] 丁兴富，王龙. 麻省理工学院开放课件运动评述 [J]. 中国电化教育，2004 (10).

[75] 联合国教科文组织. 远程学习中令人担忧的数字鸿沟. (2020 - 04 - 21) [2022 - 08 - 12]. https：//www. unesco. org/zh/articles/yuanchengxuexizhonglingrendanyoudeshuzihonggou.

[76] 联合国教科文组织. 一起重新构想我们的未来：为教育打造新的社会契约 [M]. 北京：教育科学出版社，2022.

[77] 《青岛宣言》倡导利用信息通信技术达成新可持续发展目标中的教育目标. (2015 - 06 - 04) [2023 - 01 - 23]. https：//www. unesco. org/zh/articles/qingdaoxuanyanchangdaoliyongxinxitongxinjishudachengxinkechixufazhanmubiaozhongdejiaoyumubiao.

[78] 联合国教科文组织正式发布国际人工智能与教育大会成果文件《北京共识——人工智能与教育》. (2019 - 08 - 28) [2023 - 01 - 26]. http：//www. moe. gov.

[79] 许开轶. 论中国网络空间国际话语权的建构 [J]. 南京师大学报（社会科学版），2022 (4).

[80] 肖君主. 教育大数据 [M]. 上海：上海科学技术出版社，2019.

[81] 李建成. 开放科学运动初探 [D]. 湖南师范大学，2010.

[82] 史蒂芬·道恩斯. 联合国教科文组织《开放教育资源建议书》述评 [J]. 中国远程教育. 2020 (10).

[83] 赵艳，肖曼，张晓林，等. 开放教育资源的可持续发展：现状、问题与挑战 [J]. 图书馆论坛，2019 (3).

[84] 雷朝滋. 抓住数字转型机遇构建智慧教育新生态 [J]. 中国远程教育，2022 (11).

［85］祝智庭. 教育呼唤数据智慧［J］. 人民教育，2018（1）.

［86］钟绍春. 人工智能如何推动教育革命［J］. 中国电化教育，2020（3）.

［87］涂子沛. 数据之巅［M］. 北京：中信出版社，2019.

［88］卓子寒. 中国数据跨境流动政策与实践.（2023-03-31）［2023-04-02］. https：//www. thepaper. cn/newsDetail _ forward _ 22536102.

［89］胡盈滢，金慧. ♯GoOpen 计划：推进美国开放教育资源建设的国家行动［J］. 远程教育杂志，2017（4）.

［90］尚晓倩. SPARC Europe《欧洲高等教育图书馆开放教育》系列报告解读及启示［J］. 图书馆学研究，2023（4）.

［91］周满生. 从教育服务贸易到跨境教育——第二届教育服务贸易论坛侧记［J］. 教育研究，2004（6）.

［92］郭绍青，张进良，贺相春. 美国 K-12 开放教育资源：政策、项目与启示［J］. 电化教育研究，2016（7）.

［93］庄瑜，裴祎颖. 欧洲高校图书馆开放教育资源的实践与启示［J］. 世界教育信息，2023（1）.

［94］靳希斌. 国际教育服务贸易研究——规则解读与我国的承诺［J］. 北京师范大学学报（社会科学版），2004（1）.

［95］张进清. 跨境高等教育研究［D］. 西南大学，2012.

［96］劳伦斯·莱斯格. 代码 2.0：网络空间中的法律［M］. 李旭，等，译. 北京：清华大学出版社，2009.

［97］约翰·诺顿. 网络空间：从神话到现实［M］. 朱萍，等，译. 南京：江苏人民出版社，2001.

［98］托马斯·赫尔斯曼. 远程教育的变迁：新技术与成本结构变化［J］. 开放教育研究，2006（6）.

［99］国家网络空间安全战略.（2016-12-27）［2022-12-15］. http：//www. xinhuanet. com/politics/2016-12/27/c1120196479. htm.

［100］携手构建网络空间命运共同体.（2022-11-07）［2023-04-13］. http：//www. scio. gov. cn/zfbps/32832/Document/1732898/1732898. htm.

［101］携手建设更加美好的世界——写在习近平主席提出构建人类命运共同体理念十周年之际.（2023-03-23）［2023-04-27］. https：//www. gov. cn/xin-wen/2023-03/23/content_5747952. htm.

附　录

附录 1
联合国教科文组织《开放科学建议书》

序言

联合国教科文组织大会于 2021 年 11 月 9 日至 24 日在巴黎举行第四十一届会议，认识到迫切需要解决人类和地球所面临的错综复杂且相互关联的环境、社会和经济挑战，包括贫困、健康、教育机会、日益严重的不平等和机会不均，愈益拉大的科学、技术和创新差距，自然资源枯竭、生物多样性丧失、土地退化、气候变化、自然和人为灾害，不断升级的冲突及相关人道主义危机，承认科学、技术和创新可为改善人类福祉，增强环境可持续性，增进对地球的生物和文化多样性的尊重，推动可持续的社会和经济发展以及促进民主与和平提供解决方案，对于应对这些挑战至关重要，又承认信息和通信技术的蓬勃发展和全球互联互通为加快人类进步和推动建设知识社会带来机会和可能，并强调缩小国家之间和地区之间以及国家和地区内部存在的科技创新和数字差距的重要性，注意到开放科学在减少科技创新领域现有的不平等以及加快实施《2030 年议程》和实现可持续发展目标等方面具有变革潜力，特别是在非洲、最不发达国家、内陆发展中国家和小岛屿发展中国家，考虑到教科文组织的总体优先事项，即性别平等和非洲，以及需要将所有这些方面纳入开放科学政策和实践的主流，以期解决导致不平等的根本原因并为此提供有效的解决方案，考虑到更加开放、透明、合作和包容的科学实践与更易获得、可核查且接受审查和批判的科学知识共同构成一项更具效能的事业，可以提高科学的质量、可再现性和影响力，从而提升稳健决策和政策以及增进对科学的信任所需证据的可靠性，又注意到全球 COVID-19 卫生危机在全世界范围内证明，亟待且必须促进公平获取科学信息，推动科学知识、数据和信息的共享，加强科学合作以及基于科学和知识的决策，以应对全球紧急情况，增强社会复原力，决心根据适用的国际协定所规定的权利和义务，包括例外和灵活性，确保所有国家都能公开获得应对当前和未来全球卫生危机及其他危机所需的科学知识、数据、方法和程序，从而在获取科学以及科学进步所产生的惠益方面不让任何一个人掉队，申明《世界人权宣言》的各项原则，特别是第十九条和第二十七条所载原则，又申明 2007 年《联合国土著人民权利宣言》，以及教科文组织《组织法》第 I 条规定，教科文组织的主要职能之一是通过鼓励国家间在文化活动各领域进行合作，包括交换出版物、艺术及科学物品以及其他信息资料，以及通过提出各种国际合作办法以利于各国人民取得其他国家之印刷品与出版物，维护、增进和传播知识，依托教科文组织大会第三十九届会议通过的 2017 年教科文组织《关于科学和科学研究人员的建议书》，该建议书除其他外，认识到科学作为共同利益的重大价值，以及 2019 年教科文组织《关于开放式教育资源的建议书》和 1971 年教科文组织《世界版权公约》，并注意到教科文组织大会第三十六届和第三十二届会议分别通过的《教科文组织进一步促进开放获取科学信息与研究成果战略》与《教科文组织保存数字遗产宪章》，又认识到现有国际法律框架，特别是关于知识产权（包括科学家对其科学作品的权利）的国际法律框架的重要性，还承认开放科学实践植根于合作和共享的价值观，建基于现有的知识产权制度，并促推这样一种开放式做法，即鼓励实行开放许可，扩充公有领域内的材料，并酌情利用知识产权制度所具有的灵活性，从而为了科学和社会的利益扩大每个人获取知识的途径，增加开展创新和参与知识共创的机会，还注意到促进开放、透明和包容的开放科学实践已在世界各地展开，而且越来越多的科学产出或已进入公有领域，或已按照开放许可制度获得许可，允许在特定条件下自由获取、重复使用和发行作品，但须适当注明创作者的身份。

　　开放科学发端于几十年前的一场运动，该运动旨在变革科学实践，以适应数字时代的变化、挑战、机遇和风险，增强科学的社会影响，并就此注意到 1999 年教科文组织/国际科学理事会的《科学和利用科学知识宣言》和《科学议程—行动框架》、2002 年《布达佩斯开放获取倡议》、2003 年《贝塞斯达开放获取出版宣言》以及 2003 年《自然与人文科学知识开放存取的柏林宣言》，还认识到现有大量证据表明，对于开放科学实践和基础设施的投资可以带来经济效益和可观的回报，由此可以促成创新以及充满活力的研究和经济伙伴关系，认同扩大参与科学进程和获取科学产出的途径可以减少在收集、创建、转让和重复使用数据和科学材料方面的重复成本，能够运用相同数据开展更多研究，并通过增加地方、国家、地区和全球参与研究进程的机会以及更广泛地传播科学研究结果的机会，增强科学的社会影响，从而提高科学系统的有效性和生产力，认识到研究界为推进落实应对复杂问题的共同研究议程而利用共享知识基础设施开展的集体科学进程日益重要，考虑到开放科学的合作和包容特点有助于新的社会行为者通过公众科学和参与式科学等方式参与科学进程，从而促进知识民主化，打击错误信息和虚假信息，应对现有的系统性不平等以及财富、知识和权力壁垒，并引导科学工作解决具有社会重要性的问题，承认开放科学不仅会推动加强科学界之间的科学知识共享，还会促进吸纳和交流来自历来代表性不足或受排斥群体（例如妇女、少数群体、土著学者、较弱势国家和低资源语言国家的学者）的学术知识，并有助于减少不同国家和地区之间在获取科学发展、基础设施和能力方面的不平等，又认识到开放科学尊重世界各地文化和知识体系的多样性，将其作为可持续发展的基础，促进与土著人民和地方社区之间的开放式对话以及对多种知识持有者的尊重，以促进解决当代问题和提出实现变革的新战略，在通过和适用本建议书时，虑及在不同国家决定科技创新模式和组织方式的法律、规章和习俗存在广泛多样性：

1.兹于 2021 年 11 月 23 日通过这份《开放科学建议书》；

2.建议会员国适用本建议书的各项规定，特别是根据各自国家的宪法实践和治理结构采取适当步骤，包括必要的立法或其他措施，使建议书的原则在本国管辖范围内生效；

3.建议会员国提请负责科技创新的主管部门和机构注意到本建议书，并征求开放科学相关行为者的意见；

4.建议会员国在促进开放科学发展的双边、地区、多边和全球举措中开展协作；

5.建议会员国按照规定的日期和方式，向教科文组织大会报告根据本建议书采取的行动。

Ⅰ.建议书的宗旨和目标

1.本建议书旨在为开放科学政策和实践提供这样一个国际框架，即承认关于开放科学的观点存在学科和地区差异，考虑到学术自由、促进性别平等变革的方法以及不同国家特别是发展中国家的科学家和其他开放科学行为者所面临的具体挑战，并有助于缩小国家之间和国家内部存在的数字、技术和知识鸿沟。

2.本建议书概述国际层面关于开放科学的通用定义、共同价值观、原则和标准，并提出一系列有利于在个人、机构、国家、地区和国际层面公平公正地实施全民开放科学的行动。

3.为实现这一宗旨，本建议书的主要目标和行动领域如下：

a.促进就开放科学、相关惠益和挑战以及开放科学的多样化途径形成共识；

b.营造有利于开放科学的政策环境；

c.投资于开放科学基础设施和服务；

d.投资于开放科学的人力资源、培训、教育、数字素养和能力建设；

e.厚植开放科学文化，协调统一开放科学的激励措施；

f.在科学进程的不同阶段促进开放科学的创新方法；

g.在开放科学的背景下，从缩小数字、技术和知识差距的角度促进国际和多利益攸关方合作。

Ⅱ.开放科学的定义

4.根据 2017 年教科文组织《关于科学和科学研究人员的建议书》，"科学"一词系指这样一种事业：人类以个体或大小不一的群体方式，在合作与竞争中开展组织有序的探索，客观地研究所观察到的现象并通过研究结果和数据共享以及同行评审加以证实，以发现和掌握各种因果关系、关联或相互作用；通过系统思考和概念生成，以协调的方式汇集由此获得的知识子体系；从而使自己有可能从理解自然界和社会的某些过程和现象中受益。

5.开放科学在学术自由、研究诚信和科学卓越基本原则的基础上，确立了一种新的范式，把随着科学内容、工具和进程开放程度的提高而形成的可再现性、透明度、共享和合作的做法融进科学事业。

6.在本建议书中，开放科学被定义为一个集各种运动和实践于一体的包容性架构，旨在实现人人皆可公开使用、获取和重复使用多种语言的科学知识，为了科学和社会的利益增进科学合作和信息共享，并向传统科学界以外的社会行为者开放科学知识的创造、评估和传播进程。开放科学涵盖所有科学学科与学术实践的各个方面，包括基础科学和应用科学、自然科学和社会科学以及人文科学，并建基于以下主要支柱之上：开放式科学知识、开放科学基础设施、科学传播、社会行为者的开放式参与以及与其他知识体系的开放式对话。

7.开放式科学知识系指对具有以下特点的科学出版物、研究数据、元数据、开放式教育资源、软件以及源代码和硬件的开放获取；或已进入公有领域，或受版权保护但已根据开放许可获得许可，从而允许在特定条件下获取、重复使用、转用、改编和发行；立即或尽快向所有行为者提供，而不论其所在地、国籍、种族、年龄、性别、收入、社会经济状况、职业阶段、学科、语言、宗教、残障情况、族裔、移民身份或任何其他状况如何；并且实行免费。它还指开放研究方法和评估进程的可能性。因此，用户可以免费获取：

a.科学出版物，包括经同行评审的期刊文章和书籍、研究报告以及会议论文。科学出版物可由出版商在开放获取在线出版平台上传播，且/或在出版后立即存放至由学术机构、学术团体、政府机构或其他致力于共同利益的资深非营利组织支持和维护的开放式在线存储库并开放访问，从而实现开放获取、无限制发行、可互操作以及长期数字保存和存档。与出版物有关的科学产出（例如原始科学研究结果、研究数据、软件、源代码、源材料、工作流程和协议、图像和图表材料的数字表现形式以及学术性多媒体材料）若已开放许可或已专用于公有领

为了科学和社会的利益增进科学合作和信息共享

开放科学

实现人人皆可公开使用、获取和重复使用多种语言的科学知识

向传统科学界以外的社会行为者开放科学知识的创造、评估和传播进程

域，则应按照能将其与出版物妥善关联起来的适当技术标准，存放至适当的开放式资源库。设置付费墙的出版方法，即只有付费后才能立即获取科学出版物，不符合本建议书的宗旨。任何对第三方的版权转让或许可都不得限制公众立即开放获取科学出版物的权利。

b.开放式研究数据，包括具有以下特点的原始的和经过处理的数字数据与模拟数据及随附的元数据，以及数字分数、文字记录、图像和声音、协议、分析代码和工作流程等：任何人都可以公开使用、重复使用、保留和重新发行，但须注明出处；依照良好数据治理和管理原则，特别是 FAIR（可查询、可获取、可互操作和可重复使用）原则，及时以方便用户、人机可读和可操作的格式提供，并辅以定期监管和维护。

c.开放式教育资源，根据 2019 年教科文组织《关于开放式教育资源的建议书》的定义，包括以任何媒介（数字或其他媒介）为载体且已进入公有领域或已根据开放许可发布，从而允许他人在无限制或有限限制的情况下免费获取、使用、改编和重新发行的学习、教学和研究资料，特别是那些与理解和使用其他可开放获取的科学知识有关的资料。

d.开源软件和源代码，一般包括根据授权他人使用、获取、修改、扩展、研究、创造衍生作品和分享软件及其源代码、设计或蓝图的开放许可，以人机可读且可修改的格式和及时且方便用户的方式，向公众开放源代码的软件。源代码必须包含在软件发行版本中，并存入可公开访问的存储库，而且所选许可方式必须允许在同等或兼容的开放条款条件下作出修改、创作衍生作品以及进行共享。在开放科学的背景下，当开放源代码是研究过程的一个组成部分时，要实现重复使用和复制，一般需要开放源代码附带开放数据及其编译和运行所需环境的开放式规范。

e.开源硬件，一般包括采用如下许可方式的物理对象设计规格：任何人皆可研究、修改、创造和发行所述对象，以便让尽可能多的人有能力构建、改编和分享其硬件设计和功能方面的知识。不论是开源软件还是开源硬件，都需要一个社区驱动的贡献、归属和治理流程，以实现重复使用，增强可持续性并减少不必要的重复工作。软件代码、工具说明、设备样品和设备本身可以自由传播和改编，但必须符合国家法律法规中关于确保安全使用的规定。

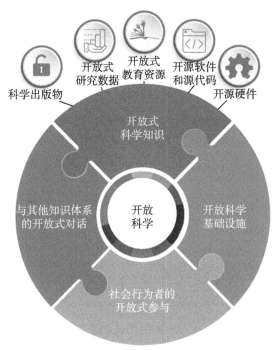

8.科学知识的获取应尽可能开放。对获取所设的限制应相称且合理。此种限制唯有出于保护人权、国家安全、机密和隐私权，尊重作为研究对象的人、尊重法律程序和公共秩序，保护知识产权和个人信息、保护神圣和秘密的土著知识以及保护稀有、受威胁或濒危物种的原因，方谓合理。但某些尚未公开可用、可获取和可重复使用的数据或代码仍可根据依照地方、国家或地区相关治理实例确立的获取标准，在特定用户之间进行共享。对于不能开放获取数据的情况，务须开发数据假名化、匿名化工具、协议以及中介获取系统，以便能够酌情共享尽可能多的数据。合理限制的必要性也可能会随着时间的推移而改变，从而在未来某一时间实现数据开放或限制对数据的获取。

9.开放科学基础设施，系指支持开放科学和满足不同社区需求所需的共享研究基础设施（虚拟的或物理的，包括主要科学设备或成套仪器；知识型资源，如汇编、期刊和开放获取出版平台、存储库、档案和科学数据；现有的研究信息系统、用于评估和分析科学领域的开放文献计量学和科学计量学系统；能够实现协作式和多学科数据分析的开放计算和数据处理服务基础设施以及数字基础设施）。开放实验室、收录出版物、研究数据和源代码的开放科学平台和存储库、软件源代码托管平台和虚拟研究环境，以及数字化研究服务，特别是那些能够通过持久性唯一标识符明确识别科学对象的服务，均属于开放科学基础设施的关键组成部分，它们为管理以及获取、移植、分析和集成数据、科学文献、专题科学优先事项或社区参与提供必不可少的开放和标准化服务。不同的存储库固然要顺应所载对象（出版物、数据或代码）的特性、当地具体情况、用户需求和研究界的要求，但也应采用可互操作标准和最佳做法，以确保存储库中的内容可供人类和机器适当审查、查询和重复使用。提供共用物理设施、能力和服务机会的开放科学基础设施的其他实例，还有开放式创新试验台（包括孵化器）、无障碍研究设施、开放许可证管理机构，以及科学商店、科学博物馆、科学园和探索性设施。开放科学基础设施往往是社区建设努力的成果，这对于开放科学基础设施的长期可持续性至关重要，因此应该不以营利为目的，并最大限度地保证所有公众可不受限制地永久使用。

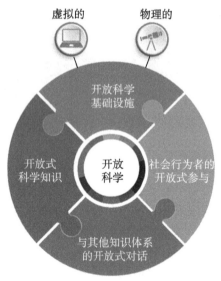

10.社会行为者的开放式参与，系指科学家与科学界以外的社会行为者之间，通过开放研究周期所涉实践和工具，并通过以众筹、众包和科学志愿服务等新的合作和工作形式为基础，增强科学进程对更广泛有志于探究社会的包容性和开放性，广泛开展合作。从运用跨学科研究方法等方式培养解决问题的集体智慧这一角度来看，开放科学为公众和社区参与知识生成以及加强科学家、政策制定者、从业者、企业家和社区成员之间的对话奠定了基础，使所有利益攸关方在开展符合其关切、需求和愿望的研究方面都拥有发言权。此外，公众科学和公众参与作为由非专业科学工作者开展科学研究的模式得到发展，此种模式的科学研究遵循科学有效的方法，往往是以网络平台和社交媒体以及开源硬件和软件（特别是低成本的传感器和移动应用程序）作为重要的互动媒介，与正规科学计划或专业科学工作者联动展开。为实现包括科学家在内的其他行为者对公众科学和参与式科学产出的有效再利用，应对这些产出采用必要的监管、标准化和保存方法，以确保最大限度地惠及所有各方。

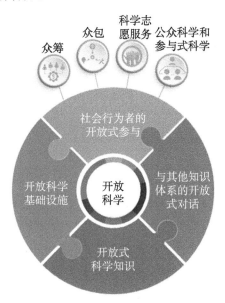

11. 与其他知识体系的开放式对话，系指不同知识持有者之间根据 2001 年教科文组织《世界文化多样性宣言》展开的、承认各种知识体系和认识论之丰富性以及知识生产者之多样性的对话。其目的是促进吸纳来自历来被边缘化学者的知识、加强各种认识论之间的相互关系和互补性、遵守国际人权规范和标准、尊重知识主权和治理、承认知识持有者有权公平公正地分享因利用其知识而产生的惠益。特别是要根据 2007 年《联合国土著人民权利宣言》和土著数据治理原则，例如"集体利益、控制权、责任和道德操守"（CARE）数据原则，建立起与土著知识体系的联系。这方面的工作承认土著人民和地方社区对传统知识相关数据及其土地和资源数据的保管、所有权和管理享有治理权和决策权。

12.公共部门在实施开放科学方面应发挥主导作用。不过，由私营部门资助的研究也应以开放科学原则为指导。此外，在研究和创新体系中，行为者和利益攸关方为数众多，他们在开放科学的实施中各有作为。不论国籍、族裔、性别、语言、年龄、学科、社会经济背景、供资基础、职业阶段或任何其他状况如何，开放科学行为者尤其包括：研究人员、科学家和学者、研究机构的领导人、教育工作者、学术界、专业协会的成员、学生和青年研究人员组织、信息专家、图书

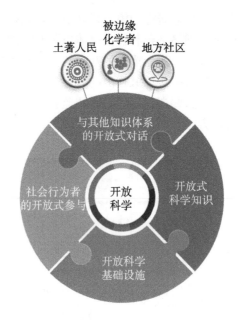

管理员、用户和广大公众（包括社区、土著知识持有者和民间社会组织）、计算机科学家、软件开发人员、编码员、创意人员、创新者、工程师、公众科学家、法律学者、立法者、地方法官和公务员、出版商、编辑和专业协会的成员、技术人员、研究资助方和慈善家、政策制定者、学术团体、专业领域的从业人员以及与科技创新相关的私营部门代表。

Ⅲ. 开放科学的核心价值观和指导原则

13.开放科学的核心价值观，脱胎于向社会开放科学和将开放原则扩大适用于整个科学研究周期所产生的、以权利为基础的伦理、认识论、经济、法律、政治、社会、多利益攸关方和技术影响。具体包括：

a.质量和诚信：开放科学应尊重学术自由和人权，并通过汇聚多源知识、广泛提供研究方法和产出以接受严格的审查和检验以及透明的评估程序，支持高质量的研究。

b.集体利益：开放科学作为一项全球公益事业，理应为人类所共有并造福全人类。为此，科学知识应公开可用，其惠益应普世共享。科学实践应具有包容性、可持续性和公平性，在科学教育和能力发展的机会方面也应如此。

c.公平公正：开放科学应发挥重要作用，确保发达国家与发展中国家研究人员之间的公平，让科学投入和产出能够得到公平互惠的共享，让知识的生产者和消费者都能够平等获取科学知识，而不论其所在地、国籍、种族、年龄、性别、收入、社会经济状况、职业阶段、学科、语言、宗教、残障情况、族裔、移民身份或任何其他状况如何。

d. 多样性和包容性：开放科学应广纳各种知识、实践、工作流程、语言、研究产出和研究课题，为应对整个科学界、不同研究群体和学者以及传统科学界以外的广大公众和知识持有者（包括土著人民和地方社区以及来自不同国家和地区的社会行为者）的需求和认知多元化提供相应支持。

14. 下述开放科学指导原则就奉行上述价值观和践行开放科学之理想的有利条件和做法提供了一个框架：

a. 透明度、审查、批判和可再现性：应在科学工作的各个阶段促进提升开放性，以期加强科学成果的力度和严谨性，增强科学的社会影响，提高整个社会解决错综复杂且相互关联的问题的能力。提升开放性可以提高科学信息的透明度和可信度，并强化科学的基本特征，即科学是一种以证据为基础并经过事实、逻辑和科学同行检验的独特知识形式。

b. 机会均等：所有科学家以及其他开放科学行为者和利益攸关方，不论其所在地、国籍、种族、年龄、性别、收入、社会经济状况、职业阶段、学科、语言、宗教、残障情况、族裔、移民身份或任何其他状况如何，皆享有参与、助推和受益于开放科学的均等机会。

c. 责任、尊重和问责：开放程度越高，所有开放科学行为者肩负的责任就越重，责任与公共问责、对利益冲突的敏感性、对研究活动潜在社会和生态后果的警惕性、对知识的诚笃以及对研究相关伦理原则和影响的尊重，应共同构成开放科学良好治理的基础。

d. 协作、参与和包容：在科学进程的各个层面超越地域、语言、代际和资源界限开展协作应成为常态，并应促进学科间协作，同时应让社会行为者充分和有效地参与，并吸纳来自边缘化社群的知识来解决具有社会重要性的问题。

e. 灵活性：由于世界各地科学系统、行为者和能力参差多样，而且辅助性信息和通信技术不断发展，不存在放之四海而皆准的开放科学践行方法。需要鼓励采取不同途径向开放科学过渡和践行开放科学，同时坚持上述核心价值观，并尽可能地遵守本建议书所述的其他原则。

f. 可持续性：为尽可能发挥最大效能和影响力，开放科学应建基于确保来自较弱势机构和国家的科学生产者平等参与的长期实践、服务、基础设施和供资模式之上。开放科学基础设施的组织和资助方应着眼于本质上不以营利为目的的长期愿景，以加强开放科学实践，并最大限度地保证所有人不受限制地永久使用。

Ⅳ. 行动领域

15. 为实现本建议书的目标，建议会员国根据国际法并结合本国政治、行政和法律框架，在以下七个领域同时采取行动。

（ⅰ）促进就开放科学、相关惠益和挑战以及开放科学的多样化途径形成共识。

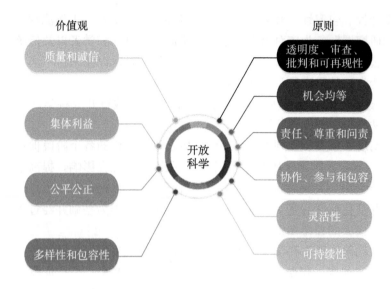

16.建议会员国促进和支持在科学界内以及不同开放科学行为者之间，就本建议书定义的开放科学形成共同认识，并从战略角度规划和支持机构、国家和地区层面的开放科学宣传活动，同时尊重开放科学方法和做法的多样性。鼓励会员国考虑开展以下工作：

a.确保开放科学涵纳本建议书所概述的价值观和原则，以确保开放科学的惠益，并实现共享和互惠，杜绝以不公平和/或不公正的方式攫取数据和知识。

b.确保由公共资金资助的研究系根据本建议书的规定，特别是本建议书第8点的规定，秉持开放科学各项原则展开，并确保由公共资金资助的研究所取得的科学知识（包括科学出版物、开放式研究数据、开源软件、源代码和开源硬件）实行开放许可或专用于公有领域。

c.通过出版物（包括人文科学和社会科学出版物）形式和手段的多样性以及商业模式的多样性，鼓励文献多样性，为此，应支持非营利性、学术性和由科学界驱动的出版模式，将其作为一项共同利益。

d.鼓励在科学实践、科学出版物和学术交流中使用多种语言。

e.确保在开放科学实践中不得侵犯各社群的需求和权利，包括2007年《联合国土著人民权利宣言》中载明的土著人民对其传统知识的权利。

f.加强开放科学传播，以支持向其他研究领域的学者、决策者和广大公众传播科学知识。

g.吸收私营部门参与讨论如何拓展并共享开放科学的原则和优先事项。

h.促进开展多利益攸关方的开放式讨论，探讨开放科学的惠益及其在诸如竞争、以更先进的技术攫取数据和利用数据牟利、与知识产权的联系、隐私、安全以及由公共资金和私人资金资助的研究之间的不平等等方面的实际和明显的挑战，以便建设性地应对这些挑战，并遵循本建议书中概述的价值观和原则践行开放科学做法。

（ⅱ）营造有利于开放科学的政策环境。

17. 会员国应根据本国具体国情、治理结构和宪法规定，在机构、国家、地区和国际等层面营造或促进有助于实施开放科学和有效践行开放科学做法的政策环境，包括激励研究人员开展开放科学实践的政策研究。鼓励会员国考虑通过透明的参与式多利益攸关方进程，包括与科学界（特别是科研新人）和其他开放科学行为者的对话，开展以下工作：

a. 制定有效的机构和国家开放科学政策和法律框架，这些政策和框架应与现行国际和地区法律相一致，并与本建议书中概述的定义、价值观和原则以及行动相契合。

b. 协调从各机构到地方和国际层面的开放科学政策、战略和行动，同时尊重开放科学方法的多样性。

c. 将性别平等问题纳入开放科学政策、战略和实践的主流。

d. 鼓励研究机构，特别是接受公共资金的机构，实施开放科学政策和战略。

e. 鼓励研究机构、大学、科学联合会和协会以及学术团体根据本建议书通过的原则声明，与国家科学院、青年学院等科研新人协会和国际科学理事会协调促进开放科学实践。

f. 在国家、机构和资助方层面，进一步将公众科学和参与式科学作为不可或缺的内容纳入开放科学政策和实践。

g. 设计可与多个行为者共同生产知识的模式，并制定确保非科学类合作得到承认的准则。

h. 鼓励负责任的研究及研究人员评价和评估做法，以此激励优质科学成果，并承认研究产出、活动和任务的多样性。

i. 促进公平的开放科学公私伙伴关系，吸收私营部门参与开放科学，条件是须实行适当的认证和监管，以防止内定供应商、掠夺性行为以及以不公平和（或）不公正的方式利用由公共资金资助的科学活动的牟利行为。鉴于开放科学所涉及的公共利益以及公共资金的作用，会员国应确保与科学和开放科学有关的服务市场为全球和公众利益服务，且不为任何商业实体所主导。

j. 根据开放科学的核心价值观和原则，制定、实施和监测关于科学的供资和投资政策与战略。与实施开放科学相关的成本涉及：支持开放科学研究、出版、数据和编码实践，开发和采用开放科学基础设施和服务，所有行为者的能力建设，以及采用创新、高度协作和参与式方法推进科学事业。

（ⅲ）投资于开放科学基础设施和服务。

18. 开放科学需要且值得对科技创新进行系统性长期战略投资，重点是对技术和数字基础设施及相关服务（包括其长期维护）进行投资。这些投资应包括资金和人力资源。鉴于科学是一项全球公益事业，应将开放科学服务视为必不可少的研究基础设施，由社区管理和拥有，并由政府、资助方及代表研究界和社会的不同利益和需求的机构共同出资。鼓励会员国促进非商业性开放科学基础设施建设，并确保在以下方面进行充分投资：

a.科学、技术和创新，把将至少1%的国内生产总值（GDP）专门用于研发支出作为努力方向。

b.可靠的互联网连接和带宽，以供世界各地的科学家和科学用户使用。

c.关于国家研究和教育网络（NREN）及其功能，鼓励地区和国际合作，以确保在各国研究和教育网络服务之间实现最大限度的互操作性和一致性。

d.非商业性基础设施，包括支持开放科学方法的计算设施以及数字公共基础设施和服务。这些设施应有助于确保包括科学信息、数据、源代码和硬件规格在内的研究产品得到长期保存和管理并为社区所掌控，研究人员相互合作，研究产品得到共享和重复使用。任何辅助性研究基础设施或服务都应具备坚实的社区主导基础，并确保互操作性和包容性。开放科学的数字基础设施应尽可能地以开源软件为基础。可通过直接资助和从每笔资助中留出一定比例专用资金的方式来支持这些开放式基础设施。

e.为开放科学建设联合信息技术基础设施，包括必要的高性能计算、云计算和数据存储，以及完善、开放、由社区管理的基础设施、协议和标准，以支持文献多样性和与社会互动。在通过加强国家、地区和国际层面现有开放科学基础设施和服务的联合以避免碎片化的同时，还应注意确保此类基础设施向所有人开放，实现国际互联，具备尽可能高的互操作性，并且遵循某些核心规范，特别是关于数据管理的FAIR（可查询、可获取、可互操作和可重复使用）原则和CARE（集体利益、控制权、责任和道德操守）原则。对于每一个具有科学意义的数字对象，无论是数据、数据集、元数据、代码还是出版物，都应设法满足其具体的技术要求。数据管理基础设施的能力应以公平的方式服务于所有科学学科的需求，无论其使用的数据数量和性质如何，也无论其采用何种方法来处理数据。开放科学基础设施和服务应以科学家和其他使用群体的需求为导向，开发切合他们实践所需的功能，并提供人性化界面。还应适当注意数字对象的持久性标识符，例如，每一类数字对象所对应的开放式持久性标识符的适当定义和分配；有效评估、获取、使用和重复使用这些数字对象所需的元数据；以及值得信赖的地区或全球数据存储库网络对数据的妥善管理。

f.在地区或全球研究界范围内缔结社区协议，明确数据共享、数据格式、元数据标准、本体和术语、工具和基础设施等社区做法。国际科学联合会和协会、地区或国家研究基础设施以及期刊编辑委员会在协助拟订这些协议方面皆可有所作为。此外，各种语义人工产物（特别是词汇、分类、本体和元数据模式）之间的融合对于实现跨学科研究数据的互操作性和重复使用至关重要。

g. 开展北北、北南和南南合作，以优化基础设施利用，并在共享、多国、地区和国家开放科学平台方面采取联合战略，具体做法包括促进研究合作、共享开放科学基础设施、技术援助、转让和共同开发与开放科学有关的技术以及根据相互商定的条件交流良好做法。此类举措是为开放科学提供协调支持的机制，具体涵盖：获取开放科学服务和研究基础设施（包括存储、管理和数据公域），协调统一政策、教育计划和技术标准。现有多项举措正在不同地区展开，这些举措务必要在政策、实践和技术规范上实现互操作性。同时还务必为资助计划注入资金，让科学家能够创建和使用此类平台，特别是在中低收入国家。

h. 可自动搜索和分析链接出版物和数据，运用使假设生成和验证过程更快、更高效的新一代开放信息技术工具。这些工具和服务在跨越机构、国家和学科界限的开放科学框架内使用时将会实现影响最大化，同时能够应对因利用人工智能技术开发和使用此类工具可能产生的潜在风险和伦理问题。

i. 科学进程不同阶段的创新方法（见本建议书的第 21 点）与国际科学合作（见本建议书的第 22 点）。

j. 为向开放科学实践转型和坚持开放科学实践以及促进实行开放许可制度提供必要经费。

k. 用于非数字材料（如试剂）的基础设施。

l. 科学家与社会之间进行知识交流和共创的平台，包括为在地方层面开展公众科学和参与式研究的志愿者组织提供可预测和可持续的资金。

m. 基于社区的监测和信息系统，以对国家、地区及全球数据和信息系统形成补充。

（iv）投资于开放科学的人力资源、培训、教育、数字素养和能力建设。

19. 开放科学需要在能力建设和人力资本方面投资。要变革科学实践以适应 21 世纪数字时代的变化、挑战、机遇和风险，则需要就新技术所需的技能以及开放科学的理念和实践开展有针对性的研究、教育和培训。鼓励会员国考虑开展以下工作：

a. 就开放科学的概念和实践开展系统和持续的能力建设，内容包括对开放科学指导原则和核心价值观的广义理解，以及数字素养、数字协作实践、数据科学及管理、监管、长期保存和存档、信息和数据素养、网络安全、内容所有权和共享以及软件工程和计算机科学方面的技术技能和能力。

b. 为需要掌握特定能力以便在其职业生涯中使用开放科学产品、处于不同职业阶段的研究人员以及活跃在私营和公共部门或民间社会的行为者商定一个与具体学科相匹配的开放科学能力框架，并制订公认技能与培训计划，以支持获得这些能力。应将一系列核心的数据科学和数据管理技能、与知识产权法有关的技能，以及确保开放获取和与社会适当互动所需的技能，视为所有研究人员应具备的基础性专门技能，并纳入高等教育研究技能课程。

c.投资并促进数据科学和数据管理领域的高等教育与职能专业化。要实现开放科学，还需要数据治理者能够协同科学界为国家或地方层面的数据管理和开放制定战略方向，以及信用机构或服务部门内的高级专业数据管理员能够按照商定原则特别是 FAIR 和 CARE 原则开展数据管理和监管。为利用开放科学所带来的机遇，研究项目、研究机构和民间社会举措需要借助先进的数据科学技能，包括分析、统计、机器学习、人工智能、可视化方面的技能，以及秉持科学和伦理责任精神编写代码和使用算法的能力。

d.促进对 2019 年教科文组织《关于开放式教育资源的建议书》所定义的开放式教育资源的利用，将其作为开展开放科学能力建设的工具。因此，应利用开放式教育资源来增加对开放科学教育和研究资源的获取机会，改善学习成果，最大限度地发挥公共资金的影响，使教育者和学习者有能力成为知识的共同创造者。

e.支持伴随开放科学实践开展科学传播，以期向其他研究领域的学者、决策者和广大公众传播科学知识。通过科学期刊和媒体、公开讲座和各种社交媒体宣传来传播科学信息，可建立公众对科学的信任，同时扩大科学界以外的社会行为者的参与。为避免错误解读和散布错误信息，原始信息源的质量及其适当引用对于开放科学方面的科学传播至关重要。

（ⅴ）厚植开放科学文化，协调统一开放科学的激励措施。

20.建议会员国根据本国具体国情、治理结构和宪法规定，以符合国际和国家法律框架的方式，积极参与消除制约开放科学的障碍，特别是研究和职业评价以及奖励制度方面的障碍。实施开放科学需要开展科学贡献和职业发展评估，奖励开放科学方面的良好做法。还应注意防范和减轻开放科学实践的意外、负面后果，例如掠夺性行为、数据迁移、利用研究数据牟利、研究数据私有化、科学家的成本增加以及科学出版领域某些商业模式下的高额论文处理费，这些或可导致世界各地科学界不平等，在某些情况下还可能造成知识产权和知识方面的损失。建议会员国考虑开展以下工作：

a.广聚不同利益攸关方（包括各学科领域和各国的研究资助方、大学、研究机构、出版商和编辑以及科学协会）之力，转变当前的研究文化，并表彰与其他研究人员和社会进行分享、协作和互动的研究人员，特别是着重支持科研新人，以推动这一文化转变。

b.审查研究评估和职业评价制度，使之符合开放科学原则。鉴于致力于开放科学所需的时间、资源和精力尽管无法自动转换为出版物等传统学术产出，但会对科学和社会产生重大影响，评价制度应考虑到知识创造环境中范围广泛的任务。这些任务伴随着不同形式的知识创造和交流，且不限于在实行同行评审制的国际期刊上发表文章。

c. 促进建立和实施具有以下特点的评价和评估制度：

● 在 2012 年《旧金山研究评估宣言》等现有努力的基础上，改进科学产出的评价方式，更加注重研究产出的质量而非数量，并适当采用多样化的指标和程序，摒弃使用期刊影响因子等基于期刊的衡量标准。

● 重视所有相关研究活动和科学产出，包括可查询、可获取、可互操作和可重复使用的优质数据和元数据、记录完备和可重复使用的软件、协议和工作流程、机器可读的研究结果摘要，以及社会行为者的教学、外联和参与。

● 考虑到关于研究影响和知识交流的证据，例如对研究进程的广泛参与、对政策和实践的影响以及与非学术界合作伙伴一道开展开放式创新。

● 考虑到学科的多样性要求在开放科学中采取不同方法。

● 考虑到根据开放科学标准对研究人员的评估应与不同职业阶段相适应，并特别关注处于职业生涯初期的研究人员。

d. 确保开放科学实践广为人知，并作为科学界和学术界招聘和晋升的一项标准加以考量。

e. 鼓励资助方、研究机构、期刊编辑委员会、学术团体和出版商根据本建议书的规定采取相关政策，要求并奖励开放获取科学知识，包括科学出版物、开放式研究数据、开源软件、源代码和开源硬件。

f. 确保学术交流的多样性，坚持开放、透明和公平获取的原则，支持不收取论文处理费或图书处理费的非商业性出版模式与合作出版模式。

g. 实施有效的治理措施和适当的法律规章，以解决不平等问题，防止相关掠夺性行为，并保护关于开放科学方法、产品和数据的智力创造。

h. 根据国际法，促进属于公有领域和现行开放许可制度的材料以及针对研究和教育目的的版权和其他知识产权例外情形的发展，从而允许在适当注明创作者身份的前提下，发行和重复使用版权作品或受其他知识产权保护的作品，包括部分使用或衍生使用。

i. 根据 2017 年教科文组织《关于科学和科学研究人员的建议书》，促进高质量和负责任的研究，并探索开放科学实践的潜力，以减少科学不端行为，包括捏造和伪造结果、违反科学伦理规范以及抄袭行为。

（ⅵ）在科学进程的不同阶段促进开放科学的创新方法。

21. 开放科学要求在科学文化、方法、制度和基础设施方面作出相应改变，开放科学的原则和实践涉及整个研究周期，从提出假设、制定和测试方法、收集、分析、管理和存储数据、同行评审及其他评价和核查方法，到分析、反思和阐释、分享和质疑观点和结果、传播、发行和吸收以及使用和重复使用。开放科

学在不断发展，未来还会有新的实践出现。为促进以创新方法在科学进程的各个
阶段实现开放，鼓励会员国考虑开展以下工作：

a. 自研究进程伊始即促进开放科学，并将开放性原则推广至科学进程的所有
阶段，以提升质量和可再现性，包括鼓励社区驱动的协作和其他创新模式（例如
与经过同行评审的最终出版物明确区分开来的预印本），并尊重科学实践的多样
性，以加快科学知识的传播，促进科学知识的快速增长。

b. 酌情促进开放式同行评审这种评价做法，包括披露评审人员的身份、公开
评审意见以及让更广泛的社区提出评论意见和参与评估进程的可能性。

c. 鼓励并重视发表和分享负面的科学结果以及与研究人员所作预期不符的研
究结果及其相关数据，因为这些结果也有助于增进科学知识。

d. 开发新的参与式方法和验证技术，以吸纳和重视传统科学界以外的社会行
为者的投入，包括通过公众科学、基于众包的科学项目、公众参与社区所属档案
机构以及其他形式的参与式科学。

e. 制定参与式战略，以确定边缘化社群的需求，并重点突出有待纳入科技创
新研究议程的社会相关问题。

f. 制定有利于数据存档的战略，以促进数据监管和保存，并使其在适当的时
间段内可以使用和重复使用。

g. 促进开发共享基础设施，以便收集、保存和方便用户获取开源软件和源
代码。

h. 支持科学家和其他社会行为者以跨学科的方式积累和使用开放数据资源，
以实现科学、社会、经济和文化效益最大化，促进创建混合学科协作空间，让不
同学科的科学家与软件开发人员、编码员、创意人员、创新者、工程师和艺术家
等开展互动。

i. 对于大型研究基础设施，如物理学、天文学和空间科学领域的国际基础设
施，以及卫生及环境科学和社会科学等领域的合作基础设施，鼓励共享，促进互
操作性并加强其开放使用。

j. 促进开放式创新实践，将开放科学实践与其所发现成果的更快速转化和开
发结合在一起。与开放科学一样，开放式创新和其他开放科学伙伴关系也有赖于
对创新进程广泛而有效的接触和参与，以及探索和开发一种将新知识有效商业化
的业务模式。

（vii）在开放科学的背景下，从缩小数字、技术和知识差距的角度促进国际
和多利益攸关方合作。

22. 为在全球范围内促进开放科学，会员国应促进和加强本建议书第12点所
列出的所有开放科学行为者之间的双边或多边国际合作。在承认目前在开放科学
惠及科学和社会范围内所作努力和所开展活动之价值的同时，鼓励会员国考虑开

展以下工作：

　　a. 鼓励国际科学合作，这既是开放科学不可或缺的实践之一，也是深入交流科学知识和经验的最重要推动因素，同时还是实现科学开放性的首要条件。

　　b. 通过利用现有的跨国、地区和全球合作机制和组织等方式，促进和激励开放科学方面的跨境多利益攸关方合作。其中应包括为达到以下目的而开展的联合行动：科学产出的普遍获取，不论学科、地域、性别、族裔、语言、社会经济状况或任何其他状况如何；开放科学共享基础设施的开发和使用；以及技术援助和技术转让、能力建设、存储库、实践社区和所有国家之间的团结协作，不论其开放科学发展状况如何。

　　c. 建立旨在促进和加强开放科学的地区和国际供资机制，并确定可为国际、地区和国家努力提供支持的机制，包括伙伴关系。

　　d. 支持创建和维护有效的合作网络，以交流关于开放科学的最佳做法以及在设计、制定和实施开放科学政策、举措和做法的过程中汲取的经验教训。

　　e. 促进开放科学能力建设（包括基础设施建设、软件可持续性以及数据管理和监督）方面的国家间合作，并防范跨境利用开放数据牟利和滥用开放数据。

　　f. 促进开放科学衡量标准方面的国际合作。

　　g. 委托教科文组织负责与会员国和相关利益攸关方磋商，协调制定并通过一套开放科学目标，指导和促进国际合作，为造福人类和促进地球的可持续性发展而推动开放科学发展。

V. 监测

　　23. 会员国应根据本国具体国情、治理结构和宪法规定，酌情采用定量和定性相结合的方法，监测与开放科学有关的政策和机制。鼓励会员国考虑开展以下工作：

　　a. 采用适当的监测和评价机制，对照既定目标衡量开放科学政策和激励措施的成效和效率，包括确定意外后果和潜在的负面影响，特别是对科研新人的影响。

　　b. 在教科文组织的支持下，采用多利益攸关方方法，收集和传播与开放科学及其影响有关的进展情况、良好做法、创新和研究报告。

　　c. 考虑为实施本建议书制定一个监测框架，该框架应包含定性和定量指标，属于国家战略规划范围之内并在国际层面共享，包含短期、中期和长期目标与行动。对开放科学的监测应明确置于公众（包括科学界）监督之下，并应尽可能以开放、非专有和透明的基础设施为依托。这方面的监测可以有私营部门参与，但不得委托给私营部门进行。

　　d. 制定监测开放科学的成效和长期效率的战略，其中应包括多利益攸关方参与方法。此类战略可侧重于加强科学、政策和社会之间的联系，提高透明度，加强问责制，以促进包容和公平的优质研究，从而有效应对全球挑战。

附录 2
联合国教科文组织
《关于开放式教育资源的建议书》

序言

联合国教育、科学及文化组织大会于 2019 年 11 月 12 日至 27 日在巴黎举行的第四十届会议，根据《教科文组织组织法》序言申明"文化之广泛传播以及为争取正义、自由与和平对人类进行之教育，为维护人类尊严不可缺少之举措，亦为一切国家本着关切互助之精神，必须履行之神圣义务"，认识到教科文组织在信息通信技术领域的重要作用以及在执行本组织大会通过的该领域相关决定方面的重要作用。根据《教科文组织组织法》第 I 条规定，本组织的宗旨之一是建议"订立必要之国际协定，以便于运用文字与图像促进思想之自由交流"，体现《世界人权宣言》的各项原则，即人人都有权利、义务和基本自由，包括通过任何媒介且不论国界寻求、接受和传递消息和思想的自由（第十九条），人人都有受教育的权利（第二十六条），人人有权自由参加社会的文化生活，享受艺术，并分享科学进步及其产生的福利；以及人人对由于其创作的任何科学、文学或美术作品而产生的精神的和物质的利益，有享受保护的权利（第二十七条），又申明2007 年《联合国土著人民权利宣言》承认土著人民有权制定国家法律和执行国家政策，注意到 2006 年《残疾人权利公约》（第二十四条）承认残疾人享有受教育的权利以及 1960 年《反对教育歧视公约》所载的各项原则，参照 2003 年教科文组织大会第三十二届会议通过的关于促进使用多种语言和在网络空间普遍获取信息的建议书，又参照 1997 年教科文组织《关于高等教育教学人员地位的建议书》以及 1966 年国际劳工组织/教科文组织《关于教师地位的建议书》，后者强调作为学术自由和职业自由的一部分，"应该让教师在选择和改编教材、挑选教科书以及应用教学方法中发挥重要作用"，重申联合国《2030 年可持续发展议程》的重要性，议程强调"信息通信技术的传播和世界各地之间相互连接的加强在加快人类进步、消除数字鸿沟和创建知识社会方面潜力巨大⋯⋯"，认识到教科文组织在教育领域以及在实现可持续发展目标 4（SDG 4）方面的牵头作用，该目标呼吁国际社会确保包容和公平的优质教育，让全民终身享有学习机会，还参照《2030 年教育行动框架》，该行动框架列出了落实可持续发展目标 4 的一系列战略方法，并强调在增加教育机会的同时必须采取措施提高教育和学习的质量与相关性，特别是"应当为教育机构和教育方案提供充足、公平合理的资源，为它们配备安全、环保、便于使用的设施；人数充足的采用以学习者为中心、积极和协作的教学方法的高素质教师和教育工作者；图书、其他学习资料以及不含歧视性内容、有利于学习、照顾学习者的需要、适应具体情况、成本效益高、可供所有学习者（儿童、青年和成人）使用的开放式教育资源和技术"，注意到 2003 年信息社会世界峰会的《原则宣言》承诺"建设一个以人为本、具有包容性和面向发展的信息社会。在此信息社会中，人人可以创造、获取、使用和分享信息和知识"，认识到人工智能等信息通信技术的发展为运用文字、声音和图像更好地促进思想的自由交流创造了机会，同时也对确保全民参与知识社会构成了挑战，又认识到优质基础教育以及媒体和信息素养是获取人工智能等信息通信技术并从中受益的先决条件，还认识到在建立包容的知识社会方面，开放式教育资源可以扩大教学和学习资料的使用范围，从而支持公平、包容、开放和参与式优质教育，并增进教师的学术自由和职业自主权，考虑到《经济、社会、文化权利国际公约》（第十三条第一款）、2007 年《开普敦开放式教育宣言》、2009 年《达喀尔开放式教育资源宣言》、2012 年《巴黎开放式教育资源宣言》《联合国千年宣言》以及 2000 年《达喀尔行动框架》均承认"人人有受教育的权利"，借助 2017 年《卢布尔雅那开放式教育资源行动计划》，实现开放式教育资源主流化，以协助所有会员国建立包容的知识社会并实现《2030 年可持续发展议程》，即实现可持续发展目标 4（优质教育）、目标 5（性别平等）、目标 9（基础设施）、目标 10（减少国家内部和国家之间的不平等）、目标 16（和平、正义与强大机构）和目标 17（促进目标实现的伙伴关系），为此：

1. 于 2019 年 11 月 25 日通过这份《关于开放式教育资源的建议书》；

2. 建议会员国根据本国的宪法规定和治理结构，采取适当步骤，包括必要的立法或其他措施，以适用本建议书的各项条款，使本《建议书》的原则在其司法管辖区内生效；

3. 又建议会员国提请负责学习、教育和研究事务的主管部门和机构注意到本《建议书》，并向学习和教育领域的相关利益攸关方征求意见；

4. 还建议会员国按照规定的日期和方式，向教科文组织大会报告根据本《建议书》采取的行动。

Ⅰ.定义和范围

1.开放式教育资源是以各种媒介为载体的任何形式的学习、教学和研究资料，这些资料在公有领域提供，或以开放许可授权的形式提供，允许他人免费获取、再利用、转用、改编和重新发布。

2.开放许可是指在尊重版权所有者的知识产权的同时提供许可，授权公众获取、再利用、转用、改编和重新发布教育材料的许可。

3.信息通信技术在促进有效、公平和包容地获取开放式教育资源以及使用、改编和重新发布开放式教育资源方面有巨大的潜力。有了信息通信技术，包括残疾人和边缘及弱势群体成员在内的所有人都有望随时随地获取开放式教育资源。信息通信技术有助于满足个人学习者的需求，有效促进性别平等，并鼓励创新性的教育、教学和研究方法。

4.本建议书涉及正规、非正规和非正式部门（在适当情况下）以下利益攸关方：教师、教育工作者、学习者、政府机构、家长、教育提供方和教育机构、教育辅助人员、师资培训人员、教育决策者、文化机构（例如图书馆、档案馆和博物馆）及其用户、信息通信技术基础设施提供方、研究人员、研究机构、民间组织（包括专业协会和学生协会）、出版商、公共部门和私营部门、政府间组织、版权所有者和著作者、媒体和广播组织，以及供资机构。

Ⅱ.宗旨和目标

5.要实现可持续发展目标4，一个重要的先决条件是政府和教育领域的其他主要利益攸关方酌情在以下方面持续开展投资和教育行动：创建、管理、定期更新优质教育和研究材料以及学习计划，并确保其包容、公平获取及有效利用。

6.正如2007年《开普敦开放式教育宣言》和2012年《巴黎开放式教育资源宣言》所述，将开放许可应用于教育材料，为以更具成本效益的方式创建、获取、再利用、转用、改编、重新发布和管理这些资料以及保证其质量创造了重要契机，包括但不限于翻译、根据不同学习和文化背景进行改编、开发对性别问题有敏感认识的材料，以及为有特殊教育需求的学习者创建替代格式和无障碍格式的材料。

7.此外，审慎地利用开放式教育资源并配合适当的教学法、设计巧妙的教具和丰富多样的学习活动，可以提供更广泛的创新教学方法选择，让教育工作者和学习者更加积极地参与教育过程，成为多元化和包容性知识社会的成员和内容创作者。

8.此外，在开放式教育资源的创建、获取、再利用、转用、改编、重新发布和评估方面开展地区及全球合作与宣传，能够让政府和教育提供方评估开放内容的质量，并优化其在教育和研究内容创建、信息通信技术基础设施以及管理方面的投资，使其能够以更具成本效益且可持续性更强的方式落实既定的国家教育政策优先事项。

9.鉴于上述潜在益处,《关于开放式教育资源的建议书》的目标和行动领域如下:

a.能力建设:为教育领域的所有重要利益攸关方开展能力建设,使其能够创建、获取、再利用、转用、改编和重新发布开放式教育资源,并且能够以符合国家版权法和国际义务的方式使用和应用开放许可。

b.制定支持政策:鼓励政府、教育主管部门和教育机构建立监管框架,支持采用公共资金的教育和研究材料开放许可授权,在该领域相关研究的辅助下制定战略,使用和改编开放式教育资源,以支持实现包容的全民优质教育和终身学习。

c.有效、包容和公平的优质开放式教育资源:支持采取各种战略和计划,包括通过相关的技术解决方案,确保以任何媒介为载体的开放式教育资源都可以开放格式和标准共享,从而最大限度地实现公平获取、共同创造、管理和可查询性,包括针对弱势群体成员和残疾人。

d.促进创建可持续的开放式教育资源模式:支持和鼓励在国家、地区及机构层面创建可持续的开放式教育资源模式,规划并试点测试新的可持续教育和学习形式。

e.推动并促进国际合作:支持利益攸关方开展国际合作,最大限度地减少在开放式教育资源开发方面不必要的重复投资,开发具备文化多样性、地方相关性且对性别问题有敏感认识的全球无障碍多语言、多格式教育材料库。

Ⅲ.行动领域

10.本建议书涉及五项目标:增强利益攸关方创建、获取、再利用、改编和重新发布开放式教育资源的能力。制定支持政策。鼓励包容、公平地获取优质开放式教育资源。促进创建可持续的开放式教育资源模式。促进国际合作。

(ⅰ)增强利益攸关方创建、获取、再利用、改编和重新发布开放式教育资源的能力。

11.建议会员国从战略角度出发,针对所有教育部门和教育层级,在机构和国家层面对开放式教育资源的能力建设、宣传工作、使用、创建和分享进行规划并予以支持。鼓励会员国考虑开展以下工作:

a.向相关利益攸关方群体宣传开放式教育资源如何扩大教育和研究资源的获取途径、改善学习成果、最大限度地发挥公共资金的效用,以及让教育工作者和学习者能够成为知识的共同创造者。

b.就如何创建、获取、提供、再利用、改编和重新发布开放式教育资源,开展系统的、持续的(在职和职前)能力建设,并将其作为各级教育培训计划必不可少的一部分,包括对教育工作者的入职培训计划提供协助。这应包含增强公共机构、决策者、开发和质量保证专业人员的能力，使其能够理解开放式教育资源并支持将其融入学习、教学、研究和日常生活。

c. 开展宣传工作，让人们了解到出于教育和研究目的使用受版权保护作品的例外和限制。鉴于实现教育目标和发展开放式教育资源都离不开目前受版权保护的作品，开展这项工作可便于将各类作品纳入开放式教育资源。

d. 利用开放许可工具、采用元数据互操作技术的平台以及（国内和国际等）标准，协助确保人们可以通过安全、稳妥和保护隐私的方式，轻松找到、获取、再利用、改编和重新发布开放式教育资源。这可能包括免费开源创作工具、图书馆以及其他存储库和搜索引擎、长期保存系统以及自动处理开放式教育资源和语言翻译（在适当或必要时）的尖端技术，例如人工智能方法和工具。

e. 提供便于获取的资源，为开放式教育资源的所有利益攸关方提供与这种资源有关的信息和协助，包括教育资料的版权和开放许可。

f. 提高数字素养和技能，从而掌握软件、代码和开放许可的技术使用，以期鼓励开放式教育资源的开发和使用。

（ii）制定支持政策。

12. 会员国应根据本国具体国情、治理结构和宪法规定，包括在制度和国家层面发展或鼓励可以支持有效采用开放式教育资源的政策环境。鼓励会员国通过与利益攸关方进行对话等透明的参与式进程，考虑开展以下工作：

a. 制定并实施政策和/或监管框架，鼓励采用公共资金开发的教育资源酌情开放许可授权或专用于公有领域，并为政策的实施和评估配置财政和人力资源。

b. 鼓励并支持机构制定或更新法律或政策框架，促进教育工作者和学习者以符合本国版权法规和国际义务的方式创建、获取、再利用、转用、改编和重新发布优质开放式教育资源；建立开放式教育资源质量保证机制，并将其纳入现有的教学和学习材料质量保证战略。

c. 建立实践社区，促进教师利用开放式教育资源实现职业发展，建立开放式教育资源的专家网络，并恰如其分地承认创建开放式教育资源为专业或学术特长。

d. 支持并鼓励所有利益攸关方在公共存储库中发布采用标准开放文件格式的源文件和可获取的开放式教育资源。

e. 将开放式教育资源政策纳入国家政策框架和战略，并使之与其他开放政策和指导原则协调一致，例如开放存取、开放数据、开放源码软件和开放科学。

f. 在变革教育以及调整、丰富和改革课程及各种学习形式的工作中着力融入开放式教育资源，以便利用开放式教育资源的潜力和机会，并鼓励不同教学方法和评估形式的整合，激励开放式教育资源的积极使用、创建和分享；评估开放式教育资源对于包容和公平优质教育的影响。

g.借助开放式教育资源开发、分享和评估方面的相关研究计划，包括（人工智能等）数字技术的支持，鼓励并支持开放式教育资源方面的研究。

h.在开放式教育资源、开放式教育资源基础设施和相关服务的生产和使用过程中，制定并实施在隐私和数据保护方面采用最高标准的政策。

（ⅲ）鼓励包容、公平地获取优质开放式教育资源。

13.鼓励会员国支持所有利益攸关方创建、获取、再利用、转用、改编和重新发布包容和公平的优质开放式教育资源。这包括正规和非正规教育背景下的学习者，无论其年龄、性别、身体状况、社会经济地位等如何，以及处于弱势地位者、土著人民、偏远农村地区的居民（包括游牧民族）、居住地受冲突和自然灾害影响者、少数民族、移民、难民和流离失所者。在所有情况下都应确保性别平等，对于因蒙受相互交叉的多种形式的歧视而处于不利境地的学习者，要特别关注其公平和包容问题。建议会员国考虑开展以下工作：

a.确保可以获取最适合满足目标学习者需求、适应其物质环境，并且能够实现所提供课程或科目的教育目标的开放式教育资源，这包括在适当情况下通过线下（包括印刷）方式获取资源。

b.支持开放式教育资源利益攸关方开发对性别问题有敏感认识、在文化和语言方面具有相关性的开放式教育资源，采用当地语言，特别是使用频率较低、资源不足和濒危的土著语言来创建开放式教育资源。

c.确保关于创建、获取、再利用、改编和重新发布开放式教育资源的战略和计划体现出性别平等、非歧视、无障碍和包容性原则。

d.在信息通信技术基础设施、宽带及其他机制方面确保公共投资、鼓励私营部门投资，扩大开放式教育资源的获取机会，特别是在低收入的农村和城市社区。

e.鼓励开放式教育资源的开发和研究。

f.为开放式教育资源酌情制定并调整现有的循证标准、基准和质量保证标准，着重在常规质量保证机制下审查教育资源（公开许可和非公开许可）。

（ⅳ）促进创建可持续的开放式教育资源模式。

14.建议会员国根据本国具体国情、治理结构和宪法规定，支持和鼓励开发全面、包容和一体化的可持续开放式教育资源模式。鼓励会员国考虑开展以下工作：

a.审查现行规定、采购政策和法规，扩大并简化优质产品和服务的采购程序，以便视情为开放式教育资源的创建、所有权、翻译、改编、管理、分享、归档和保存提供便利，并增强开放式教育资源所有利益攸关方参与这些工作的能力。

b.通过传统资金来源方式以及非传统互惠式筹资方法、伙伴关系与联网以及捐赠、会员制、"随意付"、众筹等可以为开放式教育资源带来收益和可持续性的创收方法，促进具有可持续性的模式，同时确保获取重要教学和学习材料的成本不转移到教育工作者或学生个人身上。

c. 向各机构和各国宣传关于使用开放式教育资源的其他增值模式，重点是参与、共同创造、合作创造增值、社区伙伴关系、激励创新和号召民众为一项共同事业团结起来。

d. 制定监管框架，支持开发符合国家和国际标准并与利益攸关方的兴趣和价值观保持一致的开放式教育资源产品和相关服务。

e. 推动对本《建议书》中所界定的开放许可的准确语言翻译，以确保其顺利执行。

f. 为开放式教育资源的实施和应用提供机制，鼓励利益攸关方给予反馈并不断改进开放式教育资源。

g. 优化现有教育和研究预算和资金，以便通过机构间、国家、地区和国际合作获取、开发并不断改进开放式教育资源模式。

（ⅴ）促进国际合作。

15. 为推动开放式教育资源的开发和使用，会员国应促进并加强所有相关利益攸关方之间的双边或多边国际合作。鼓励会员国考虑开展以下工作：

a. 利用现有的跨国、地区和全球合作机制与组织，促进并鼓励关于开放式教育资源项目和计划的跨国合作与联盟。这应包括所有国家，无论其在开放式教育资源领域处于何种发展阶段，主要合作领域如下：协同开发和使用开放式教育资源、能力建设、存储库、同业交流群、联合研究开放式教育资源以及各国间的团结互助。

b. 建立旨在促进和强化开放式教育资源的地区和国际筹资机制，确定能够支持国际、地区和国家举措的相关机制，包括合作伙伴关系。

c. 支持创建并维护有效的同行网络，在地方、地区和全球层面共享不同主题、语言、机构、地区和教育水平的开放式教育资源。

d. 视情将关于开放式教育资源的具体条款纳入涉及教育合作的国际协定。

e. 探索开发一个出于教育和研究目的使用作品版权例外和限制国际框架，促进开放式教育资源方面的跨境交流与合作。

f. 支持跨文化交流技能的贡献、多文化组群的管理、实践社区的设计以及开放式教育资源本土实践中社区调整策略的制定，弘扬普遍认同的价值观。

Ⅳ. 监测

16. 会员国应根据本国具体国情、治理结构和宪法规定，酌情采用定量和定性相结合的办法监测与开放式教育资源有关的政策和机制。鼓励会员国考虑开展以下工作：

a.采用适当的研究机制，比照既定目标衡量开放式教育资源政策和奖励办法的实效和效率。

b.在教科文组织和国际开放教育界的支持下，收集并传播关于开放式教育资源及其影响的进展、良好做法、创新和研究报告。

c.在所有相关利益攸关方的参与下，制定开放式教育资源教育实效和长期财务效率的监测战略。此类战略可以侧重于改进学习过程，并加强研究结果、决策、透明度以及问责制之间的联系，从而促进包容和公平的优质教育和研究。